管子全鉴

东篱子◎解译

中国纺织出版社有限公司
国家一级出版社
全国百佳图书出版单位

内 容 提 要

《管子》是记录春秋时期齐国政治家、改革家管仲及管仲学派的言论汇编，是一部博采众家之长的论文集。全书内容庞杂，包括法家、儒家、道家、名家、兵家、农家和阴阳家的观点，蕴含着丰富的政治、经济、军事、教育、哲学、社会及自然科学等方面内容，具有重要的史料价值。《管子》大约成书于战国后期，西汉刘向编定该书时共86篇，今本实存76篇，其余10篇仅存目录。

图书在版编目（CIP）数据

管子全鉴：珍藏版 / 东篱子解译. -- 北京：中国纺织出版社有限公司，2019. 7

ISBN 978-7-5180-6403-8

Ⅰ. ①管… Ⅱ. ①东… Ⅲ. ①法家②《管子》—注释③《管子》—译文 Ⅳ. ①B226. 1

中国版本图书馆 CIP 数据核字（2019）第 150603 号

策划编辑：张淑媛　　责任校对：王花妮　　责任印制：储志伟

中国纺织出版社有限公司出版发行
地址：北京市朝阳区百子湾东里 A407 号楼　邮政编码：100124
销售电话：010—67004422　传真：010—87155801
http://www. c-textilep. com
E-mail：faxing@ c-textilep. com
中国纺织出版社天猫旗舰店
官方微博 http://weibo. com/2119887771
北京华联印刷有限公司印刷　各地新华书店经销
2019 年 7 月第 1 版第 1 次印刷
开本：710 × 1000　1/16　印张：20
字数：258 千字　定价：68. 00 元

前言

《管子》一书，作者托名春秋时期齐国政治家管仲，但其实并非管仲本人所著，也不是一人一时之作，而是管仲及管仲学派的言论汇编，是一部汇集了从春秋到秦汉各家学说的论文集。

管仲（前 719—前 645 年），名夷吾，字仲，齐国颍上（今安徽颍上）人，春秋初期齐国著名的政治家、改革家，其言论多见于《国语·齐语》。他出身贫贱，经好友鲍叔牙推荐，被齐桓公任命为齐相，后辅佐齐桓公成为春秋第一个霸主，管仲也因而被称为“春秋第一相”。

《管子》约成书于战国时代至秦汉时期，刘向编定该书时，共拟定 86 篇，分为 8 类，分别是：“经言”9 篇，“外言”8 篇，“内言”9 篇，“短语”18 篇，“区言”5 篇，“杂篇”13 篇，“管子解”5 篇，“管子轻重”19 篇。今本实存 76 篇，其余 10 篇仅存目录。《韩非子》、贾谊《新书》和《史记》所引《牧民》《山高》（今本《形势》）《乘马》诸篇，学术界认为是管仲遗说；《立政》《幼官》《枢言》《大匡》《中匡》《小匡》《水地》等篇，学术界认为是记述管仲言行的著述；《心术》《白心》《内业》等篇另成体系，应当是管仲学派、齐法家对管仲思想的发展演绎，更多地反映了战国百家的学术面貌。

《管子》全书内容较为庞杂，汇集了道、法、儒、名、兵、农、阴阳、轻重等百家之学，其中《牧民》篇称礼、义、廉、耻为“国之四维”，称“四维不张，国家乃亡”，体现了道家的思想；《修权》篇称“法者，将用民之死命者也”，华丽了法家的思想；《幼官》和《幼官图》，将人事行为限定顺守时令的用心，体现了阴阳家的思想。此外，墨家的非攻言论，农家的地利筹划，兵家的战事计谋等，都在《管子》中有所体现。虽然《管子》一书的学术性质难定，难以说是道家著作还是法家著作，但这绝不意味着《管子》是一部杂凑的书，它是数代“管仲学派”的学者继承和发展了管仲的治国思想，并融汇了多家学说之后形成的具有鲜明特色的自成一家之说。

《管子》中将道家、法家思想有机地结合起来，既提出以法治国的具体方案，又重视道德教育的基础作用；既强调以君主为核心的政治体制，又主张以人为本，促进农工商业的均衡发展；既有雄奇的称霸之策，又有坚持正义的王道理想；既避免了法家轻视道德人心的倾向，又补充了儒家缺乏实际政治经验的不足。同时，《管子》还积极吸收儒、墨等学派的思想长处，将礼义、等级名分等理论纳入自己的思想体系中，主张礼法结合，倡导确立严格的等级名分体系及以之为基础的社会道德规范。这些都适应了当时的时代需要，反映了齐国改革时期的政治实践，在中国古代思想史上具有不可抹杀的重要地位。

为了更好地了解和学习管子思想，让《管子》更通俗易懂，于是便有了本书的问世。由于篇幅、体例的限制，本书只能选取其中最有代表性的篇目进行解译，由于译注者水平有限，书中难免有不当之处，恳请读者批评、指正。

本书平装本自出版以来，广受读者欢迎和喜爱。为满足大家的收藏、馈赠需要，现特以精装形式推出，敬请品鉴。

解译者

2019 年 2 月

目录

牧民

【题解】

《牧民》是全书的首章，为纲领性篇章。牧民即治民，就是统治、治理人民的意思。本篇主要阐述治国治民的原则和理论，分为“国颂”“四维”“四顺”“士经”和“六亲五法”五节。“国颂”一节主要阐明了治国的原则在于“张四维”，而“张四维”的前提是要“仓廪实”“衣食足”；“四维”一节主要阐述四维的含义及其重要性；“四顺”一节主要探讨了民心对于治国的重要性；“士经”当为“十一经”，阐述了治国驭民所需要的十一项经常性措施；“六亲五法”一节说明君主治国的一系列具体准则。

【原典】

凡有地牧民者，务在四时[①]，守在仓廪[②]。国多财则远者来，地辟举则民留处[③]；仓廪实则知礼节，衣食足则知荣辱；上服度则六亲固[④]，四维张则君令行[⑤]。故省刑之要在禁文巧[⑥]；守国之度在饰四维[⑦]；顺民之经在明鬼神[⑧]，祗山川，敬宗庙，恭祖旧。不务天时则财不生，不务地利则仓廪不盈。野芜旷则民乃菅[⑨]，上无量则民乃妄，文巧不禁则民乃淫，不璋两原则刑乃繁[⑩]，不明鬼神则陋民不悟，不祗山川则威令不闻，不敬宗庙则民乃上校[⑪]，不恭祖旧则孝悌不备[⑫]。四维不张，国乃灭亡。

右“国颂”[⑬]。

【注释】

①四时：指春、夏、秋、冬四季。

②仓廪：仓库。古时谷藏曰仓，米藏曰廪，此处并无分别。

③辟：开辟。举：尽，全。留：久，长期停留的意思。

④上服度：指君主的服饰及所用的器物合乎法度。六亲：父、母、兄、弟、妻、子。

⑤四维：即下文将要提到的礼、义、廉、耻。

⑥省刑：减少刑法。文巧：奇技淫巧，指过分奇巧而没有实用价值的制品、物件。

⑦饰：通“饬”，整饬、整顿。

⑧顺：通“训”，教化百姓，教化民众。明鬼神：尊敬鬼神，重视鬼神祭祀。

⑨菅：当作“荒”，懒惰、怠惰。

⑩璋：当作“障”，阻止，堵塞。两原：两种罪恶的根源，指上文“民妄”和“民淫”二者的根源是“上无量”与“文巧不禁”。

⑪上校：指冒犯、冲撞上级。校：抗拒，冒犯，忤逆。

⑫孝悌：古代最基本的人伦，敬奉父母为孝，恭顺兄长为悌。

⑬右：古人书写是从右向左竖行而下，所以称前面的文字为“右”。国颂：国家的根本法条。颂，本为一种诗体，此处犹如说“格言”。

【译文】

大凡拥有土地、治理民众的君主，必须致力于四季的农事，确保充足的粮食储备。国家财力充足，远方的人们就能自动归附，荒地充分开辟，本国的百姓就能长久地留下来居住。粮食充足，人们就懂得礼节；衣食丰足，人们就懂得荣辱。君主的服饰及所用的器物合乎法度，百姓的亲属间就可以相安无事；倡导礼义廉耻，君主的政令就可以贯彻推行。因此，减少刑罚的关键，在于禁止奇技淫巧；捍卫国家的法度，在于整顿人民的四维观念；教化民众的办法，在于尊敬鬼神、祭祀山川、敬重祖先，善待宗亲故旧。不遵从天时，财富就不能增长；不致力于农事，粮食就不会充足。土地荒芜空旷，人民也将由此而惰怠；君主奢侈挥霍无度，百姓就胡作妄为；奇技淫巧不加禁绝，人民就不守法度；不堵塞这两个根源，犯罪者就会增多；不尊敬鬼神，鄙陋的百姓就不能觉悟；不祭山川神灵，国家的权威和命令就不能远播；不

敬奉祖宗，百姓就会冒犯在上位的尊贵者；不善待宗亲故旧，孝悌之道就不完备。礼义廉耻得不到发扬，国家就会灭亡。

以上是“国颂”的内容。

【原典】

国有四维①。一维绝则倾，二维绝则危，三维绝则覆，四维绝则灭。倾可正也，危可安也，覆可起也，灭不可复错也②。何谓四维？一曰礼，二曰义，三曰廉，四曰耻。礼不逾节③，义不自进④，廉不蔽恶，耻不从枉⑤。故不逾节，则上位安；不自进，则民无巧诈；不蔽恶，则行自全；不从枉，则邪事不生。

右“四维”。

【注释】

①维：系物的大绳，这里喻指维系国家命运的关键。

②错：通“措”，措施。一说“错”为衍字。

③节：等级规范。

④自进：不经过推荐，妄自求进。

⑤枉：邪曲，不正，引申为不合正道或违法曲断的行为。

【译文】

维系国家存在的纲领有四条。失去一条，国家将会倾斜；失去两条，国家就危险；失去三条，国家就颠覆；四条全无，国家就会灭亡。倾斜还可以扶正，危险可以挽救，倾覆可以恢复，到了灭亡的地步，那就无法挽回了。什么是四维呢？一是礼，二是义，三是廉，四是耻。有礼，人们就不会超越应守的规范；有义，就不会妄自求进；有廉，就不会掩饰过错；有耻，就不会追随邪恶。所以，只要百姓不越出应守的规范，君主的地位就安定；不妄自求进，就不会滋生浮巧奸诈；不掩饰过错，行为自然端正；不追随邪恶，邪乱的事就不会发生。

以上是“四维”的内容。

【原典】

政之所兴①，在顺民心；政之所废，在逆民心。民恶忧劳，我佚乐之②；民恶贫贱，我富贵之；民恶危坠，我存安之；民恶灭绝，我生育之。能佚乐之，则民为之忧劳；能富贵之，则民为之贫贱；能存安之，则民为之危坠；能生育之，则民为之灭绝。故刑罚不足以畏其意③，杀戮不足以服其心。故刑罚繁而意不恐，则令不行矣；杀戮众而心不服，则上位危矣。故从其四欲，则远者自亲；行其四恶，则近者叛之。故知予之为取者，政之宝也。

右“四顺”。

【注释】

①兴:《群书治要》《艺文类聚》等引此句，并作“行”。

②我佚乐之：君主要使百姓安逸快乐。佚乐，通“逸乐”，安逸喜悦。

③畏其意：心生畏惧。意，心意。

【译文】

政令之所以能够推行，在于顺应民心；政令之所以废弛，在于违背民心。百姓厌恶忧劳，君主可以使他们感到安逸快乐；百姓憎恶贫贱，君主可以使他们富贵；百姓担心危险灾祸，君主便使他们生存安定；百姓害怕家族灭绝，君主可以使他们生育繁息。能使百姓安逸快乐的人，他们就愿意为他忧劳；

能使百姓富贵的人，他们就愿意为他忍受贫贱；能使百姓生存安定的人，他们就愿意为他承担危难；能使百姓生育繁息，他们也愿为他牺牲。所以，单靠刑罚是不足以使百姓感到畏惧的，仅凭杀戮是不足以使他们服帖的。刑罚繁重而百姓不害怕，法令就无法推行了；杀戮太多而民心不服，君主的地位就危险了。所以，满足百姓上述四种愿望，疏远的人自会变得亲近；如果使百姓陷于上述四种厌恶的境地，亲近人的也会叛离。由此可见，懂得给予就是取得的道理，才是治国的法宝。

以上是“四顺”的内容。

【原典】

错国于不倾之地①，积于不涸之仓，藏于不竭之府，下令于流水之原②，使民于不争之官③，明必死之路，开必得之门，不为不可成，不求不可得，不处不可久，不行不可复④。错国于不倾之地者，授有德也；积于不涸之仓者，务五谷也⑤；藏于不竭之府者，养桑麻育六畜也⑥；下令于流水之原者，令顺民心也；使民于不争之官者，使各为其所长也；明必死之路者，严刑罚也；开必得之门者，信庆赏也⑦；不为不可成者，量民力也；不求不可得者，不强民以其所恶也；不处不可久者，不偷取一世也⑧；不行不可复者，不欺其民也。故授有德，则国安；务五谷，则食足；养桑麻，育六畜，则民富；令顺民心，则威令行；使民各为其所长，则用备；严刑罚，则民远邪；信庆赏，则民轻难⑨；量民力，则事无不成；不强民以其所恶，则诈伪不生；不偷取一世，则民无怨心；不欺其民，则下亲其上。

右“士经”⑩。

【注释】

①错：通“措”，安置，放置。

②流水之原：水的源头，这里用水自源头顺流而下比喻政令顺应民心，易于推行。

③官：职业、行业。

④复：可以重复的事情，这里指不欺诈百姓。

⑤五谷：一般指稻、粟、麦、菽、黍五种谷物，也可以泛指各种粮食。

⑥六畜：指马、牛、羊、鸡、狗、猪，这里泛指各种牲畜。

⑦信：守信用，兑现。庆赏：奖赏。

⑧一世：一代，这里指短期行为。

⑨轻难：不怕死难。

⑩士经：当作“十一经”，古代竖写，十一并作“士”，指上文所说的治国十一要略。

【译文】

把国家建立在稳固的基础上，把粮食积存在取之不尽的粮仓里，把财货贮藏在用之不竭的府库里，把政令下达在水流的源头上，把百姓安置在互不相争的岗位上，向百姓指出犯罪必死的道路，向百姓敞开立功必赏的大门，不做不可能成功的事，不追求达不到的目标，不立足于难得持久的地位，不去做不可再行的事情。所谓把国家建立在稳固的基础上，就是把政权交给有道德的人；所谓把粮食积存在取之不尽的粮仓里，就是要努力从事粮食生产；所谓把财富贮藏在用之不竭的府库里，就是要种植桑麻、饲养六畜；所谓把政令下达在水流的源头上，就是要让政令顺应民心；所谓把百姓安置在互不相争的岗位上，就是要让他们发挥各自的特长；所谓向百姓指出犯罪必死的道路，就是要严格执行刑罚；所谓向百姓敞开立功必赏的

大门，就是要及时兑现奖赏；所谓不做不可能成功的事，就是要度量百姓的承受能力；所谓不追求达不到的目标，就是不强迫百姓去做他们厌恶的事情；所谓不立足于难得持久的地位，就是不贪图一时的苟且安宁；所谓不去做不可再行的事情，就是不欺骗自己的百姓。因此，把政权交给有道德的人，国家就能安定；努力从事粮食生产，粮食就会充足；种植桑麻、饲养六畜，百姓就会富裕；政令顺应民心，威令就可以树立；让百姓各尽所长，器用就能齐备；严格执行刑罚，百姓就不去干坏事；及时兑现奖赏，百姓就不怕死难；度量民力而行事，事业没有不成功的；不勉强百姓去做他们所厌恶的事情，欺诈作假的行为就不会发生；不贪图一时的苟安，百姓就没有怨恨之心；不欺骗自己的百姓，百姓就会拥戴自己的君主。

以上是“十一经”的内容。

【原典】

以家为乡[①]，乡不可为也；以乡为国，国不可为也；以国为天下，天下不可为也。以家为家，以乡为乡，以国为国，以天下为天下。毋曰不同生[②]，远者不听。毋曰不同乡，远者不行；毋曰不同国，远者不从。如地如天，何私何亲？如月如日，唯君之节[③]。御民之辔[④]，在上之所贵；道民之门[⑤]，在上之所先；召民之路，在上之所好恶。故君求之，则臣得之；君嗜之，则臣食之；君好之，则臣服之；君恶之，则臣匿之。毋蔽汝恶[⑥]，毋异汝度，贤者将不汝助。言室满室，言堂满堂[⑦]，是谓圣王。城郭沟渠，不足以固守；兵甲强力，不足以应敌；博地多财，不足以有众。惟有道者，能备患于未形也，故祸不萌。天下不患无臣，患无君以使之；天下不患无财，患无人以分之[⑧]。故知时者，可立以为长；无私者，可置以为政；审于时而察于用，而能备官者[⑨]，可奉以为君也。缓者后于事，吝于财者失所亲，信小人者失士。

右“六亲五法”。

【注释】

①以家为乡：按照治家的方法治理乡里。为，治理。

②同生：同属一个家族。生，通“姓”。

③节：节度，气度。

④辔（pèi）：驾驭马的缰绳，这里指治理百姓的手段。

⑤道：同“导”，引导。门：门径。

⑥蔽：隐蔽。汝：指君主。

⑦言室满室，言堂满堂：指开诚布公，君主发令不应有所隐藏。

⑧分：指合理分配。

⑨备官：任用官吏。

【译文】

按照治家的要求治理乡里，乡里不可能治好；按照治理乡里的要求治理国家，国家不可能治理好；按照治理国家的要求治理天下，天下不可能治理好。应该按照治家的要求治家，按照治乡的要求治乡，按照治国的要求治国，按照治天下的要求治理天下。不要因为不同姓，就不听取外姓人的意见；不要因为不同乡，就不采纳外乡人的建议；不要因为不同国，就不听从别国人的主张。要像天地对待万物一般，没有什么偏私、偏爱；像日月普照大地一般，才算得上君主该有的气度。驾驭百姓的关键，在于君主重视什么；引导百姓的法门，在于君主提倡什么；招引百姓的途径，在于君主的好恶是什么。因此，君主追求的东西，臣下就会去求得；君主爱吃的食物，臣下就会去尝试；君主喜欢的东西，臣下就会去宣扬；君主厌恶的东西，臣下就会去藏匿。因此，君主不要掩饰你的过错，不要改变你的法度，否则，贤者将无法帮助你。在室内讲话，要使全室的人都听到；在堂上讲的话，要使满堂的人都听到。这样开诚布公，才称得上圣明的君主。单靠护城的沟渠，不一定能固守城池；光凭强大的武力和装备，不一定能抵挡敌人；光凭地多财博，不一定能得到群众的拥护。只有有道的君主，才能做到防患于未然，才可避免灾祸的发生。天下不怕没有能臣，怕的是没有高明的君主去重用他们；天下不怕没有财富，怕的是没有精明的人才去合理分配。所以，通晓天时的人，可以任用为官吏；没有私心的人，可以安排做官吏；通晓时势而又能任用官吏的人，就可以奉为君主了。处世迟钝的人，总是落后于形势；吝惜财物的人，

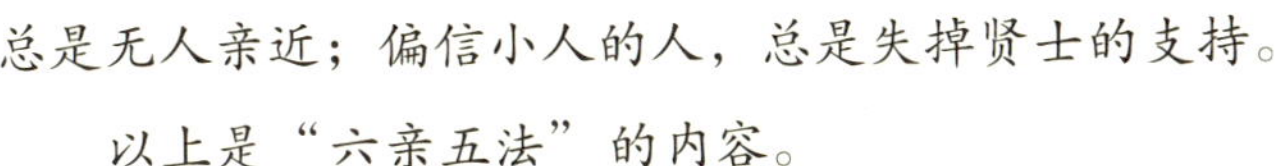

总是无人亲近；偏信小人的人，总是失掉贤士的支持。

以上是“六亲五法”的内容。

形势

【题解】

本篇又名“山高”，取首二字为题，西汉刘向校书时统一以“形势”为题。形势，指事物存在的形态和发展的趋势。本篇探讨事物的形态和趋势之间的因果关系，也就是事物的规律性，也即道，并以富有哲理意味的表示方式论述了治国驭民的规律和原则，强调了修道和行道的重要性，重点探讨了君主治理国家应遵循的规律。

【原典】

山高而不崩，则祈羊至矣①；渊深而不涸，则沉玉极矣②。天不变其常，地不易其则，春秋冬夏不更其节，古今一也。蛟龙得水，而神可立也；虎豹得幽③，而威可载也。风雨无乡④，而怨怒不及也。贵有以行令，贱有以忘卑，寿夭贫富，无徒归也。衔命者⑤，君之尊也；受辞者，名之运也⑥。上无事，则民自试；抱蜀不言而庙堂既修⑦。鸿鹄锵锵，唯民歌之；济济多士，殷民化之，纣之失也。飞蓬之问⑧，不在所宾；燕雀之集，道行不顾。牺牲圭璧⑨，不足以飨鬼神。主功有素⑩，宝币奚为？羿之道，非射也；造父之术⑪，非驭也；奚仲之巧⑫，非斫削也。召远者使无为焉，亲近者言无事焉，唯夜行者独有也⑬。

【注释】

①祈羊：指祭祀山神时所用的羊。

②沉玉：指祭祀河神时用的玉器。极：至，到。

③得幽：凭借深山幽谷。得，借助，凭借。幽，幽深，指深山丛林。

④无乡：没有固定的方向。乡，同“向”。

⑤衔命：奉命，受命。

⑥名：号令，名分。运：起作用。

⑦抱蜀不言：抱持着祭器不说话。

⑧飞蓬之问：比喻没有根据的事物。飞蓬：随风飘动的蓬草。问：言论。

⑨牺牲：祭祀用的牛羊猪等牲畜。圭璧：用于祭祀的玉器。

⑩素：平素，这里指平时的行为。

⑪造父：为周穆王的驾车之人，善驾。

⑫奚仲：传说中发明造车的人，任姓，黄帝的后人，居于薛（今山东滕州境内）。

⑬夜行：暗自行动，这里指内心行道义。

【译文】

山势高峻而不崩颓，就有人

烹羊设祭；渊潭深邃而不枯竭，就有人投玉求神。天不改变它的常规，地不改变它的法则，春夏秋冬不改变它的节令，从古到今都是这样。蛟龙得到了水，可以树立神灵；虎豹凭借深山幽谷，可以拥有神威。风雨没有既定的方向，人们就不会埋怨它。位高的人发号施令，位低的人忘掉自己的卑贱，长寿还是短命，贫穷还是富有，都不是无因而至的。百姓能奉行命令，是君主地位威严的体现；百姓能接受指示，是由于君臣名分的作用。君主不亲自过问，人民就会自己去做事；手执祭器不说话，朝政也会普遍修明。鸿鹄锵锵鸣叫，人们会齐声附和；西周人才济济，连殷朝遗民也会被感化。对于那些没有根据的言论，完全不必听从；对于燕雀聚集的小事，行道者不屑一顾。用牛、羊、玉器来供奉鬼神，不一定能得到鬼神的保佑。君主的功业要靠平时的积德才有根基，何必把钱币当作珍宝？后羿射箭的功夫，并不在于射箭的动作；造父驾车的技术，并不在于驱驾马匹；奚仲造车的技巧，不在于木材的砍削。招徕远方的人，单靠使者是没有用的；亲近国内的人，光说空话也无济于事，只有内心里暗自行道的人，才能够独有这样的作为。

【原典】

平原之隰[①]，奚有于高？大山之隈[②]，奚有于深？訾讆之人[③]，勿与任大[④]。讬臣者，可与远举[⑤]；顾忧者，可与致道[⑥]。其计也速，而忧在近者，往而勿召也[⑦]；举长者，可远见也；裁大者，众之所比也；美人之怀，定服而勿厌也。必得之事，不足赖也；必诺之言，不足信也。小谨者不大立，訾食者不肥体[⑧]。有无弃之言者，必参于天地也。坠岸三仞[⑨]，人之所大难也，而猿猱饮焉[⑩]。故曰伐矜好专，举事之祸也。不行其野，不违其马。能予而无取者，天地之配也。

【注释】

①隰（xí）：低湿之地。

②隈（wēi）：山的弯曲处。

③訾（zǐ）：诋毁、诽谤贤人。讆（wèi）：吹捧、称赞恶人。

④任大：委以重任。

⑤讬（mó）：同“谟”，谋划。举：任用贤才。

⑥顾忧：考虑忧患。致道：致力于实行大道。

⑦召：召回。

⑧訾：厌恶。

⑨坠岸三仞：从高崖上跳下。三仞，形容崖高。仞，古代长度单位，周代以八尺为一仞。

⑩猿猱（náo）：猿猴。

【译文】

平原上的低湿之地，怎么能够算高？大山上的小沟，怎么能够算深？专门诽谤贤人、吹捧恶人的人，是不能委以重任的。谋虑远大的人，可以同他共图大事；见识高超的人，可以同他共行治国之道。但是，对于那种贪图速效而只顾眼前利害的人，走开了就不要召他回来；注重长远利益的人，影响也就深远；能裁断大事的人，会得到众人的依赖；要人们感怀自己，一定要行德而不可厌倦。不应得而求必得的事情，是靠不住的；不应承诺而完全承诺的言语，是信不得的。谨小慎微是拘泥，不能成大事，就好比厌食的人不能使身体胖起来一样。能够信守上面这些言语，就能与天地媲美了。从三仞高的崖岸上跳下去，对人来说是很难做到的，但猴子却毫不在乎地跳下来喝水。所以说骄傲自大，独断专行，是行事的大害。虽然不到野外跑路，也不要把马丢掉。能够做到只给人们好处而不向人们索取报酬的人，那就同天地一样伟大了。

【原典】

怠倦者不及[①]，无广者疑神[②]。神者在内，不及者在门。在内者将假[③]，在门者将待[④]。曙戒勿怠[⑤]，后稚逢殃[⑥]。朝忘其事，夕失其功。邪气入内，正色乃衰[⑦]。君不君，则臣不臣；父不父，则子不子。上失其位，则下踰其节。上下不和，令乃不行。衣冠不正，则宾者不肃[⑧]；进退无仪[⑨]，则政令不行。且怀且威[⑩]，则君道备矣。莫乐之[⑪]，则莫哀之[⑫]；莫生之[⑬]，则莫死之[⑭]。往者不至[⑮]，来者不极[⑯]。

【注释】

①怠倦：怠惰疲沓。不及：落后。

②广：通“旷”。疑：通“拟”。

③假：通“暇”，指悠闲自得。

④待：通“怠”，指疲惫不堪。

⑤曙戒：天将曙，戒鼓鸣，这里指黎明。勿：通“忽”，慌忽，忽视。

⑥后稚：指日暮。稚：通“迟”。

⑦正色：端庄的神色。

⑧宾者：指接待宾客的官吏。肃：敬肃，肃然起敬。

⑨进退：举止行动。仪：法度。

⑩怀：关怀。威：威势。

⑪乐之：指君主使民安居乐业。

⑫哀之：指百姓为君分担忧患。

⑬生之：指君主使民生长繁育。

⑭死之：指百姓乐于为君牺牲。

⑮往者：指君主。

⑯来者：指百姓。

【译文】

怠惰疲沓的人总是落后，勤奋努力的人总是办事神速有效。办事神速的人进入室内，落在后面的人还在门外。室内的人悠闲自得，门外的人疲惫不堪。黎明时玩忽怠惰，日暮时就要遭殃。早上忘掉了该做的事情，晚上就不见功效。邪气侵袭到体内，端庄的神色就要衰退。君主不像君主的样子，臣子当然就不像臣子的样子；父亲不像父亲的样子，儿子当然就不像儿子的样子。君主不按照他的身份办事，臣子就会超越应守的规范。上下不和睦，政令就无法推行。君主衣冠不端正，礼宾的官吏就不会敬肃；君主的举止不合乎法度，政策法令就不能推行。既关怀臣民，又运用威势，这才是君主治国完备的方法。君主不能使百姓安乐，百姓也就不会为君主分忧；君主不能使百姓生长繁息，百姓也就不会为他牺牲生命。君主给予百姓的不确实兑现，百姓对待君主也就不会全力以赴。

【原典】

道之所言者一也[1]，而用之者异。有闻道而好为家者[2]，一家之人也；有闻道而好为乡者，一乡之人也；有闻道而好为国者，一国之人也；有闻道而好为天下者，天下之人也；有闻道而好定万物者[3]，天下之配也。道往者，其人莫来；道来者，其人莫往。道之所设，身之化也。持满者与天[4]，安危者与人。失天之度，虽满必涸；上下不和，虽安必危。欲王天下，而失天之道，天下不可得而王也。得天之道，其事若自然；失天之道，虽立不安。其道既得，莫知其为之；其功既成，莫知其释之[5]。藏之无形，天之道也。疑今者，察之古；不知来者，视之往。万事之生也[6]，异趣而同归[7]，古今一也。

【注释】

①道之所言：指道的基本内容。

②闻道：认识了道。为：治理。

③定：安定，支配。

④持满：保持强盛。与天：顺从天道。

⑤释：舍弃，离开。

⑥生：通“性”。

⑦趣：同“趋”，趋向，方向。

【译文】

道的基本内容是一样的，但运用起来却各有不同。有的人认识了道，并能用来治家，他就是治家的人才；有的人认识了道，并能用来治乡，他就是治乡的人才；有的人认识了道，并能用来治国，他就是治国的人才；有的人认识了道，并能用来治理天下，他就是治天下的人才；有的人认识了道，并能使万物各得其所，他就和天地一样伟大了。违背了道，人们就不肯来投顺；实行了道，人们不再离去。想行道而真有所确立，就要把自身的言行与道融

合在一起。想要保持强盛，就要顺从天道；想要使危亡者安定，就要顺从人心。违背天的法则，即使暂时丰满，最终必然枯竭；上下不和，虽然暂时安定，最终也必然危亡。想要统一天下而又违背天道，天下是不可能被他统一起来的。遵从了天道，做事情就很自然；违背了天道，即使成功也不能持久。已经掌握了道，却不知道它怎样发生作用；事业成功了，又不知道是怎样离去的。隐藏起来而没有形体，这就是天道。对现在有疑虑则可以考察古代，对未来不明白，也可以考察往事。万事万物的本性虽有不同，但总是同归一理，古往今来都是一样的。

【原典】

生栋覆屋[①]，怨怒不及；弱子下瓦[②]，慈母操棰[③]。天道之极，远者自亲；人事之起，近亲造怨。万物之于人也，无私近也，无私远也。巧者有余，而拙者不足。其功顺天者，天助之；其功逆天者，天违之。天之所助，虽小必大；天之所违，虽成必败。顺天者有其功，逆天者怀其凶[④]，不可复振也。乌鸟之狡[⑤]，虽善不亲。不重之结，虽固必解。道之用也，贵其重也。毋与不可[⑥]，毋强不能[⑦]，毋告不知。与不可，强不能，告不

知，谓之劳而无功。见与之交[8]，几于不亲；见哀之役，几于不结；见施之德，几于不报。四方所归，心行者也。独王之国[9]，劳而多祸；独国之君，卑而不威；自媒之女[10]，丑而不信[11]。未之见而亲焉，可以往矣；久而不忘焉，可以来矣。日月不明，天不易也；山高而不见，地不易也。言而不可复者，君不言也；行而不可再者，君不行也。凡言而不可复，行而不可再者，有国者之大禁也。

【注释】

①生栋：新伐的木头。

②弱子：未成年的孩子。

③棰：棍棒，古代惩治人的木制工具。

④怀其凶：招致凶兆。怀，招致。

⑤狡：同“交”，交结。

⑥与：参与，辅助。

⑦强：勉强。

⑧与：赞同。

⑨独王：君王什么事情都自己做。

⑩自媒：自己做媒。

⑪丑：这里指名声不好，遭受嫌弃。

【译文】

用新伐的生木做屋柱致使房子倒塌，人们不会抱怨木材；小孩子把屋瓦拆下来，慈母也会拿着打人的棍子。顺应天道去做，疏远的人也会来亲近；做事情违背自然的人为干预，近亲也要产生怨恨。万物对于人来说，是没有远近亲疏之分的。高明的人用起来就有余，愚笨的人用起来就不足。做事顺乎天道，天就帮助他；做事违背天道，天就违背他。得到上天的帮助，弱小也可以变得强大；遭到上天的背弃，成功也可以变为失败。顺应天道的人享受成功，违背天道的人就要招致灾祸，且无法挽救。乌鸦与鸟交好，看上去友善，其实并不亲密。不重合的绳结，即使坚固，也一定会松脱开解。道在实际运用的时候，贵在慎重。不要参与不可能的事情，不要强人所难，不要

告诉不明事理的人。参与不可能的事、强人所难或者告诉不明事理的人，都是劳而无功的。见人有用而来的交好，到头来也不会亲密；见人可怜而为之做事，到头来关系也不会牢靠；出于恩惠而来的感激，到头来也不会回报。四方之民的归顺，最终还是要靠真心实意。所以，事必躬亲的君主所在的国家，一定劳累并多灾多难；一国之君事必躬亲，也必然卑鄙而没有威望，这就好比自己议定婚姻的妇女，一定名声不好而没有信誉。对尚未见面就令人仰慕的君主，应该去投奔；对久别而令人难忘的君主，应该来辅佐。日月有不明的时候，但天不会变；山高有看不见的时候，但地不会变。说起话来，那种只说一次而不可再说的错话，君主就不应该说；做起事来，那种只做一次而不可再重复的错事，君主就不应该做。凡是重复那些不可再说的话和不可重复的事，都是君主的禁忌。

权修

【题解】

权修即修权，指巩固国家的统治权力。本篇围绕“操民之名，朝不可以无政”的中心，阐述了修重权力、巩固政权、治国驭民的一系列措施，指出国家要做到外可应敌、内可固守，必须开垦田野、禁止末业、爱惜民力、奖赏分明。要做到这些，君主必须要守法度，同时还应该重视从细微处培育国民的礼义廉耻。文中还提出了许多积极有益的思想主张，如“其积多者其食多，其积寡者其食寡，无积者不食”的按劳分配思想，“一年之计，莫如树谷；十年之计，莫如树木；终身之计，莫如树人”的人才培养思想等，在现代仍有重要意义。

【原典】

万乘之国[①]，兵不可以无主；土地博大，野不可以无吏；百姓殷众[②]，官不可以无长；操民之命，朝不可以无政[③]。地博而国贫者，野不辟也；民众而兵弱者，民无取也[④]。故末产不禁[⑤]，则野不辟；赏罚不信，则民无取。野不辟，民无取，外不可以应敌，内不可以固守。故曰有万乘之号，而无千乘之用，而求权之无轻[⑥]，不可得也。

【注释】

①乘（shèng）：古时四匹马拉的战车为一乘。

②殷：众多。

③政：政令。

④民无取也：指民众缺乏督促。

⑤末产：指工商业，古代以农业为根本，所以称工商业为末产。

⑥轻：削弱。

【译文】

有万辆兵车的大国，军队不可以没有统帅；领土广阔，郊野不可以没有官吏；百姓众多，官府不可以没有政长；掌握着人民的命运，朝廷不可以没有政令。土地广博而国家贫穷的，是因为田野没有开辟；百姓众多而兵力薄弱，是因为人民缺乏督促。所以，不抑制工商业，田野就得不到开辟；赏罚不诚信，人民就缺乏督促。田野没有开辟，人民缺乏督促，对外就不能抵御敌人，对内就不能固守国土。所以说，虽有万辆兵车的大国虚名，却没有千辆兵车的实力，还要求国家权力不被削弱，那是不可能的。

【原典】

地辟而国贫者，舟车饰、台榭广也[①]。赏罚信而兵弱者，轻用众[②]、使民劳也。舟车饰、台榭广，则赋敛厚矣[③]；轻用众、使民劳，则民力竭矣。赋敛厚，则下怨上矣；民力竭，则令不行矣。下怨上，令不行，而求敌之勿谋己，不可得也。

【注释】

①舟车：船和车，这里指代君主和权贵乘坐的舟船与车马。台榭：泛指楼台殿阁。

②轻用众：轻易、随便动用百姓。

③赋敛：指杂税。

【译文】

田野开辟了，而国家仍然贫穷，那是由于君主的车船过于豪华、楼台殿阁过多的缘故。赏罚诚信而兵力仍然薄弱，那是由于轻易兴师动众、使百姓过度苦劳的缘故。车船豪华，楼台殿阁过多，就会使赋税繁重；轻易兴师动众，劳苦百姓，民力就枯竭了。赋税繁重则人民怨恨君主，民力枯竭则政令无法推行。人民怨恨君主，政令无法推行，想要敌国不来侵略自己，那是不可能的。

【原典】

欲为天下者[①]，必重用其国[②]；欲为其国者，必重用其民；欲为其民者，必重尽其民力。无以畜之[③]，则往而不可止也；无以牧之，则处而不可使也[④]。远人至而不去，则有以畜之也；民众而可一，则有以牧之也。见其可也，喜之有征[⑤]；见其不可也，恶之有刑[⑥]。赏罚信于其所见，虽其所不见，其敢为之乎？见其可也，喜之无征；见其不可也，恶之无刑。赏罚不信于其所见，而求其所不见之为之化[⑦]，不可得也。厚爱利，足以亲之；明智礼，足以教之。上身服以先之，审度量以闲之[⑧]，乡置师以说道之[⑨]。然后申之以宪令，劝之以庆赏，振之以刑罚[⑩]，故百姓皆说为善[11]，则暴乱之行无由至矣。

【注释】

①为天下：统治、治理天下。

②重用其国：慎重地使用自己的国力。

③畜：容留、留住。

④处：留住，居住。

⑤征：表现，征验，这里指实际的奖赏。

⑥刑：通“形”，表现，显露，这里指实际的惩罚。

⑦化：感化。

⑧度量：长短多少的标准，引申为法规，制度。

⑨师：负责宣教的官员。说道：教导。

⑩振：通“震”，震慑。

⑪说：通“悦”，高兴，喜悦。

【译文】

想要治理好天下，必须慎重地使用本国的国力；想要治理好国家，必须慎重地对待百姓；想要治理好百姓，必须慎重地使用民力，不能耗尽。君主留不住百姓，百姓就要外逃而不能阻止；君主治理不好百姓，百姓即使留下来也不听役使。远地的百姓来投奔而不离去，是因为君主能留下百姓；百姓众多而可以统一号令，则是因为君主能治理百姓。见到人们做好事，表达高兴要有实际的奖赏；见到人们做坏事，表达厌恶就应该有具体的惩罚。赏功罚过，对于亲身经历的人们确实兑现了，那么，没有亲身经历的人也就不敢胡作非为了。如果见到人们做好事，表达高兴而没有实际的奖赏；见到人们做坏事，表达厌恶而没有具体的惩罚，那么，赏功罚过，对于亲身经历的人都没有兑现，要指望没有经历的人们为之感化，那是不可能的。君主能够做到厚爱厚利，就可以使人民亲近；申明知识和礼节，就可以教育人民。居上位的人要以身作则起表率作用，审定规章制度来防范社会的不良现象，设置乡里的官吏来教导人民。然后再用法令加以约束，用奖赏加以鼓励，用刑罚加以威慑，这样，百姓就都愿意做好事，暴乱的事情就不会发生了。

【原典】

地之生财有时，民之用力有倦，而人君之欲无穷。以有时与有倦，养无穷之君，而度量不生于其间，则上下相疾也[①]。是以臣有杀其君，子有杀其父者矣。故取于民有度，用之有止[②]，国虽小必安；取于民无度，用之不止，国虽大必危。

【注释】

①相疾：相互仇恨、怨恨。

②止：止境，节制。

【译文】

土地生产财富，受时节的限制，民众花费劳力也会有疲倦的时候，但君主的欲望却无止境。以受时节限制的土地和受气力限制的民众来供养欲望无穷的君主，如果没有节制和分寸，上下之间就会互相怨恨。于是臣子杀君、儿子杀父的现象产生了。因此，取财于民要有节制，使用民力要有所克制，国家虽小也能安宁；相反，向人民征收无度，耗费没有节制，那么国家虽大也必然灭亡。

【原典】

地之不辟者，非吾地也；民之不牧者，非吾民也。凡牧民者，以其所积者食之[①]，不可不审也。其积多者其食多，其积寡者其食寡，无积者不食。或有积而不食者，则民离上[②]；有积多而食寡者，则民不力；有积寡而食多者，则民多诈；有无积而徒食者，则民偷幸[③]。故离上、不力、多诈、偷幸，举事不成，应敌不用。故曰，察能授官[④]，班禄赐予[⑤]，使民之机也[⑥]。

【注释】

①积：通“绩”，功劳，劳绩。

②离上：与君主离心。

③偷幸：苟且，侥幸。

④察：考察。

⑤班：分赐。

⑥机：枢纽，关键。

【译文】

没有开辟的土地，不能算作自己的土地；有人民而不治理，等于不是自己的人民。凡是治理人民，对于按劳绩给予奖赏的问题，不可不认真从事。劳绩多的俸禄多，劳绩少的俸禄少，没有劳绩的就不给俸禄。如果有劳绩而没有禄赏，人们就会离心离德；如果劳绩多而禄赏少，人们就不尽心尽力；劳绩少而禄赏多，人们就弄虚作假；没有劳绩而空得禄赏，人们就会苟且侥幸。离心离德、不尽心尽力、弄虚作假、苟且侥幸，有了这几种情况，做事不会成功，对敌作战也将失败。所以说，根据人的能力授予官职，按照劳绩差别赐予禄赏，这才是驾驭臣民的关键。

【原典】

野与市争民[①]，家与府争货，金与粟争贵[②]，乡与朝争治。故野不积草，农事先也；府不积货，藏于民也；市不成肆，家用足也；朝不合众，乡分治也。故野不积草，府不积货，市不成肆[③]，朝不合众，治之至也。人情不二，故民情可得而御也。审其所好恶，则其长短可知也；观其交游，则其贤不肖可察也。二者不失，则民能可得而官也。

【注释】

①野：农田，这里指农业。市：市场，这里指工商业。

②金：货币。粟：小米。

③肆：行列，这里形容市场买卖店铺林立的状况。

【译文】

农业与工商业往往争夺劳力，私人富家与官府往往争夺财货，货币与粮食往往互争贵贱，地方与朝廷往往争治理权限。所以说，让田野不积满杂草，是农业放在首位的表现；让官府不积累大量财货，是私人积累占先的表现；让街市上没有店铺林立，是家用能够自给自足的表现；让朝廷不聚众议事，是乡里分权治理有效的表现。所以，田野没有杂草，官府不积货，市场不设

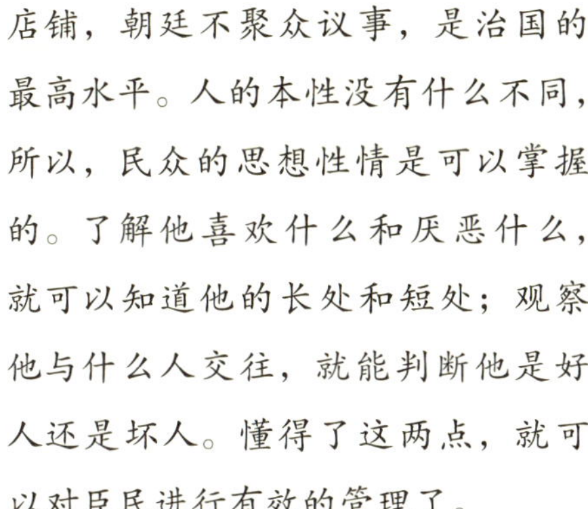
店铺，朝廷不聚众议事，是治国的最高水平。人的本性没有什么不同，所以，民众的思想性情是可以掌握的。了解他喜欢什么和厌恶什么，就可以知道他的长处和短处；观察他与什么人交往，就能判断他是好人还是坏人。懂得了这两点，就可以对臣民进行有效的管理了。

【原典】

地之守在城，城之守在兵①，兵之守在人，人之守在粟。故地不辟，则城不固。有身不治，奚待于人②？有人不治，奚待于家？有家不治，奚待于乡？有乡不治，奚待于国？有国不治，奚待于天下？天下者，国之本也；国者，乡之本也；乡者，家之本也；家者，人之本也；人者，身之本也；身者，治之本也。故上不好本事③，则末产不禁；末产不禁，则民缓于时事而轻地利④。轻地利，而求田野之辟、仓廪之实，不可得也。

【注释】

①兵：兵器，这里指代军队。

②待：对待，对付，引申为治理。

③本事：即农事。古代重农轻

商，将农耕生产视为本业，而将工商业等视为末业。

④时事：指按照时令进行的事，即农事。

【译文】

国土的保障在于城池，城池的保障在于军队，军队的保障在于人民，而人民的保障在于粮食。因此，土地不开辟，城池就不巩固。君主不能治理自身，怎么能治理别人？不能治别人，怎能治家？不能治家，怎能治乡？不能治乡，怎能治国？不能治国，怎能治理天下？而天下又是国的根本，国是乡的根本，乡是家的根本，家是人的根本，人是自身的根本，自身又是治世之道的根本。所以，如果君主不重视农业，就无法禁止工商业；不禁止工商业，百姓就会延误农时农事而轻视土地之利。在轻视土地之利的情况下，还指望土地开辟、仓廪充实，那是不可能的。

【原典】

商贾在朝[①]，则货财上流[②]；妇言人事[③]，则赏罚不信；男女无别，则民无廉耻。货财上流，赏罚不信，民无廉耻，而求百姓之安难[④]，兵士之死节[⑤]，不可得也。朝廷不肃，贵贱不明，长幼不分，度量不审，衣服无等[⑥]，上下凌节[⑦]，而求百姓之尊主政令，不可得也。上好诈谋闲欺，臣下赋敛竞得，使民偷壹[⑧]，则百姓疾怨，而求下之亲上，不可得也。有地不务本事，君国不能壹民[⑨]，而求宗庙社稷之无危[⑩]，不可得也。

【注释】

①商贾：古代对商人的称呼，古代把行走贩卖货物的称为商，把在商铺出售货物的称为贾，所谓行商坐贾，泛指做买卖的人。

②货财上流：指财货通过贿赂流入朝廷或官僚的手中。

③妇言人事：即妇人言事。古人认为宫中后妃一类的妇女参与政治事务会带来政治祸害，不当言事。

④安难：安于危难。

⑤死节：指为国尽忠而死。

⑥衣：衣服。服：衣服上的各种装饰佩戴，如玉器等。

⑦凌节：超越规范。

⑧偷壹：偷取一时之快，不从长远打算。

⑨君国：君临国家。壹民：使民众一致。

⑩宗庙社稷：指国家政权。

【译文】

商人在朝中掌权，财货就会流往上层；妇人参与政事，赏功罚过就不能准确；男女没有界限，人们就不懂得廉耻。货财集中在上层、赏罚不信、人民不知廉耻的情况下，要求百姓忍受苦难，士兵为国家献身死节，是不可能的。朝廷不整肃，贵贱无区别，长幼不分，制度、规范不明确，衣服佩饰没有等级，上下级都超越应守的规范，有这些情况而要求百姓尊重君主、安守政令，是不可能的。君主喜欢阴谋欺诈，臣下就争收苛捐杂税，驱使人民只贪图一时之快，以致百姓怨恨，在这种情况下还要求他们亲近君主，是不可能的。拥有土地而不重视农业，统治国家而不能统一号令人民，在这种情况下，指望国家政权不发生危机，是不可能的。

【原典】

上恃龟筮[①]，好用巫医[②]，则鬼神骤祟[③]。故功之不立，名之不章[④]，为之患者三：有独王者、有贫贱者、有日不足者。一年之计，莫如树谷[⑤]；十年之计，莫如树木；终身之计，莫如树人。一树一获者，谷也；一树十获者，木也；一树百获者，人也。我苟种之，如神用之。举事如神，唯王之门。

【注释】

①龟筮（shì）：用龟筮占卜凶吉。

②巫医：即巫术人员，古代专以祈祷求神来治病和占卜凶吉的人。

③骤祟：频繁作怪。

④章：同“彰”，彰显，显露。

⑤树：培养，培育。

【译文】

君主做事好依靠占卜决定凶吉，喜欢任用巫鬼人员，那么鬼神一定频繁作怪。身为一国之君，功业不成，名声不显，将产生以下三种祸患：孤立无援、贫穷卑贱、政务混乱而整日疲于奔命。作一年的打算，最好种植五谷；作十年的打算，最好种植树木；作终身的打算，最好培育人才。一种一收的，是种谷物；一种十收的，是种树木；一种百收的，是培育人才。如果我们注重培养人才，其效用将是神奇的。做这种收得神效的事情，才是打开了王业的大门。

【原典】

凡牧民者，使士无邪行，女无淫事。士无邪行，教也；女无淫事，训也。教训成俗而刑罚省，数也。凡牧民者，欲民之正也；欲民之正，则微邪不可不禁也。微邪者，大邪之所生也。微邪不禁，而求大邪之无伤国，不可得也。凡牧民者，欲民之有礼也；欲民之有礼，则小礼不可不谨也①；小礼不谨于国，而求百姓之行大礼，不可得也。凡牧民者，欲民之有义也；欲民之有义，则小义不可不行；小义不行于国，而求百姓之行大义，不可得也。凡牧民者，欲民之有廉也②；欲民之有廉，则小廉不可不修也③；小廉不修于国，而求百姓之行大廉，不可得也。凡牧民者，欲民之有耻也；欲民之有耻，则小耻不可不饰也；小耻不饰于国，而求百姓之行大耻，不可得也。凡牧民者，欲民之修小礼、行小义、饰小廉、谨小耻、禁微邪、此厉民之道也④。民之修小礼、行小义、饰小廉、谨小耻、禁微邪，治之本也。

【注释】

①谨：重视。

②廉：节俭，清廉。

③修：修治。

④厉：同“励”，勉励，劝勉。

【译文】

凡是治理百姓的人，应该使男人没有邪恶的行为，使女人没有淫乱的事情。使男人不邪恶，要靠教育；使女人不淫乱，要靠训导。这种教育、训导形成风气，国家的刑罚就会减少，这是自然的道理。凡所谓治理民众，就是使民众走正道；使民众走正道，就不能不禁止微小的邪恶。因为，微小的邪恶是大邪大恶产生的根源。不禁止微小的邪恶而想要大邪大恶不危害国家，是不可能的。凡所谓治理人民，是使他们守礼；想使他们守礼，就不可不重视微小的礼，如果不重视小礼，而指望百姓信守大礼，是不可能的。凡所谓治理民众，是让民众守义；要使民众守义，就不可不实行小义，如果不遵守小义，而要求百姓能行大义，是不可能的。凡所谓治理民众，是使民众有廉德，想使民众有廉德，就不可不重视微小的廉德；如果不重视小廉德，而希望百姓能有大廉德，是不可能的。凡所谓治理民众，是使民众有耻辱感，想使他们有耻辱感，就不可不倡导微小的耻辱感，如果不倡导小的耻辱感，而要求百姓能知大耻，是不可能的。

所以，所谓治理民众，就是要求民众重视小礼、遵从小义、奉守小廉、杜绝小耻、禁止小邪，这都是劝勉民众的根本办法。而民众只要做到了重视小礼、遵从小义、奉守小廉、杜绝小耻、禁止小邪，也就达到了治国的根本。

【原典】

凡牧民者，欲民之可御也[1]；欲民之可御，则法不可不审[2]。法者，将立朝廷者也；将立朝廷者，则爵服不可不贵也[3]。爵服加于不义，则民贱其爵服；民贱其爵服，则人主不尊；人主不尊，则令不行矣。法者，将用民力者也；将用民力者，则禄赏不可不重也。禄赏加于无功，则民轻其禄赏；民轻其禄赏，则上无以劝民；上无以劝民，则令不行矣。法者，将用民能者也；将用民能者，则授官不可不审也。授官不审，则民闲其治④；民闲其治，则理不上通；理不上通，则下怨其上；下怨其上，则令不行矣。法者，将用民之死命者也；用民之死命者，则刑罚不可不审。刑罚不审，则有辟就⑤；有辟就，则杀不辜而赦有罪；杀不辜而赦有罪，则国不免于贼臣矣。故夫爵服贱、禄赏轻、民闲其治、贼臣首难⑥，此谓败国之教也。

【注释】

①可御：可以驾驭，意即接受驾驭。

②审：重视。

③爵服：爵位服饰。

④闲：非议，反对。

⑤辟：同“避”，回避，躲让。就：靠近。

⑥首难：首先发难。

【译文】

凡治理百姓，都希望百姓服从驱使；要百姓服从驱使，就不能不重视法条规章。法条规章，是用来建立朝廷权威的；要建立朝廷权威，就不可不重视爵位和相应的服饰制度。如果把爵位授给那些不义的人，人民就轻视爵位；人民轻视爵位，君主就没有威信；君主没有威信，国家法度就不能推行了。法条规章，是用来驱使人民出力的；驱使人民出力，就不可不重视俸禄奖赏。如果把禄赏授给没有功绩的人，人民就轻视禄赏；人民轻视禄赏，君主就无法劝勉百姓；君主无法劝勉百姓，命令也就不能推行了。法条规章，是用来发挥人民才能的。发挥人民的才能，就不可不慎重地委派官职。委派官职不慎重，百姓就会背离官府的治理；百姓背离治理，就会导致下情不能上达；下情不能上达，人民怨恨君主；人民怨恨君主，国家命令也就无法推行了。法条规章，是用来决定人民生死存亡的；决定人民的生死，就不可不审慎地使用刑罚。如果刑罚不审慎，就会有使坏人逃罪而好人蒙冤的事情；坏人逃

罪而好人蒙冤，就会出现无辜者被杀而有罪者免刑的事情；无罪者被杀而有罪者得逃，国家就难免要被贼臣颠覆了。所以，爵位被鄙视、禄赏被轻视、人民背离统治、贼臣发动叛乱，这些都是败国的政教造成的。

立政

【题解】

立政即执政，在本篇指君主临朝治国。本篇主要阐述了君主临政的一套完整的纲领和措施，主要分为九个专题进行论述。“三本”指用人方面的三项基本原则；“四固”指鉴别人才的四项政策；“五事”指经济方面的五件大事；“首宪”阐述国家的行政组织结构和法令颁布、传达、执行的程序；“首事”阐述具体办事的规则；“省官”列举各类官吏的职责；“服制”阐述君主臣民服饰的制度；“九败”指使国家灭亡的九种错误观点；“七观”主要阐述了从教化到施政七个方面所期望达到的成效，即理想的治国远景。

【原典】

国之所以治乱者三，杀戮刑罚，不足用也。国之所以安危者四，城郭险阻，不足守也。国之所以富贫者五，轻税租，薄赋敛，不足恃也①。治国有三本，而安国有四固，而富国有五事。五事，五经也。

【注释】

①恃：依靠。

【译文】

国家之所以治或乱有三个原因，只有杀戮刑罚是不能解决问题的。国家之所以安或危有四个原因，只靠城郭险阻是不能固守的。国家之所以贫或富有五种原因，只用轻收租税、薄取赋敛的办法是靠不住的。这就是说，治理国家有“三本”，安定国家有“四固”，使国家富裕则有“五事”。这五件事，是五项纲领性措施。

【原典】

君之所审者三[①]：一曰德不当其位[②]，二曰功不当其禄，三曰能不当其官。此三本者，治乱之原也[③]。故国有德义未明于朝者，则不可加以尊位；功力未见于国者，则不可授与重禄；临事不信于民者，则不可使任大官。故德厚而位卑者，谓之过；德薄而位尊者，谓之失。宁过于君子，而毋失于小人。过于君子，其为怨浅；失于小人，其为祸深。是故，国有德义未明于朝而处尊位者，则良臣不进；有功力未见于国而有重禄者，则劳臣不劝；有临事不信于民而任大官者，则材臣不用[④]。三本者审，则下不敢求；三本者不审，则邪臣上通，而便辟制威[⑤]。如此，则明塞于上，而治壅于下，正道捐弃，而邪事日长。三本者审，则便辟无威于国，道涂无行禽[⑥]，疏远无蔽狱[⑦]，孤寡无隐治[⑧]。故曰：刑省治寡，朝不合众。

右“三本”。

【注释】

①审：审慎，注意。

②不当：不相称。

③原：根本。

④材：同“才”。

⑤便辟：帝王身边靠阿谀奉承得宠的佞臣。辟：通“嬖”，君主宠爱的人，指女人，也指男人。

⑥涂：同“途”，道路。行禽：道路上禽兽横行，暗喻政治昏暗。

⑦蔽狱：冤狱。蔽：蒙蔽，舞弊。

⑧隐治：苦痛的政治遭遇。

【译文】

君主用人必须注意三点：一是大臣的德行与地位不相称，二是大臣的功劳与俸禄不相称，三是大臣的能力与官职不相称。这三条原则是国家治乱的根源。所以在一个国家里，对于德行没有显露于朝廷的人，不可授予崇高的爵位；对于功劳没有表现于邦国的人，不可给予优厚的俸禄；对于主持政事而没有取信于人民的人，就不能任命为重要官职。所以德行深厚而授爵低微，这叫作过失；德行浅薄而授爵尊高，这叫作失误。宁可有过于君子，而不可有失于小人。因为，有过于君子，带来的怨恨浅；有失于小人，带来的祸乱深。所以，在一个国家里，如果有德行未显露于朝廷而未能身居高位的人，贤良的大臣就得不到进用；如果有功劳未表现于全国而未能享受重禄的人，有才干的大臣就得不到鼓励；如果有执政未取信于人民却担任大官的人，有才能的大臣就不会主动发挥作用。只有把这三个根本问题处理清楚了，臣下才不敢妄求官禄；如果这三个根本问题处理粗疏，奸臣就会与君主接近，君侧小臣就会控制权力滥发权威。这样，居上位的君主耳目闭塞，下层政令不通，正道被抛弃，邪恶的事情就会日益增长。而若审查好这三个根本问题，君主崇信的那些左右小臣就不会作威作

福，道路上看不到在押的犯人，与官方疏远的人们不蒙受冤枉，孤寡无依之人没有苦痛。所以说：刑罚减少，政务精简，甚至朝廷就无须召集群臣议事了。

以上是“三本”。

【原典】

君之所慎者四：一曰大德不至仁[①]，不可以授国柄[②]。二曰见贤不能让，不可与尊位。三曰罚避亲贵，不可使主兵。四曰不好本事[③]，不务地利，而轻赋敛，不可与都邑[④]。此四务者，安危之本也。故曰，卿相不得众，国之危也；大臣不和同，国之危也；兵主不足畏，国之危也；民不怀其产，国之危也。故大德至仁，则操国得众；见贤能让，则大臣和同；罚不避亲贵，则威行于邻敌；好本事，务地利，重赋敛，则民怀其产。

右“四固”。

【注释】

①大：尊崇，崇尚。

②国柄：国家大权。

③本事：农业活动。

④与都邑：指做地方官吏。

【译文】

君主应该谨慎对待的问题有四个：一是对于提倡道德而不真正做到仁爱的人，不可以授予国家大权。二是遇到贤能的人而不让位的人，不可以授予尊贵的爵位。三是执行刑罚而躲避亲贵的人，不可以让他统帅军队。四是不重视农业，不注重地利，而又轻易征取赋税的人，不可以任命为地方官。这四项原则是关系国家安危的根本。所以说，卿相得不到民众的拥护，国家就危险了；大臣之间不协力同心，国家就危险了；军中统帅不足以令人畏惧，国家就危险了；人民不怀恋自己的田产，国家就危险了。因此，只有提倡道德而能真正做到仁爱，才能执掌国政而得到众人的拥护；只有见到贤能就进行推让，才能使大臣们协力同心；只有掌握刑罚不避亲贵，才能够威震邻敌；

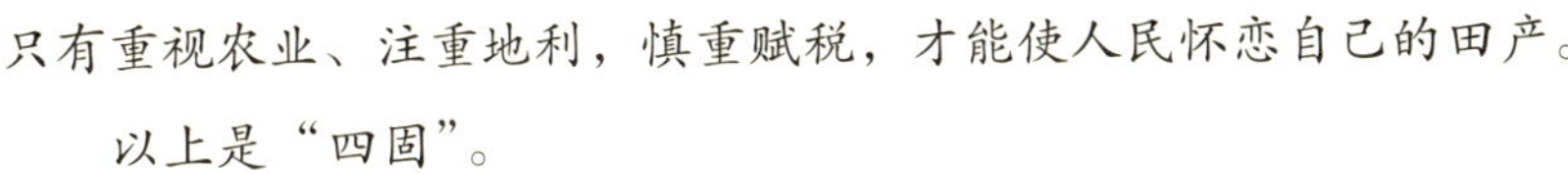

只有重视农业、注重地利，慎重赋税，才能使人民怀恋自己的田产。

以上是“四固”。

【原典】

君之所务者五：一曰山泽不救于火，草木不植成[1]，国之贫也。二曰沟渎不遂于隘[2]，鄣水不安其藏[3]，国之贫也。三曰桑麻不植于野，五谷不宜其地，国之贫也。四曰六畜不育于家，瓜瓠荤菜百果不备具[4]，国之贫也。五曰工事竞于刻镂[5]，女事繁于文章[6]，国之贫也。故曰，山泽救于火，草木植成，国之富也。沟渎遂于隘，鄣水安其藏，国之富也。桑麻植于野，五谷宜其地，国之富也。六畜育于家，瓜瓠荤菜百果备具，国之富也。工事无刻镂，女事无文章，国之富也。

右“五事”。

【注释】

①植成：繁殖成熟。

②沟渎：沟渠。遂：畅通。

③鄣水：堤坝、塘堰之类。不安其藏：指水泛滥。

④瓠：葫芦一类的蔬菜。荤：葱蒜一类的蔬菜。

⑤工事：指手工技艺之事，多指雕刻建筑的手艺。刻镂：雕刻，镂空。

⑥女事：指女红针黹之事。文章：纹饰。

【译文】

君主必须注意的问题有五个：一是山林沼泽不能防止火灾，草木就不能繁殖成长，国家就会贫穷。二是沟渠有阻碍不能通畅，堤坝中的水漫溢成灾，国家就会贫穷。三是田野没有种植桑麻，五谷种植没有因地制宜，国家就会贫穷。四是农家没有饲养六畜，蔬菜瓜果不齐备，国家就会贫穷。五是工匠制造只追逐刻木镂金，女红刺绣只追求采花纹饰，国家就会贫穷。这就是说，山泽能够防止火灾，草木繁殖成长，国家就会富足。沟渠通畅，堤坝蓄水安稳，国家就会富足。田野发展桑麻，五谷种植能因地制宜，国家就会富足。农家饲养各种牲畜，蔬菜瓜果能齐备，国家就会富足。工匠不过分雕琢，女红也不过分追求纹饰，国家就会富足。

以上是“五事”。

【原典】

分国以为五乡①，乡为之师②；分乡以为五州，州为之长；分州以为十里，里为之尉；分里以为十游，游为之宗。十家为什，五家为伍，什伍皆有长焉。筑障塞匿③，一道路，博出入④，审闾闬⑤，慎筦键⑥，筦藏于里尉。置闾有司⑦，以时开闭。闾有司观出入者，以复于里尉⑧。凡出入不时，衣服不中，圈属群徒，不顺于常者，闾有司见之，复无时。若在长家子弟、臣妾、属役、宾客，则里尉以谯于游宗⑨，游宗以谯于什伍，什伍以谯于长家，谯敬而勿复。一再则宥⑩，三则不赦。凡孝悌忠信、贤良俊材，若在长家子弟、臣妾、属役、宾客，则什伍以复于游宗，游宗以复于里尉，里尉以复于州长，州长以计于乡师，乡师以著于士师。凡过党，其在家属，及于长家；其在长家，及于什伍之长；其在什伍之长，及于游宗；其在游宗，及于里尉；其在里尉，及于州长；其在州长，及于乡师；其在乡师，及于士师。三月一复，六月一计，十二月一著。凡上贤不过等，使能不兼官，罚有罪不独及⑪，赏有功不专与⑫。

【注释】

①国：都城城郊以内称为国，以外称为野。乡：与下文中的州、里、游、什、伍都是国以下的各级行政单位。

②师：即乡师，与下文的州长、里尉、游宗、什长、伍长都是各级官吏。

③障塞：障碍，这里指围墙等。

④博出入：设一个出入口。博：统一。

⑤审闾闬：按时开闭里门。闾闬（lǘ hàn）：里门。

⑥筦键：钥匙和锁。

⑦闾有司：看管里门的小吏，即门卫。

⑧复：报告。

⑨谯：同“诮”，责备。

⑩宥：原谅。

⑪不独及：指不处罚犯罪者自身。

⑫不专与：指不单赏赐有功者本人。

【译文】

把都城地区分为五个乡，每个乡设一个乡师；把一乡分为五个州，每州设一个州长；把一州分成十个里，每里设一个里尉；把一里分为十个游，每游设一个游宗。十家组成一个什，每五家组成一个伍；什和伍都设什长和伍长。要修筑围墙，堵塞缺口，只定一条进出的道路，只设一个进出的门户。细心看管里门，注意关锁，钥匙由里尉掌管。专设看管里门的小吏，按时开闭里门。看门的小吏要负责观察出入的人们，向里尉报告情况。凡是进出不按时进出，穿戴不符合规定，家眷亲属及其他人中表现异常的，看门的小吏发现，就随时上报。如果问题出在本里大户人家的子弟、臣妾、属役和宾客身上，里尉要训斥游宗，游宗要训斥什长、伍长，什长、伍长要训斥大户的家长。只给训斥和警告而不必上报，初犯、再犯可以宽恕，第三次就不赦免了。凡发现孝亲敬长、忠诚守信、品行优良、才能出众的人才，如果是本里大户人家的子弟、臣妾、属役和宾客，什长、伍长要上报游宗，游宗要上报里尉，里尉要上报州长，州长再汇总上报于乡师，乡师登记上报士师。凡是责罚与犯罪有牵连的人，问题出在家属

的，就要追究家长；家长犯罪，就要追究什长、伍长；什长、伍长犯罪，就要追究游宗；游宗犯罪，就要追究里尉；里尉犯罪，就要追究州长；州长犯罪，就要追究乡师；乡师犯罪，就要追究士师。每年三个月上报一次，六个月汇总一次，十二个月登记一次。凡是推举贤才都不可越级，使用能臣都不可兼职，惩罚罪犯不独罚犯罪者自身，赏赐有功不只专给立功者本人。

【原典】

孟春之朝[①]，君自听朝，论爵赏校官[②]，终五日。季冬之夕，君自听朝，论罚罪刑杀，亦终五日。正月之朔，百吏在朝，君乃出令布宪于国[③]，五乡之师、五属大夫[④]，皆受宪于太史。大朝之日，五乡之师、五属大夫，皆身习宪于君前。太史既布宪[⑤]，入籍于太府[⑥]。宪籍分于君前。五乡之师出朝，遂于乡官致于乡属，及于游宗，皆受宪。宪既布，乃反致令焉[⑦]，然后敢就舍；宪未布，令未致，不敢就舍；就舍，谓之留令，罪死不赦。五属大夫，皆以行车朝，出朝不敢就舍，遂行。至都之日，遂于庙，致属吏，皆受宪。宪既布，乃发使者致令，以布宪之日，蚤晏之时[⑧]。宪既布，使者以发，然后敢就舍；宪未布，使者未发，不敢就舍；就舍，谓之留令，罪死不赦。宪既布，有不行宪者，谓之不从令，罪死不赦。考宪而有不合于太府之籍者，侈曰专制[⑨]，不足曰亏令，罪死不赦。首宪既布[⑩]，然后可以布宪。

右“首宪”。

【注释】

①孟春之朝：正月月初。

②校官：考核官吏。

③布宪：公布法令。

④五属大夫：野分为无属，每属设一大夫，统称五属大夫。

⑤太史：指掌管典籍、记载历史的官吏。

⑥太府：收藏典籍的地方。

⑦反：同“返”。致令：回复命令。

⑧蚤晏：早晚。蚤，通“早”。晏：晚，迟。

⑨修：增加法令内容。

⑩布：颁布。

【译文】

正月月初，君主要临朝听政，评定对官吏的考核和赏赐，一共用五天时间。十二月底，君主临朝听政，决定对罪犯的处罚和量刑，也用五天时间。正月初一，百官在朝，君主向全国发布法令。五乡的乡师和五属的大夫都在太史那里领受法令典籍。朝会的日子，五乡的乡师和五属的大夫都要在国君面前学习法令。太史颁布法令后，将记载法令的底册存入太府，在国君面前把法令和简册分发下去。五乡的乡师出朝以后，回到乡的治所，马上召集本乡所属官吏，直至游宗，都来领受法令。法令公布完毕，要及时返朝回复命令，然后回到任处；法令没有颁布，命令没有回复，不敢回到住处休息，否则，就叫作留滞法令，那是死罪不赦的。五属的大夫都是乘车来朝的，离开朝廷不敢回住所休息，需要立即出发。回到属的治所的当天，就在祖庙里召集下属官吏，让他们都来领受法令。法令颁布后，便派遣使者向君主回复命令，使者应在颁布法令的当天，不论时间早晚，马上出发。法令颁布完，使者派出去，然后才敢回到住所休息。法令没有颁布，使者没有派出，不敢回到住所休息，否则，也叫作留滞法令，死罪不赦。法令已经颁布，有不遵照执行的，叫作不服从法令，死罪不赦。考核法令执行情况，有与太府所藏的法令底本不符的，增多的叫作专断独行，不足的叫作削减法令，也是死罪不赦。因此，从君主年初的法令颁布以后，各地就应该遵照执行。

以上是“首宪”。

【原典】

凡将举事，令必先出。曰事将为[①]，其赏罚之数，必先明之。立事者[③]，谨守令以行赏罚[②]，计事致令[④]，复赏罚之所加，有不合于令之所谓者，虽有功利，则谓之专制，罪死不赦。首事既布，然后可以举事。

右“首事”。

【注释】

①日：语气助词。

②立事：同“莅事”，具体办事。

③谨：严格。

④计事：总结工作。致令：回复命令。

【译文】

凡是准备兴办事项，一定先出台有关法令。这叫作事情将办，其赏罚办法就必须明示于前。具体办事的人总是要严格遵照君主的法令进行赏罚，检查工作，回复命令，向君主报告执行赏罚的情况。如果办事不合于法令的意旨，即使事有成效，也叫专断独行，那是死罪不赦的。君主最初的举事法令一经发布，就可以遵照执行了。

以上是“首事”。

【原典】

修火宪[①]，敬山泽、林薮、积草[②]，夫财之所出，以时禁发焉。使民足于宫室之用，薪蒸之所积，虞师之事也[③]，决水潦[④]，通沟渎，修障防，安水藏，使时水虽过度，无害于五谷。岁虽兇旱，有所粉获[⑤]，司空之事也[⑥]。相高下，视肥墝，观地宜，明诏期，前后农夫，以时均修焉[⑦]，使五谷桑麻，皆安其处，由田之事也。行乡里，视宫室，观树艺，简六畜，以时钧修焉，劝勉百姓，使力作毋偷，怀乐家室，重去乡里[⑧]，乡师之事也。论百工，审时事[⑨]，辨功苦，上完利，监壹五乡，以时钧修焉，使刻镂文采，毋敢造于乡，工师之事也[⑩]。

右“省官”。

【注释】

①修火宪：制定防火的法令。

②薮：指水浅草深的沼泽。积草：指草甸子。

③虞师：主管山泽的官吏。

④水潦：积水。

⑤秎获：收获。

⑥司空：即司工，主管水利、建筑工程的官吏。

⑦时均修：到了调节、治理的时候。

⑧重去乡里：不轻易地离开家乡。

⑨时事：指各季节的工作任务。

⑩工师：主管手工业的官吏。

【译文】

制定防火法令，警戒好山林、湖泊、沼泽、草甸等出产自然物产的地方，按季节封禁和开放，使百姓有充足的房屋建筑用材的柴草贮备，这是虞师的职责。排泄积水，疏通沟渠，修整堤坝，加固水库，做到雨水过多时也不会损害庄稼。年景干旱时，也能有所收获，这是司空的职责。测量地势高低，分析土质肥瘠，查明土地宜于何种作物的生长，明定农民征召服役的日期，安排农民生产、服役的先后次序，按季节作全面安排，使五谷桑麻得到合理种植，这是司田的职责。巡视乡里，察看房屋，检查树木、庄稼的种植，查看六畜的饲养状况，并能按季节作全面安排，劝勉百姓，使他们努力耕作而不偷懒，留恋家室而不轻离乡里，这是乡师的职责。考核工匠的优劣，审查各个时节的生产任务，检查产品质量的优劣，提倡坚固适用的产品，监督统一管理五乡，按季节做全面安排，使没有人敢生产讲究雕刻装饰的奢侈品，这是工师的职责。

以上是“省官”。

【原典】

度爵而制服，量禄而用财。饮食有量，衣服有制，宫室有度，六畜人徒有数①，舟车陈器有禁，修生则有轩冕服位谷禄田宅之分，死则有棺槨、绞衾、圹垄之度②。虽有贤身贵体，毋其爵，不敢服其服；虽有富家多资，毋其禄，不敢用其财。天子服文有章，而夫人不敢以燕以飨庙③，将军大夫不敢以朝，官吏④以命，士⑤止于带缘，散民不敢服杂采，百工商贾不得服长鬈貂⑥，刑余戮民不敢服絻⑦，不敢畜连乘车⑧。

右“服制”。

【注释】

①人徒：奴仆。

②棺槨：棺材。绞衾：衣被。圹垄：坟墓。度：规定。

③燕：指燕服，家居的衣服。

④朝：指朝服，朝会的衣服。

⑤命：指命服，官吏按官爵等级应穿的衣服。

⑥长鬈（quán）：指羔皮。貂：指貂皮。

⑦服絻：丝织的衣服。

⑧畜连：同“畜辇”，备有小车。

【译文】

按照爵位高低制定服用的标准，根据俸禄多少规定花费的标准。饮食有一定标准，衣着有一定制度，住房有一定限度，六畜和奴仆有一定数量，车船和陈设的器物也都有一定的限制。活着的时候，在车马、衣帽、职位、俸禄、田宅等方面有应得的待遇；死了以后，在棺木、衣被、坟墓等方面也有相应的制度。即使身份尊贵，没有相应的爵位也不敢穿那样的衣服；即使家富钱多，没有相应的俸禄也不敢做那样的花费。天子衣服的花纹样式有明文规定，夫人不能穿常服祭祀祖先，将军、大夫穿朝服上朝，官吏穿命服治事，

士人只能在衣带边缘标志身份，平民不敢穿杂有文采的衣服，工匠、商人不得穿羔皮和貂皮的衣服，受过刑和正在服刑的人不能穿丝织衣服，也不敢备车和坐车。

以上是“服制”。

【原典】

寝兵之说胜①，则险阻不守。兼爱之说胜②，则士卒不战。全生之说胜③，则廉耻不立。私议自贵之说胜④，则上令不行。群徒比周之说胜⑤，则贤不肖不分。金玉货财之说胜，则爵服下流。观乐玩好之说胜，则奸民在上位。请谒任举之说胜⑥，则绳墨不正。谄谀饰过之说胜，则巧佞者用。

右“九败”。

【注释】

①寝兵：息兵，即停止作战。

②兼爱：彼此相爱，泛爱。

③全生：保全生命。

④私议自贵：私自立说，自命不凡。

⑤群徒比周：结党营私。

⑥请谒：请托，拜见。任举：指私人保举。

【译文】

停息军备的理论占上风，险要的阵地就不能固守。泛爱人类的理论占上风，士卒就不肯作战。保全生命的理论占上风，廉耻之风就不能建立。私自立说，自命不凡的理论占上风，君主的政令就无法推行。结交朋党的理论占上风，好人、坏人就不易分清。金玉财货的理论占上风，就会出现卖官鬻（yù）爵。追求享乐的理论占上风，奸邪之辈就攀援到上位。托拜保举的理论占上风，用人标准就不会正确。阿谀奉承、文过饰非的理论占上风，巧言而奸佞的人就会被任用。

以上是“九败”。

【原典】

期而致[1]，使而往，百姓舍己以上为心者[2]，教之所期也。始于不足见，终于不可及[3]，一人服之[4]，万人从之，训之所期也。未之令而为，未之使而往，上不加勉，而民自尽竭，俗之所期也。好恶形于心[5]，百姓化于下，罚未行而民畏恐，赏未加而民劝勉，诚信之所期也。为而无害，成而不议，得而莫之能争，天道之所期也。为之而成，求之而得，上之所欲，小大必举，事之所期也。令则行，禁则止，宪之所及，俗之所被，如百体之从心[6]，政之所期也。

右“七观”。

【注释】

①期而致：应召的期限到来。

②以上为心：以君王作为自己的主宰。

③始于不足见，终于不可及：指开始时还看不出迹象，最后功效显著。

④一人：指君主。服：从事。

⑤好恶：指君主的好恶。

⑥百体之从心：人体各部分受心脏的支配。

【译文】

听到征召就立即来到，受到派遣就立即前往，百姓舍弃自己的意愿而以君主为主宰，这是施行教化所期望的结果。开始时还看不出迹象，最后则成效显著，难以追及，君主一人行事，万民紧相随从，这是进行训导所期望的结果。没有下令就主动办事，不加派遣就主动前往，不用君主劝勉，百姓自己就能够尽心竭力，这是改易风俗所期望的结果。君主的好恶才在心里形成，百姓就自觉地化为行动，刑罚没有施行百姓就感到恐惧，奖赏没有颁发百姓就得到劝勉，这是倡导诚信所期望的结果。做事不产生恶果，成事之后也没有异议，得到的成果没有人争夺，这是推行天道所期望的结果。做事必能成功，要求必能达到，君主所希望的事，大小都能实现，这是办事所期望的结果。有令则行，有禁则止，凡是法令所及和风俗所影响到的地方，百姓服从君主，就像人体各部分服从心脏支配一样，这是为政所期望的结果。

以上是“七观”。

乘马

【题解】

乘，即乘除之类计算，马，即码，计算所用的筹码。乘马，即运算、筹算。本篇以乘马为题，分为立国、大数、地政、阴阳、爵位、务市事、黄金、诸侯之地千乘之国、士农工商、圣人、失时、地里，论述了治理国家在经济方面的一系列原则和具体措施，提出了比较系统的经济纲领，强调充分利用土地来发展经济，关注土地的开发利用；强调市场的作用；强调计量调节财物的重要作用等。

【原典】

凡立国都，非于大山之下，必于广川之上。高毋近旱，而水用足；下毋近水，而沟防省①。因天材②，就地利，故城郭不必中规矩③，道路不必中准绳④。

右“立国”。

【注释】

①沟防：指排水沟和堤防。

②因：凭借，借助。天材：指自然资源。

③规矩：圆规和曲尺，后来引申为规则，规定。

④准绳：水平仪和墨线，用以测量物体平直，这里指平直标准。

【译文】

凡是建立都城，不在大山脚下，也要在大河的近旁。城址高不能高到受干旱，并且要求水源充足；低不能低到太近河流，这样就能节省修筑沟堤的费用。要依靠天然资源，凭借地势之利，所以，城郭的构筑，不一定非要合乎方圆的规矩，道路的铺设，也不必拘泥于平直的准绳。

以上是“立国”。

【原典】

无为者帝，为而无以为者王，为而不贵者霸。不自以为所贵，则君道也；贵而不过度[1]，则臣道也。

右“大数”[2]。

【注释】

①度：指等级名分。

②大数：指为政的方针、原则。

【译文】

能做到顺其自然、无为而治的君主，可以成就帝业，治理有方而不需亲自操劳的君主，可以成就王业，有所作为而谦虚不自贵的君主，可以成就霸业。不自以为尊贵是做君主的准则；不因地位高而超越应守的规范，是做臣子的准则。

以上是“大数”。

【原典】

地者，政之本也。朝者，义之理也[1]。市者，货之准也[2]。黄金者，用之量也[3]。诸侯之地、千乘之国者，器之制也[4]。五者其理可知也，为之有道。地者，政之本也。是故，地可以正政也[5]。地不平均和调[6]，则政不可正也；

政不正，则事不可理也[7]。

右“地政”。

【注释】

①义之理：等级名分的体现。义：通“仪”，仪法。

②货之准：物资流通的标志。

③用之量：财用计算的尺度。用：财用。

④器之制：规定军赋的标准。器：军备。

⑤正：整顿，整治。

⑥平均和调：指土地分配合理，管理完善。

⑦事：指生产活动。

【译文】

土地是治理国家的根本，朝廷是仪法的体现，市场是物资流通的标志，黄金是计算财用的尺度，一个诸侯国拥有的土地和兵车的数量，是规定军赋的标准。这五个方面的道理是可以理解的，实行起来也要遵循一定的规律。土地是执政治国的根本。所以，利用土地可以整治国家的政治。土地分配不合理、管理不完善，国家政事就得不到整治；国政得不到整治，生产就得不到发展。

以上是“地政”。

【原典】

春秋冬夏，阴阳之推移也；时之短长，阴阳之利用也[1]；日夜之易，阴阳之化也。然则阴阳正矣[2]，虽不正，有余不可损，不足不可益也。天地，莫之能损益也。然则可以正政者地也，故不可不正也。正地者，其实必正[3]。长亦正，短亦正；小亦正，大亦正；长短大小尽正。正不正，则官不理；官不理，则事不治[4]；事不治，则货不多。是故，何以知货之多也？曰：事治。何以知事之治也？曰：货多。货多事治，则所求于天下者寡矣，为之有道。

右“阴阳”。

【注释】

①利用：作用。

②正：指正常。

③实：实数，指土地的实际面积。正：核正。

④事：指生产或农事。

【译文】

春秋冬夏四季，是阴阳相互运动的结果；时节的长短，是阴阳作用的结果；白天和黑夜的更替，是阴阳变化的结果。阴阳的运动一般是正常的，即使有时不正常，多余时不能减少，不足时也无法增加，这是自然现象，是非人力所能损益的。然而，可以用来调整政事的土地确实可以改变，所以对土地不可不加以整顿。整顿土地，必须要核正其实际数量。长的要核正，短的要核正，大的要核正，小的要核正，长短大小都要核正准确。土地不核正准确，官府就无法治理；官府无法治理，生产就不会发展；生产不得发展，物资就不会丰富。所以，怎样知道物资丰富呢？回答是看生产的发展。怎样知道生产的发展呢？回答是物资的丰富。物资丰富了，生产发展了，求助于别国的也就少了，这就可以说掌握了治国的原则。

以上是“阴阳”。

【原典】

朝者，义之理也。是故，爵位正而民不怨[①]；民不怨则不乱，然后义可理。理不正，则不可以治，而不可不理也。故一国之人，不可以皆贵；皆贵，则事不成而国不利也。为事之不成[②]，国之不利也，使无贵者，则民不能自理也。是故，辨于爵列之尊卑，则知先后之序，贵贱之义矣，为之有道。

右“爵位”。

【注释】

①爵位：这里泛指等级名分制度。

②为：因为。

【译文】

朝廷是仪法的体现。所以，朝廷爵位制度合理，百姓才不会怨恨；百姓没有怨恨，就不会作乱，然后仪法才可以理顺。如果仪法不能理顺，国家政事就不能治理。所以，一个国家的人不可能都尊贵，都尊贵了，事情就不好办，这对国家不利。一事无成会对国家不利，如果没有少数地位尊贵的人进行统治，百姓是不能自己管理自己的。所以，分清爵位排列的高低，百姓才会懂得先后的次序和贵贱的仪法，这就可以说掌握了治国的原则。

以上是“爵位”。

【原典】

市者，货之准也。是故百货贱，则百利不得[①]。百利不得，则百事治。百事治，则百用节矣[②]。是故，事者生于虑，成于务[③]，失于傲。不虑则不生，不务则不成，不傲则不失。故曰，市者可以知治乱，可以知多寡，而不能为多寡，为之有道。

右“务市事”。

【注释】

①百利：指商人获得的暴利。

②百用：各种费用。节：适度消费的意思。

③务：从事。

【译文】

市场，是货物在交换中获得其应有价格的地方。所以，各种货物价格低廉，商人就不能从各种货物中获得高利。没有这样的牟取暴利，各项事业就都能得到发展，生产得到发展了，各项需求就能调节平衡。因此，任何事业的发展都产生于谋虑，成功于努力，失败于骄傲。不谋虑就不会产生，不努力就不会成功，不骄傲就不会失败。所以说，通过市场可以了解国家的治乱兴亡，可以明晰物资的多寡，只是不能通过它创造财富而已，这就可以说掌握了治国的原则。

以上是“务市事”。

【原典】

黄金者，用之量也。辨于黄金之理，则知侈俭[①]。知侈俭，则百用节矣。故俭则伤事[②]，侈则伤货[③]。俭则金贱，金贱则事不成，故伤事；侈则金贵，金贵则货贱，故伤货。货尽而后知不足，是不知量也；事已而后知货之有余[④]，是不知节也。不知量，不知节，不可，为之有道。

右"黄金"。

【注释】

①侈俭：指国家财用的奢侈或节俭。

②伤事：伤害各种事业，指抑制生产。

③伤货：指浪费物资。

④事已：指生产完成。

【译文】

黄金是计量财用的尺度。懂得黄金使用的道理，就可以了解国家财用的奢侈和俭省。懂得奢侈与俭省，就可以调节各项用度。国家用度过俭将妨碍各种事业，过奢就会浪费物资。因为过于节俭，金价就低贱，金价低贱，就不利于生产发展，因而就会抑制生产；国用过多，则金价抬高，货物就低贱，所以对货物生产不利。等到各种物资都消耗光了，才知道不足，是因为不了解所需的数量；等到生产完成之后，才发觉财货有余，是因为不懂得物资的调节。不了解所需的数量，不懂得物资的调节，都不行，这就可以说掌握了治国的原则。

以上是"黄金"。

【原典】

诸侯之地，千乘之国者，器之制也。天下乘马服牛[①]，而任之轻重有制[②]。有壹宿之行，道之远近有数矣。是知诸侯之地千乘之国者，所以知地之小大也，所以知任之轻重也[③]。重而后损之，是不知任也；轻而后益之，是不知器也。不知任，不知器，不可，为之有道。

右"诸侯之地千乘之国"。

【注释】

①乘马服牛：驾驶马车、牛车。

②任：负担。制：限制。

③任之轻重：指百姓负担的轻重，依据土地可以统计。

【译文】

天下的事如同驾驭牛马，其负担轻重都有一定的限度。知道了它一夜的实际行程，就可以推算出里程的远近。因此，知道一个诸侯国拥有的兵车和土地的数量，就可以推知它军赋的多少和负担的轻重。负担很重了以后才知道来削减它，那是不了解其所需军赋的数量；负担很轻了才知道增加，那是不了解其承担军赋的能力。不了解所需军赋的数量，不了解承担军赋的能力，都是不允许的，这就可以说掌握了治国的原则。

以上是“诸侯之地千乘之国”的治国策略。

【原典】

地之不可食者[①]，山之无木者，百而当一。涸泽，百而当一。地之无草木者，百而当一。樊棘杂处[②]，民不得入焉，百而当一。薮[③]，镰缠得入焉[④]，九而当一。蔓山[⑤]，其木可以为材，可以为轴，斤斧得入焉，九而当一[⑥]。汎山[⑦]，其木可以为棺，可以为车，斤斧得入焉，十而当一。流水，网罟得入焉[⑧]，五而当一。林，其木可以为棺，可以为车，斤斧得入焉，五而当一。泽，网罟得入焉，五而当一。命之曰地均以实数。

【注释】

①不可食：指不生长五谷。

②樊：荆棘。

③薮：植物繁茂的沼泽。

④缠：绳索。

⑤蔓山：连绵的丘陵山地。

⑥九：当作“十”。

⑦汎（fàn）：古“盘”字，环绕的样子。

⑧网罟（gǔ）：渔网。

【译文】

不生五谷的土地和不生树木的荒山，百亩折合成一亩可耕地。干涸的沼泽，也是一百亩折合成一亩。不生草木的荒地，也是百亩折一亩。荆棘丛杂无法进去人的土地，也是百亩折一亩。芦荡草泽，带上镰刀绳索可以进去采伐的，九亩折合一亩。逶迤连绵的丘陵，树木可以当材料，可以做车轴，带上刀斧可以进去采伐的，也是九亩折合一亩。盘旋回环的高山，树木可以做棺材，可以制造车，带上刀斧可以进去采伐的，十亩折合一亩。活水的河流，可以下网捕鱼的，五亩折成一亩。林地树木可以做棺材，可以制造车，带上刀斧可以进去开采的，也是五亩折成一亩。湖泽，可以下网捕鱼的，也是五亩折成一亩。这就可以叫作按照土地的使用价值将各类土地折算成耕地面积。

【原典】

方六里命之曰暴①，五暴命之曰部，五部命之曰聚。聚者有市，无市则民乏。五聚命之曰某乡，四乡命之曰方，官制也②。官成而立邑。五家而伍，十家而连，五连而暴。五暴而长，命之曰某乡。四乡命之曰都，邑制也。邑成而制事③。四聚为一离，五离为一制，五制为一田，二田为一夫，三夫为一家，事制也。事成而制器④。方六里，为一乘之地也。一乘者，四马也。一马其甲七，其蔽五⑤。一乘，其甲二十有八，其蔽二十，白徒三十人奉车辆⑥，器制也。

【注释】

①方六里：方圆六里。暴（pù）：古时户籍单位，五十家为一暴。

②官制：指行政组织制度。

③制事：指组织起来从事生产活动。

④制器：指确定承担军赋。

⑤蔽：指防护战车的盾牌兵士。

⑥白徒：指战争中不拿武器、不穿铠甲的后勤人员。奉：跟随。

【译文】

方圆六里的地区命名为暴，五暴称为部，五部称为聚。聚要有集市，没有集市则人们无法买到所需的物品。五聚叫作乡，四乡叫作方，这是行政组织制度。这样的行政组织一经建立，就可以设立城邑了。把五家编成一伍，十家编成一连，五连编成一暴。五暴编成一长，称它作某乡。四乡命名为某都，这是居民组织制度。居民组织一经建立，就可以组织生产了。四聚为一离，五离为一制，五制为一田，二田为一夫，三夫为一家，这是生产组织的制度。生产组织一经建立，就可以经营军事器物了。方圆六里的地区，就是出兵车一乘的单位。一乘是四匹马的战车，每一匹马配备甲士七人，盾牌兵士五人。一乘共有甲士二十八，盾牌兵二十名，另外还有三十人负责兵车的后勤，这样战争器物就备齐了。

【原典】

方六里，一乘之地也；方一里，九夫之田也。黄金一镒[①]，百乘一宿之尽也[②]。无金则用其绢，季绢三十三制当一镒[③]。无绢则用其布，经暴布百两当一镒[④]。一镒之金，食百乘之一宿，则所市之地，六步一㪷[⑤]，命之曰中。岁有市，无市则民不乏矣。方六里，名之曰社。有邑焉，名之曰央，亦关市之赋。黄金百镒为一箧[⑥]，其货一谷笼为十箧。其商苟在市者三十人，其正月、十二月黄金一镒，命之曰正分[⑦]。分春曰书比，立夏曰月程，秋曰大稽[⑧]，与民数得亡[⑨]。

【注释】

①镒：古代钱币单位，二十两或二十四两。

②尽：通“赆”，赠送别人的礼物、路费，这里指费用。

③季绢：轻细疏薄的细绢。制：布长一尺八丈为一制。

④经暴布：用荃葛织成的上好布。

⑤㪷：同“斗”，古代容器单位。

⑥箧（qiè）：小箱子，这里为征税数量单位。

⑦正分：合理的税收。

⑧大稽：汇总统计征税数。

⑨与：通“举”，记录，记载。得亡：有无。

【译文】

方圆六里的地区，要承担一乘兵车的军赋；方圆一里，是九个农夫的田地。一镒黄金供应一百辆兵车一夜的费用。没有黄金可以用丝绢代替，细绢三十三制折合为黄金一镒。没有绢可以用布，一百匹细白布折合为黄金一镒。一镒黄金供应一百辆兵车一夜的费用，那么，征收布匹的地方，就相当于六步土地征收一斗粮食，这是中等年成的税率。一年之中要有集市，没有集市则民用缺乏。方圆六里的地域，称为社。有人聚居的地方，称为央，也要征收关税和市场税。按黄金百镒为一箧来算，一谷笼货物算作十箧。集市上的小贩如果每三十人，在正月、十二月缴纳黄金一镒，这就叫作合理的征税。每年的春分公布税率，叫作“书比”，立夏则按月核实货物，叫作“月程”，秋天则统计总的税收情况，叫作“大稽”，同时，还要统计百姓人数的增减。

【原典】

三岁修封，五岁修界，十岁更制，经正也[①]。十仞见水不大潦[②]，五尺见水不大旱。十一仞见水轻征，十分去二三，二则去三四，四则去四，五则去半[③]，比之于山[④]。五尺见水，十分去一，四则去三，三则去二，二则去一[⑤]，三尺而见水，比之于泽。

【注释】

①经正：正常的、常规性的做法。

②仞：古代一仞为八尺或七尺。潦（lǎo）：涝。

③十一仞见水轻征，十分去二三，二则去三四：王引之云：以“五则去半”推之，当为“一仞见水轻征，十分去一，二则去二，三则去三，四则去四，五则去半。”

④比之于山：指地势高难以灌溉，如同山地一样。

⑤四则去三，三则去二，二则去一：当作“四则去二，三则去三，二则去四。”

【译文】

三年修整一次田埂，五年修整一次田界，十年重新划定一次封、界，这些都是常例。十仞高的地方才见到水不会发生大洪涝，五尺深见水的地方，不会发生大旱。一仞见水的土地，应该减轻十分之一的租税，二仞见水的土地，减轻十分之二，三仞减十分之三，四仞减十分之四，五仞则减半，相当于山地。五尺见水的地方，也减少十分之一的租税，四尺见水的土地，减少十分之二，三尺则减少十分之三，二尺减少十分之四，相当于沼泽。

【原典】

距国门以外，穷四竟之内[①]，丈夫二犁[②]，童五尺一犁，以为三日之功。正月，令农始作，服于公田农耕，及雪释，耕始焉，芸卒焉[③]。士闻见、博学、意察[④]，而不为君臣者，与功而不与分焉。贾知贾之贵贱[⑤]，日至于市，而不为官贾者，与功而不与分焉。工治容貌功能[⑥]，日至于市，而不为官工者，与功而不与分焉。不可使而为工，则视贷离之实而出夫粟[⑦]。是故智者知之，愚者不知，不可以教民；巧者能之，拙者不能，不可以教民。非一令而民服之也，不可以为大善；

非夫人能之也[8]，不可以为大功。是故非诚贾不得食于贾，非诚工不得食于工，非诚农不得食于农，非信士不得立于朝。是故官虚而莫敢为之请，君有珍车珍甲而莫之敢有。君举事，臣不敢诬其所不能。君知臣，臣亦知君知己也，故臣莫敢不竭力俱操其诚以来。

【注释】

①竟：通“境”，边境。

②丈夫：指成年男子。二犁：指两副犁所能耕的土地面积。

③芸：同“耘”，锄草。

④闻见：见多识广。意察：断事精明。

⑤知贾：同“知价”。

⑥工：同“功”。功能：技能，手艺。

⑦贷离：家庭财产的差别。

⑧夫人：人人，众人。

【译文】

从都城大门以外到全国境内所有地区，成年男子按两犁耕地面积的定数，未成年男子按一犁定数，都要为君主服役三天。正月，命令农民开始耕作，到公田服役，从雪化春耕时起，直到夏天锄草为止。对于见多识广、学问渊博、断事精明的士，凡是没有成为君主臣吏的，也要服役但不能接受赏赐。对于熟悉物价贵贱，并在集市上经商的商人，凡不是官商的，也要服劳役但不能接受赏赐。对于讲求器物样式功能，参加集市交易的手工业者，凡不是官家工匠的，也要服劳役但不能接受赏赐。至于那些不服劳役的，则要根据家产差别交纳补偿劳役的粮食。所以，只有智者明白而愚人不明白的事，不可以要求于一般百姓；只有巧者能做到而笨人做不到的事，也不可要求于一般百姓。命令若不是一下达，百姓就能遵从执行，就不能达到大治；要求若不是人人都能做到，就不能建立大功。所以，不是诚信的商人，不得经商；不是诚信的工匠，不得做工；不是诚信的农夫，不得务农；不是守信用的士人，不得在朝中做官。这样，即使官位有空缺，也无人敢于冒请；即使君主有珍贵车甲的待遇，也无人敢于妄求享有。君主想举办大事，臣下也就不敢

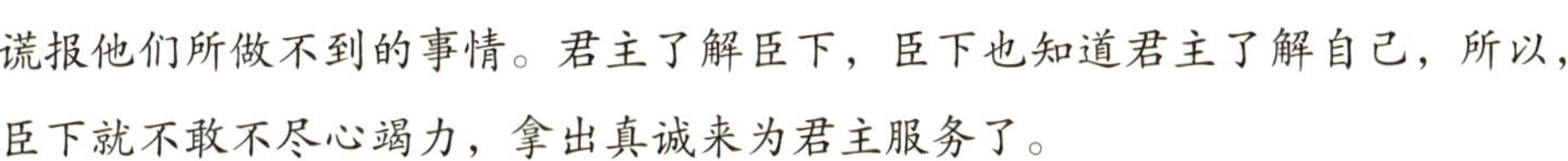

谎报他们所做不到的事情。君主了解臣下，臣下也知道君主了解自己，所以，臣下就不敢不尽心竭力，拿出真诚来为君主服务了。

【原典】

道曰，均地分力①，使民知时也，民乃知时日之蚤晏②，日月之不足，饥寒之至于身也。是故夜寝蚤起，父子兄弟不忘其功，为而不倦，民不惮劳苦。故不均之为恶也，地利不可竭，民力不可殚。不告之以时，而民不知；不道之以事，而民不为。与之分货，则民知得正矣③，审其分④，则民尽力矣。是故，不使而父子兄弟不忘其功。

右“士农工商”。

【注释】

①均地：把土地分给农民耕种。分力：公平地为国家出力。

②蚤晏：早晚。蚤：通“早”。

③得：自己应得的收益。正：同“征”，应缴纳的租税。

④分：指分货的标准、得征的比例。

【译文】

有道是，把土地分给农民，公平地收取劳役，可以使他们自身抓紧农时，他们会关注时令的早晚、光阴的紧迫和饥寒的威胁。因此他们就能够晚睡早起，父子兄弟全家关心劳动，不知疲倦并且不辞辛苦地经营。如果土地分配不均，地利不能充分利用，民力则不能充分发挥。不告知农时，人们就不能按时耕种；不在农事上引导，人们就不会有作为。讲明生产所得的分成，百姓就懂得了自己该获得的和该交纳的，再明确征收的标准，百姓就会努力生产了。于是，即使国家不予督促，父子兄弟也都会来关心生产的。

以上是“士农工商”。

【原典】

圣人之所以为圣人者，善分民也。圣人不能分民，则犹百姓也。于己不足，安得名圣？是故，有事则用，无事则归之于民，唯圣人为善托业于民。

民之生也[①]，辟则愚[②]，闭则类[③]。上为一，下为二。

右“圣人”。

【注释】

①生：通“性”，本性。

②辟：同“僻”，邪恶。

③闭：坚定，不受外恶的影响、干扰。

【译文】

圣人之所以成为圣人，就是因为他善于与百姓分利益。圣人不擅长分利于民，就同普通百姓一样了。如果自己总是贪而不足，怎么能称为圣人呢？所以，国家有事就取用于民，无事就藏富于民，只有圣人才善于把产业寄托给百姓。百姓的本性是邪恶了就愚昧，坚定了就善良。居上位的君主做出好的榜样，下面的百姓就会加倍效仿。

以上是“圣人”。

【原典】

时之处事精矣[①]，不可藏而舍也[②]。故曰，今日不为，明日忘货[③]。昔之日已往而不来矣。

右“失时”。

【注释】

①时：指农时、时令。事：指农事。精：宝贵。

②藏：留。舍：止。

③忘：无，没有。

【译文】

时令对于农事来说十分宝贵，不能把它收藏起来使之停止不前。所以说，今天不抓紧生产，明天就没有收获。过去的时光，一经消逝就不再回来了。

以上是“失时”。

【原典】

上地方八十里，万室之国一[①]，千室之都四。中地方百里，万室之国一，千室之都四。下地方百二十里，万室之国一，千室之都四。以上地方八十里，与下地方百二十里，通于中地方百里[②]。

右“地里”。

【注释】

①室：古代一个家庭为一室。

②通于：相当于，折合。

【译文】

方圆八十里的上等土地，可以供应一座上万户人口的城市和四座上千户人口的城镇。方圆一百里的中等土地，可以供应一座上万户人口的城市和四座上千户人口的城镇。方圆一百二十里的下等土地，可以供应一座上万户人口的城市和四座上千户人口的城镇。因此，方圆八十里的上等土地与一百二十里方圆的下等土地，都相当于方圆一百里的中等土地。

以上是“地里”。

七法

【题解】

七法指治国、治军的七项基本法则，即则、象、法、化、决塞、心术、计数。本篇从分析政治和军事的关系入手，着重阐述了较为系统的军事思想，分为七法、四伤、为兵之术、选陈共四节。“七法”节首先提出，详述了七法的具体内容和不明七法的后果，强调运用七法的重要意义；“四伤”节论述了君主身边的各种坏人对治国治军四方面的伤害；“为兵之术”提出了治军的八项具体方法，强调使用军事手段以匡正天下的原则；“选陈”即“选

阵”，专论战略的运用。

【原典】

言是而不能立，言非而不能废，有功而不能赏，有罪而不能诛，若是而能治民者，未之有也。是必立，非必废，有功必赏，有罪必诛，若是安治矣？未也。是何也？曰：形势、器械未具①，犹之不治也。形势、器械具，四者备，治矣。不能治其民，而能强其兵者，未之有也；能治其民矣，而不明于为兵之数②，犹之不可。不能强其兵，而能必胜敌国者，未之有也；能强其兵，而不明于胜敌国之理，犹之不胜也。兵不必胜敌国，而能正天下者，未之有也；兵必胜敌国矣，而不明正天下之分③，犹之不可。故曰：治民有器，为兵有数，胜敌国有理，正天下有分。

【注释】

①形势：指治理百姓各方面的客观形势。器械：指治理百姓的具体设施。

②数：方法、策略。

③分：名分，这里指适当的方法。

【译文】

正确的主张不能采纳，错误的主张不能废除，有功劳而不予赏赐，有罪过而不予惩罚，像这样而能治理好人民的，从来没有过。正确的坚决采用，

错误的坚决废止，有功必赏，有罪必罚，这样就可以治理好国家了吗？还不能。为什么？因为，不具备军事力量和军事装备，仍然不能治理好国家。有了军事力量和军事装备以后，再具备上述四项，就可以治理好国家了。不能治理好人民而能强化其军队的，从来没有过；能治其民而不懂用兵的策略，仍然不能使军队强大。不能强化其军队而能战胜敌国的，从来没有过；能够强化其军队而不明白战胜敌国的道理的，仍然不能打胜。兵力不能必胜敌国而能够征服天下的事情，从来没有过；即使兵力有了必胜的把握而不懂得征服天下的纲领的，仍然是不行的。所以说，治民要有军备，用兵要有策略，战胜敌国要有头脑，匡正天下要有纲领。

【原典】

则、象、法、化、决塞、心术、计数①。根天地之气②，寒暑之和，水土之性，百姓、鸟兽、草木之生，物虽甚多，皆均有焉，而未尝变也，谓之则。义也、名也、时也、似也、类也、比也、状也，谓之象③。尺寸也、绳墨也、规矩也、衡石也、斗斛也、角量也④，谓之法。渐也、顺也、靡也、久也、服也、习也⑤，谓之化。予夺也、险易也、利害也、难易也、开闭也、杀生也，谓之决塞。实也、诚也、厚也、施也、度也、恕也，谓之心术。刚柔也、轻重也、大小也、实虚也、远近也、多少也，谓之计数。

【注释】

①决塞：疏通堵塞。计数：计算、筹划。

②根：根源，根本。

③象：表象，情况。

④衡石：称量轻重的工具。斗斛：两种量器，这里泛指各种量器。角量：平都斛的用具。

⑤顺：通“驯”，驯服。靡：通“磨”，消磨。服：适应。

【译文】

规律、形象、规范、教化、决塞、心术和计数，源本于天地的元气，寒暑的协调，水土的性质以及人类、鸟兽、草木的生长繁殖，事物虽多，但都有一个共同性，而且未尝改变的，这就叫作“规律”。事物的形状、名称、年代、相似、类属、依次、状态等，叫作“形象”。尺寸、绳墨、规矩、衡石、斗斛、角量等，叫作“规范”。渐进、驯服、消磨、熏陶、适应、习惯等，叫作“教化”。予夺、险易、利害、难易、开闭、死生等，叫作“决塞”。老实、忠诚、宽厚、施舍、度量、容让等，叫作“心术”。刚柔、轻重、大小、虚实、远近、多少等，叫作“计数”。

【原典】

不明于则，而欲出号令，犹立朝夕于运均之上[①]，摇竿而欲定其末[②]。不明于象，而欲论材审用，犹绝长以为短，续短以为长。不明于法，而欲治民一众，犹左书而右息之。不明于化，而欲变俗易教，犹朝揉轮而夕欲乘车。不明于决塞，而欲驱众移民，犹使水逆流。不明于心术，而欲行令于人，犹倍招而必射之[③]。不明于计数，而欲举大事，犹无舟楫而欲经于水险也。故曰：错仪画制，不知则不可；论材审用，不知象不可；和民一众[④]，不知法不可；变俗易教，不知化不可；驱众移民，不知决塞不可；布令必行，不知心术不可；举事必成，不知计数不可。

【注释】

①夕：古代测日影以定方向的仪器。均：指制陶器所用的转轮。

②定其末：固定竹竿的末端。

③倍招：背离目标。倍：同“背”。

④和：据上文当为“治”。

【译文】

不明白事物的法则，而想要制定号令，就如同在转动着的陶轮上用标杆测定时间，摇动竹竿而妄想稳定它的末端。不了解事物的特点，而想量才用人，就好比把长材短用，短材长用一样。不了解事物的规范，而想治理人民、调和民众，就好比用左手写字，而闲着右手一样。不明白教化而想移风易俗，就好比早上刚制造车轮，晚上就要乘车一样。不懂得疏通堵塞，而想驱使和调遣人民，就好比使水倒流一样。不了解心术而想对人们发号施令，就好比

背对着靶子射箭而想命中一样。不了解计数而想要兴办大事，就好比不用舟辑想渡过险恶的河流一样。所以说，立法定制，不了解规律不行；量才用人，不了解特点不行；治理人民、调和民众，不了解规范不行；移风易俗，不了解教化不行；驱使和调遣人民，不疏通堵塞不行；发布命令，令出必行，不了解心术不行；举办大事保证必成，不了解计数不行。

【原典】

百匿伤上威①，奸吏伤官法，奸民伤俗教，贼盗伤国众。威伤，则重在下②；法伤，则货上流；教伤，则从令者不辑③；众伤，则百姓不安其居。重在下，则令不行；货上流，则官徒废；从令者不辑，则百事无功；百姓不安其居，则轻民处而重民散④；轻民处、重民散，则地不辟；地不辟，则六畜不育；六畜不育，则国贫而用不足；国贫而用不足，则兵弱而士不厉⑤；兵弱而士不厉，则战不胜而守不固；战不胜而守不固，则国不安矣。故曰：常令不审，则百匿胜；官爵不审，则奸吏胜；符籍不审⑥，则奸民胜；刑法不审，则盗贼胜。国之四经败，人君泄见危。人君泄，则言实之士不进；言实之士不进，则国之情伪不竭于上。

【注释】

①百匿：指君主左右的各种坏人。匿：邪恶。

②重在下：权威下移。

③辑：和睦顺从。

④轻民：指从事工商业和游手好闲的人。

⑤不厉：不勇猛。

⑥符籍：指通行凭证与户口簿册。符：凭证。籍：簿册。

【译文】

君主左右的各种坏人伤害君主的权威，奸邪的官吏破坏国家的法制，奸诈的国民伤害风俗和教化，贼盗伤害国内的民众。君主的权威被伤害，君权就会下移；法制被破坏，财货就会通过贿赂集中到上层；教化被损害，臣民就不会和顺地听命；民众被伤害，百姓就不得安居。君权下移，政令便无法推行；财货上流，官德就必然败坏；臣民不听命，百事都难有功效；百姓不得安居，就会造成为盗者横行而务农者离散的局面；为盗者横行而务农者离散，土地就得不到开辟；土地不开辟，则六畜不能繁育；六畜得不到繁育，邦国就会财源不足；邦国财源不足则兵弱而士气不振；兵弱而士气不振，则战不能胜、守不能固；战不胜而守不固，国家就不会安定了。所以说：国家的常规法令不严明，国君左右的坏人就得逞；官爵制度不严明，奸邪的官吏就得逞；符籍制度不严明，奸诈之民就得逞；刑法制度不严明，盗贼就得逞。治国的四经：大法、官爵、符籍、刑法败坏了，君主又不重视，危机就会出现。这是因为人君不重视，说真话的人就不被任用；说真话的人不被任用，国家的真实情况就不能传到君主这里了。

【原典】

世主所贵者宝也，所亲者戚也，所爱者民也，所重者爵禄也。亡君则不然，致所贵[①]，非宝也；致所亲，非戚也；致所爱，非民也；致所重，非爵禄也，故不为重宝亏其命[②]，故曰：令贵于宝；不为爱亲危其社稷，故曰：社稷戚于亲；不为爱人枉其法，故曰：法爱于人；不为重爵禄分其威，故曰：威重于爵禄。不通此四者，则反于无有[③]。故曰：治人如治水潦，养人如养六畜，用人如用草木。居身论道行理，则群臣服教，百吏严断，莫敢开私焉[④]。论功计劳，未尝失法律也。便辟、左右、大族、尊贵、大臣，不得增其功焉；疏远、卑贱、隐不知之人、不忘其劳。故有罪者不怨上，爱赏者无贪心，则列陈之士，皆轻其死而安难[⑤]，以要上事，本兵之极也[⑥]。

【注释】

①致：最。

②亏：损害。命：政令。

③反：同“返”。

④开私：指枉法。

⑤安难：不怕危难。

⑥极：根本。

【译文】

当今一般的君主，所看重的是珍宝，所亲近的是亲戚，所爱护的是百姓，所重视的是爵禄。英明的君主却不是这样。他最看重的不是珍宝，最亲近的不是亲戚，最爱护的不是百姓，最重视的不是爵禄。他不会因为贵重珍宝而损害政令，因而说政令比珍宝更贵重；不会因为亲近亲戚而危害国家，因而说国家比亲戚重要；不会因为爱护百姓而违反法律，因而说法律比百姓更值得爱护；不会为重视爵禄而削弱威信，因而说权威比爵俸更重要。君主如不懂得这四方面的道理，权力将丧失得一无所有。所以说，治理百姓就像治理积水，养育百姓就像养育六畜，使用百姓就像使用草木。君主自身能按理办事，群臣就服从政令，百官严格执行法律，没有人敢徇私枉法。根据实际评计功劳，不能违背法令规定。宠臣、侍从、大族、权贵和大臣们，不因为地位高而增加功劳；关系远的、地位低的、不知名的，不因为地位低而埋没功劳。这样，犯罪受刑的人不会抱怨君主，有功受赏的人也不会滋长贪心，而列阵参战的将士们都舍生忘死，不避危难，以求为国立功了，这就是治军的根本原则。

【原典】

为兵之数，存乎聚财，而财无敌[①]；存乎论工[②]，而工无敌；存乎制器，而器无敌；存乎选士，而士无敌；存乎政教[3]，而政教无敌；存乎服习[4]，而服习无敌；存乎遍知天下，而遍知天下无敌；存乎明于机数[5]，而明于机数无敌。故兵未出境，而无敌者八。是以欲正天下，财不盖天下[6]，不能正天下；财盖天下，而工不盖天下，不能正天下；工盖天下，而器不盖天下，不能正天下；器盖天下，而士不盖天下，不能正天下；士盖天下，而教不盖天下，不能正天下；教盖天下，而习不盖天下，不能正天下；习盖天下，而不遍知天下，不能正天下；遍知天下，而不明于机数，不能正天下。故明于机数者，用兵之势也。

【注释】

①财无敌：指使财富的数量无敌于天下。

②论工：考论工匠的技巧，指选择工匠。

③政教：指加强军队的管理教育。

④服习：操练，指军事训练。

⑤明于机数：指懂得把握时机和运用策略。

⑥盖天下：超过天下，领先天下。

【译文】

治军的方法，在于积聚财富，使财富的数量无敌于天下；在于选择工匠，使工匠的技巧无敌于天下；在于制造兵器，使兵器的质量无敌于天下；在于选拔士兵，使士兵的素质无敌于天下；在于加强管理教育，使管教的水平无敌于天下；在于抓紧军事训练，使训练的水平无敌于天下；在于调查各国情况，使调查工作的水平无敌于天下；在于明察战机和策略，使明察战机和策略的运用无敌于天下。这就是说，军队还没有开出国境，而无敌于天下的八项条件都已具备，这样才能统一天下。因而要统一天下，财力不领先天下不行；财力领先天下，而工匠技巧不能领先天下也不行；工匠技巧领先天下，而兵器质量不能领先天下也不行；兵器质量领先天下，而士兵素质不能领先天下也不行；士兵素质领先天下，而管教水平不能领先天下也不行；管教水平领先天下，而军事训练水平不领先天下也不行；训练水平领先天下，而不能掌握天下的情况也不行；掌握了天下各国的情况，而不明察战机和策略也

不行。所以，明察战机和策略是用兵的关键。

【原典】

大者时也，小者计也。王道非废也，而天下莫敢窥者，王者之正也。衡库者[①]，天子之礼也。是故，器成卒选，则士知胜矣。遍知天下，审御机数，则独行而无敌矣。所爱之国，而独利之；所恶之国，而独害之，则令行禁止。是以圣王贵之。胜一而服百，则天下畏之矣；立少而观多，则天下怀之矣；罚有罪，赏有功，则天下从之矣。故聚天下之精财，论百工之锐器，春秋角试[②]，以练精锐为右。成器不课不用[③]，不试不藏。收天下之豪杰，有天下之骏雄，故举之如飞鸟，动之如雷电，发之如风雨，莫当其前，莫害其后，独出独入，莫敢禁圉。成功立事，必顺于礼义。故不礼不胜天下，不义不胜人。故贤知之君，必立于胜地，故正天下而莫之敢御也。

【注释】

①衡库：衡量天下的利害得失。

②角试：比较检验。

③不课不用：不经过检查，不能使用。课：检查。

【译文】

首要的是掌握作战时机，其次是作战策略。王道不能废止，天下之所以不敢觊觎推行王道的国家，就在于王道的正义。权衡天下的利弊得失，这是天子应遵守的礼数。所以，兵器制造精良，士兵选拔已定，军队就有了取胜的信心。普遍了解天下的情况，精心掌握战机与策略，这样就可以所向无敌了。对于友好的国家，要给予特殊的扶持；对于敌对的国家，要给予特殊的惩罚，这样就令出即行，禁发则止。因此，英明的君主很重视这种做法。战胜一个国家，其他多个国家随即表示顺服，天下都会畏惧；持植少数国家，给其他多个国家做出示范，天下都会归附；惩罚有罪的，赏赐有功的，天下也都跟着服从了。因此，要聚集天下最好的物材，研究各种工匠的兵器，春秋两季进行较量、试验，选择精锐的器械列为上等。制成的武器，不经检查不能使用，不经试验不能入库。再聚集天下的豪杰，拥有天下的勇将，这样就可以做到举兵如飞鸟，动兵如雷电，发兵如风雨，无人能在前面阻挡，无人能从后面伤害，独出独入，无人敢于抵抗了。成功立事，一定要合乎正理与正义。无理的战争不能取胜于天下，不义的战争不能战胜他人。因此，贤明智慧的君主，一定要站在必胜的立场，这样才能匡正天下而无人敢于抵挡。

【原典】

若夫曲制时举[①]，不失天时，毋圹地利[②]。其数多少，其要必出于计数[③]。故凡攻伐之为道也，计必先定于内，然后兵出乎境。计未定于内，而兵出乎境，是则战之自胜，攻之自毁也。是故，张军而不能战[④]，围邑而不能攻。得地而不能实[⑤]，三者见一焉，则可破毁也。故不明于敌人之政，不能加也[⑥]；不明于敌人之情，不可约也；不明于敌人之将，不先军也；不明于敌人之士，不先陈也[⑦]。是故，以众击寡，以治击乱，以富击贫，以能击不能，以教卒练士击驱众白徒。故十战十胜，百战百胜。

【注释】

①曲制时举：指根据有利时机发兵。曲：按照。

②圹：同“旷”，荒废。

③计数：计算军队行动所需的人员、装备、军需的数量。

④张军：摆开阵势。

⑤实：巩固。

⑥加：加兵，出兵。

⑦陈：同“阵”，阵列。

【译文】

关于部队发兵进攻的时机，应该不失天时，不废地利。需要的人员、装备、军需数量的多少，关键在于要经过精确计算。所以，凡是攻战的原则，一定要先在国内周密计划，然后再举兵出境。计划没有事前确定就举兵出境，攻战就必然自取失败。因此，摆开阵势却不能交战，包围城邑却不能进攻，夺取阵地却不能据守，这三种情况出现一种，就可能使军队败亡。所以，事前不明了敌人的政治，不能出兵；不明了敌人的军情，不能宣战；不了解敌

人的将领，不先采取军事行动；不了解敌人的士兵，不先摆列阵势。因此，只有保证以众击寡，以治击乱，以富击贫，以贤能的将帅去进攻无能的将帅，以训练有素的士卒去进攻乌合之众，这样才可以做到十战十胜，百战百胜。

【原典】

故事无备，兵无主，则不蚤知；野不辟，地无吏，则无蓄积；官无常[①]，下怨上，而器械不功[②]；朝无政，则赏罚不明；赏罚不明，则民幸生。故蚤知敌人，如独行；有蓄积，则久而不匮；器械功，则伐而不费[③]；赏罚明，则人不幸；人不幸，则勇士劝之。故兵也者。审于地图[④]，谋于官日，量蓄积，齐勇士，遍知天下，审御机数，兵主之事也。

【注释】

①官：管理手工业的官府。常：常规。

②器械不功：兵器不精良。

③费：损坏。

④审于地图：指地形地势等地理状况。

【译文】

所以，对战争没有准备，部队又没有主帅，就不可能预先掌握敌情；荒地没有开垦，农业又没有专管的官吏，国家就不可能积蓄粮草；官府没有常规，工匠抱怨上级，造出的武器就不会精良；朝廷政令不修，赏罚不明，百姓就侥幸偷生。因此，预先掌握敌情，才能够所向无敌；积蓄粮草，才能够持久作战而不贫困；武器精良，才能够连续进攻而不易损坏；赏罚分明，百姓才不会侥幸偷生；而百姓都不侥幸偷生，勇士就奋力向前。所以，用兵的规律就是详尽地审查地理情况，反复地研究天文气象，准确地计算军需贮备，严格地统一士兵训练，全面掌握天下的情况，认真抓好战机和运用策略，而这些也正是军队统帅的职责。

【原典】

故有风雨之行①，故能不远道里矣；有飞鸟之举，故能不险山河矣；有雷电之战，故能独行而无敌矣；有水旱之功②，故能攻国救邑；有金城之守③，故能定宗庙，育男女矣；有一体之治④，故能出号令，明宪法矣。风雨之行者，速也；飞鸟之举者，轻也；雷电之战者，士不齐也；水旱之功者，野不收，耕不获也；金城之守者，用货财、设耳目也；一体之治者，去奇说、禁雕俗也⑤。不远道里，故能威绝域之民，不险山河，故能服恃固之国⑥。独行无敌，故令行而禁止。故攻国救邑，不恃权与之国，故所指必听。定宗庙，育男女，天下莫之能伤，然后可以有国。制仪法，出号令，莫不响应，然后可以治民一众矣。

【注释】

①风雨之行：如同风雨般行进。

②水旱之功：指如同水灾旱灾般的破坏力。

③金城：坚固的城池。

④一体之治：像一个人的身体般协调统一。

⑤雕俗：崇尚奢侈的风俗。

⑥恃固：凭借天险。

【译文】

军队有像风雨一般的行进，就不怕路途遥远；有像飞鸟一般的前跃，就不怕山河险阻；有像雷电一般的进击，就所向无敌；有像水灾旱灾一般的破坏，就能够攻克敌国，攻占城市；有像金城一般的设防固守，就能够安定国家，传宗接代；再有如同身体般协调的统一政治，就能够发布号令、明定法

制。这是因为，风雨一般的行进，就是要做到速度飞快；飞鸟一般的前跃，就是要做到身体轻捷；雷电一般的进击，就是使敌人溃不成军；水灾旱灾一般的破坏，就是使敌方土地无收、耕种无获；金城一般的据守，就是要使用财货、收买间谍；身体般协调的政治，就是要禁止邪说和奢侈风俗。不怕路途遥远，就能够威慑偏远地方的百姓。不怕山河险阻，就能够征服凭借天险的敌国。所向无敌，就必然有令必行、有禁必止。攻克敌国，攻占城市，又不依靠盟国援助，就必然是军队指向哪里，哪里就得听从。安定国家，繁育儿女，无人敢于伤害，然后就可以牢固地掌握政权。立法定制，发号施令，天下没有不响应的，然后就可以治理百姓、统一天下了。

版法

【题解】

版，版牍，古人书写用的木片和竹简。版法，即刻在版牍上的法则。本篇阐述了君主执政的三项重大原则问题，即“三经”：“正彼天植”，端正心态，不以个人主观好恶行事；“风雨无违”，要顺应天时，量力而行；“远近高下各得其嗣”，处理好各种人际关系。本篇还提出了君主应该兼爱无遗、正直法度、与民同利等思想，强调君主执政要公正严格、诚实守信，体现了《管子》的重法思想。

【原典】

凡将立事，正彼天植[①]，风雨无违，远近高下，各得其嗣[②]。三经既饬，君乃有国。喜无以赏，怒无以杀；喜以赏，怒以杀，怨乃起，令乃废。骤令不行，民心乃外；外之有徒，祸乃始牙[③]。众之所忿，置不能图。举所美，必观其所终；废所恶，必计其所穷。庆勉敦敬以显之[4]，富禄有功以劝之，爵贵有名以休之。兼爱无遗，是谓君心。必先顺教，万民乡风。旦暮利之，众乃胜任。

【注释】

①天植：指心。

②嗣：通“司”，主持，掌管。

③牙：通“芽”，萌生。

④庆：奖赏。

【译文】

凡是将要建立一番事业的君主，第一要端正他的心志，第二是不违背风来雨到的天时，第三是使远近高下的人们都得到治理。这三个根本问题都解决了，君主才可以保有其国家。不能因个人喜欢而行赏，不可因个人恼怒而杀戮。如果是因喜而赏，因怒而杀，人民就会心生怨恨，政令就会废弛。政令多次行不通，人民就有外心；有外心的人向外结党，祸乱就开始萌芽。引起了群众的愤怒，少数人是不能图谋应付的。举办喜欢的事，一定要估计到事情的结局；废止厌恶的事，一定要考虑到事情的后果。赏赐嘉勉敦厚的人以示表彰，把俸禄颁给有功的人以表鼓励，把爵位授予有名望的人以示美誉。兼爱而没有遗漏，这才算得上君主的胸怀。一定要先严格教诲，民众才趋向好的风化。经常给予利益，民众才会恪尽职守。

【原典】

取人以己[1]，成事以质[2]。审用财，慎施报，察称量[3]。故用财不可以啬，用力不可以苦[4]。用财啬则费[5]，用力苦则劳。民不足，令乃辱[6]；民苦殃，令不行。施报不得，祸乃始昌；祸昌不寤[7]，民乃自图。正法直度，罪杀不赦；杀僇必信[8]，民畏而惧。武威既明，令不再行。顿卒怠倦以辱之[9]，罚罪宥过以惩之，杀僇犯禁以振之[10]。植固不动，倚邪乃恐[11]。倚革邪化，令往民移。法天合德，象地无亲，参于日月，佐于四时。悦在施有，众在废私，召远在修近，闭祸在除怨。修长在乎任贤[12]，安高在乎同利。

【注释】

①取人以己：取用于人要比照自己。

②质：实，实际。

③称量：计量轻重的工具，这里指事物的分量限度。

④苦：指使用民力过度。

⑤费：同“拂”，悖逆。

⑥辱：指遭到违背或反对。

⑦寤：同“悟”，醒悟。

⑧僇：通“戮”，杀戮。

⑨顿卒：斥责。顿：挫折。卒，同“啐”，呵斥。

⑩振：通“震”，震慑。

⑪倚革：通“奇邪”，指怪僻邪恶的行为。

⑫修：当为“备”。备长：备长久之道，即为长远作打算。

【译文】

取用于人要比照一下自己，办事要根据实力。要详细审视各种用度，慎重处理施予和报酬，明察事物的分量与限度。所以，君主用财于民不能太吝啬，征用民力不能太过头。用财吝啬则事情难办，用力过头则民众疲劳。民众贫困，政令就繁复无效；民众苦于劳役之灾，政令就无法贯彻。施予酬报不得当，祸乱就开始萌芽；祸乱萌芽而人君尚不觉悟，民众就自图造反了。法律公正，制度明确，杀有罪，不宽赦；

执行杀戮一定说到做到，民众就会畏惧。权威明示于众，法令就不必一再重申。对懈怠的人，要通过训斥使之感到羞辱；对有过的人，要通过处罚予以惩戒；对犯罪的人，要通过杀戮予以震慑。君主执法之心坚定而不动摇，怪僻邪恶的人就会恐惧。怪僻邪恶的行为都有了改正，法令颁布下去，民众就跟着行动了。君主应该效法天，对万物普遍施德；模仿地，对万物没有私亲；要做到与日月同级，与四时并列。使众人喜悦就要善于施予，要得民众拥护就要破除私心；要招徕远方的人们，就要修好附近之人；要避免祸乱的发生，就要消除人怨。长远大计在于任用贤人，巩固尊高地位在于与民同利。

五辅

【题解】

五辅，指德、义、礼、法、权五种执政治国的措施。本篇主要论述了这五种措施，即所谓德有六兴、义有七体、礼有八经、法有五务、权有三度。六兴，是为了让百姓满足生活的欲望；七体，是为了使百姓做到公正；八经，是为了使百姓重视、恭敬礼义；五务，是为了使人们专心致志地从事本务；三度，是为了使百姓举措得当。本篇最后两段还讨论了控制意识形态、引导民风和加强农业生产、推行仁义等重要观点。

【原典】

古之圣王，所以取明名广誉[①]，厚功大业，显于天下，不忘于后世，非得人者，未之尝闻。暴王之所以失国家，危社稷，覆宗庙，灭于天下[②]，非失人者，未之尝闻。今有士之君，皆处欲安，动欲威，战欲胜，守欲固，大者欲王天下，小者欲霸诸侯，而不务得人。是以小者兵挫而地削，大者身死而国

亡，故曰：人不可不务也。此天下之极也[3]。

【注释】

①明名广誉：取得广大的名声和广泛的荣誉。

②灭：灭绝，不留痕迹。

③极：最高的位置，这里指最重要的。

【译文】

古代的圣王，之所以能取得盛名广誉，丰功伟业，显扬于天下，为后世所不忘，不是得到人们拥护的，从来没有听说过。暴君之所以失去国家，危及社稷，倾覆宗庙，在天下声名狼藉，不是因为失掉人们拥护的，也从来没有听说过。现今拥有国土的君主，都希望生活安定，办事有威势，征战能取胜，防守能坚固，大国的君主想要统一天下，小国的君主想要称霸诸侯，却都不重视争取人心。所以，小则兵败而地削，大则身死而国亡，所以说，人心是不可不注重的。这是天下最重要的问题。

【原典】

曰：然则得人之道，莫如利之。利之之道，莫如教之以政，故善为政者，田畴垦而国邑实，朝廷闲而官府治，公法行而私曲止，仓廪实而囹圄空[1]，贤人进而奸民退，其君子上中正而下谄谀[2]。其士民贵武勇而贱得利。其庶人好耕农而恶饮食。于是财用足，而饮食薪菜饶。是故上必宽裕，而有解舍[3]。下必听从，而不疾怨。上下和同，而有礼义，故处安而动威，战胜而守固，是以一战而正诸侯。不能为政者，田畴荒而国邑虚，朝廷兇而官府乱。公法废而私曲行，仓廪虚而囹圄实，贤人退而奸民进，其君子上谄谀而下中正，其士民贵得利而贱武勇，其庶人好饮食而恶耕农，于是财用匮而食饮薪菜乏，上弥残苟，而无解舍，下愈覆鸷而不听从[4]，上下交引而不和同，故处不安而动不威，战不胜而守不固，是以小者兵挫而地削，大者身死而国亡，故以此观之，则政不可不慎也。

【注释】

①囹圄：监狱。

②上：通“尚”，崇尚。

③解舍：即弛舍，意谓宽免赋役。

④覆鸷：意谓凶狠。覆：读为“愎”，《广雅》：“愎，鸷很也。”鸷（zhì）：凶猛的鸟。

【译文】

我们说：争取人心的方法，最好是给百姓以利益；而让百姓得到利益的方法，最好是用实际政绩。所以，善于为政的君主，总是开垦田野而使城邑殷实，朝廷安闲而官府清治，公法通行而邪道废止，粮仓充实而监狱空虚，贤人得用而奸臣罢退。上层人士崇尚公正而鄙视阿谀之风；士民重视武艺勇气而鄙视贪得私利；平民百姓，喜好农业生产而厌恶大吃大喝，从而财用充足而食用物品富裕。所以，君主要宽厚而有所减免，人民要听从而无所怨恨，上下协调而有礼节，这样才能生活安定而办事有威势，征战取胜而防守能坚固，因此一战就能征服诸侯。不善于管理政事的君主，总是使田野荒芜而城邑空虚，朝廷纷乱而官府混乱，公法废弃而邪道风行，仓廪空虚而监狱人满，贤人罢退而奸臣得用。上层人士崇尚阿谀奉迎而鄙视公平正直；士民重视财利而轻视勇武；百姓喜好大吃大喝而厌恶农业生产，因此财用匮乏而食用物品短缺。君主非常残暴苛刻而没有减免，人民特别固执凶顽而不肯服从，上下互相争利而不协调，所以生活不安定而办事无威势，征战不能取胜而防守不能坚固，于是小则兵败而地削，大则身死而国亡。由此看来，为政不可不慎重对待这些问题。

【原典】

德有六兴，义有七体，礼有八经，法有五务，权有三度。所谓六兴者何？曰：辟田畴，制坛宅，修树艺，劝士民，勉稼穑，修墙屋，此谓厚其生。发伏利，输墆积[①]，修道途，便关市，慎将宿[②]，此谓输之以财。导水潦，利陂沟，决潘渚[③]，溃泥滞，通郁闭，慎津梁，此谓遗之以利。薄征敛，轻征赋，弛刑罚，赦罪戾，宥小过，此谓宽其政。养长老，慈幼孤，恤鳏寡，问疾病，吊祸丧，此谓匡其急。衣冻寒，食饥渴，匡贫窭[④]，振罢露[⑤]，资乏绝，此谓

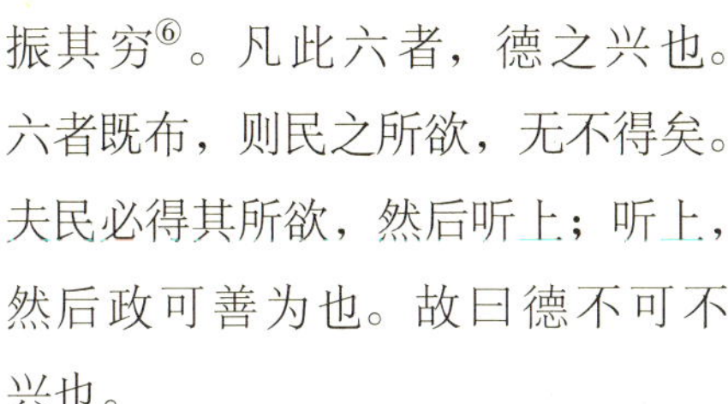

振其穷[6]。凡此六者，德之兴也。六者既布，则民之所欲，无不得矣。夫民必得其所欲，然后听上；听上，然后政可善为也。故曰德不可不兴也。

【注释】

①墆积：囤积，贮积。

②将宿：送迎客商。

③潘渚：回流与浅滩。潘，回旋水。渚，水中小洲。

④贫窭（jù）：指贫穷的人。

⑤罢露：疲惫与衰败。罢，同“疲”。露，败坏。

⑥振：同“赈”，救济。

【译文】

德有“六兴”，义有“七体”，礼有“八经”，法有“五务”，权有“三度”。什么叫六兴呢？是：开垦田野，建造住宅，研习种植，劝勉士民，鼓励耕作，修缮房屋，这叫作改善民生。开发潜在的财源，疏通积滞的物产，修筑道路，便利贸易，重视迎送商旅往来，这叫作疏导财货流通。疏浚积水，修通沟渠，挖通回流浅滩，清除泥沙淤滞，打通河道堵塞，注意渡口桥梁，这叫作给人们提供便利。薄收租税，轻征捐赋，宽减刑罚，赦免罪犯，宽

恕小过，这叫作从宽执政。敬养老人，慈恤幼孤，救济鳏寡，关心疾病，吊慰祸丧，这叫作救人之急。给挨冻的人衣服穿，给饥渴的人饮食，救助贫陋，赈济破败人家，资助赤贫，这叫作救人之穷困。这六个方面都属于兴举德政。这六项如果能实行，则百姓的需求就都获得满足了。只有百姓的需求得到满足，然后才能够听从上面；只有百姓服从君主，政事才能办好。所以说：德政是不可不兴的。

【原典】

曰：民知德矣，而未知义，然后明行以导之义[1]。义有七体。七体者何？曰：孝悌慈惠，以养亲戚。恭敬忠信，以事君上。中正比宜[2]，以行礼节。整齐撙诎[3]，以辟刑僇[4]。纤啬省用，以备饥馑。敦蒙纯固[5]，以备祸乱。和协辑睦，以备寇戎。凡此七者，义之体也。夫民必知义然后中正，中正然后和调，和调乃能处安[6]，处安然后动威，动威乃可以战胜而守固。故曰义不可不行也。

【注释】

①明行：用行动彰明。以导之义：以民义教化百姓。

②中正比宜：公正合宜。

③撙诎：节制。撙：约束，即克制。诎：同“屈”。

④辟：同“避”，避开。

⑤敦蒙纯固：以敦厚朴实来戒备祸乱。

⑥和调：生活安定。

【译文】

说民众知道了“德”，而不懂得“义”，然后就应该以身作则，教民行义。“义”有七体。什么叫七体呢？回答是：用孝悌慈惠的态度来奉养亲属，用恭敬忠信的态度来侍奉君上，用公正友爱的态度来推行礼节，用端正克制的行为来避免犯罪，用节约省用的方法来防备饥荒，用敦厚朴实的姿态来戒备祸乱，用和睦协调的关系来防止敌寇。这七个方面，都是义的内容。民众只有知义然后才能行为中正，行为中正然后才能和睦团结，和睦团结才能生活安定，生活安定然后办事才有威信，办事有威信才可以攻战胜利而防务巩固。所以说义是不可不推行的。

【原典】

曰：民知义矣，而未知礼，然后饰八经以导之礼①。所谓八经者何？曰：上下有义，贵贱有分，长幼有等，贫富有度，凡此八者，礼之经也。故上下无义则乱，贵贱无分则争，长幼无等则倍②，贫富无度则失。上下乱，贵贱争，长幼倍，贫富失，而国不乱者，未之尝闻也。是故圣王饬此八礼，以导其民。八者各得其义，则为人君者，中正而无私；为人臣者，忠信而不党；为人父者，慈惠以教；为人子者，孝悌以肃；为人兄者，宽裕以诲；为人弟者，比顺以敬；为人夫者，敦蒙以固；为人妻者，劝勉以贞。夫然则下不倍上，臣不杀君，贱不踰贵，少不陵长，远不闲亲，新不间旧③，小不加大，淫不破义。凡此八者，礼之经也。夫人必知礼然后恭敬，恭敬然后尊让，尊让然后少长贵贱不相踰越，少长贵贱不相踰越，故乱不生而患不作。故曰礼不可不谨也。

【注释】

①饰：同“饬”，整饬。

②倍：同“背”，背离，背弃。

③间：离间，妨碍。

【译文】

说民众知道“义”后，而不懂得“礼”，然后就应该整饬“八经”，教民行礼。什么是八经呢？回答是：上与下都有礼仪，贵与贱都有本分，长与幼都守次序，贫与富都守法度，这八个方面是礼的纲领。所以，上与下没有礼仪就会混乱，贵与贱不守本分就要相争，长与幼没有等次就要叛离，贫与富不依法度就失其节制。上下乱，贵贱争，长幼叛离，贫富失其节制，而国家还不陷于混乱，是没有听说过的。因此，圣明君主总是整顿这八礼以教导民众。八方面都各得其宜，做君主的就公正而不偏私；做臣子的就忠诚而不结党；做父母的就慈惠而善教育；做子女的以严肃实现孝悌；做兄长的以教诲实现宽厚；做弟弟的以恭敬实现和顺；做丈夫的以专一实现敦厚；做妻子的以贞节进行劝勉。能这样，就可以做到下不叛上，臣不杀君，贱不越贵，少不欺长，疏不间亲，新不厌旧，小不越大，放荡不破坏礼义。这八项是礼的常规。所以，人只有知礼然后才能恭敬，恭敬然后才能尊让，尊让然后才能做到少长贵贱不相逾越，少长贵贱不相逾越，混乱就不会产生而祸患也不会发作了。因此说礼是不可不重视的。

【原典】

曰：民知礼矣，而未知务[①]，然后布法以任力。任力有五务，五务者何？曰：君择臣而任官，大夫任官辩事[②]，官长任事守职，士修身功材，庶人耕农树艺。君择臣而任官，则事不烦乱；大夫任官辩事，则举措时；官长任事守职，则动作和；士修身功材，则贤良发；庶人耕农树艺，则财用足。故曰凡此五者，力之务也[③]。夫民必知务，然后心一，心一然后意专，心一而意专，然后功足观也。故曰力不可不务也。

【注释】

①知务：懂得礼法。务，礼法。

②辩事：治理事物。

③力之务也：人们的专务。

【译文】

说民众知道礼后，而不懂得“务”，然后就该依法令来安排人力。安排人力有“五务”。什么是五务呢？回答是：君主选择臣子来任命官职，大夫任官治事，官长负责其事而严守职责，士人修养品德而锻炼才艺，平民从事农耕种植。君主能够择臣而任官，政事就不紊乱；大夫任官办事，举措就可以及时；官长能分工任事而严守职责，行动就可以协调；士人能够修身学艺，贤良人才就可以出现；平民从事农耕种植，财用就能充足。所以说这五方面，就是人力的各有专务。民众必须认识这些专务，才能统一心志，然后才能专心致志，思想统一而专心致志，然后功业就可观了。所以说安排人力是不可不有所专务的。

【原典】

曰：民知务矣，而未知权，然后考三度以动之。所谓三度者何？曰：上度之天祥，下度之地宜，中度之人顺，此所谓三度。故曰：天时不祥，则有水旱；地道不宜，则有饥馑；人道不顺，则有祸乱。此三者之来也，政召之[①]。曰：审时以举事，以事动民[②]，以民动国，以国动天下[③]。天下动，然后功名可成也。故民必知权然后举错得[④]，举错得则民和辑[⑤]，民和辑则功名立矣。故曰权不可不度也。

【注释】

①召：招致，导致。

②以事动民：以事件来发动民众。

③国动天下：以国家的名义来动员天下。

④举错得：措施、举措得宜。

⑤和辑：和睦。

【译文】

说民众知道务，还不懂得“权”，然后就该考究“三度”来使之行动。什么是三度呢？回答是：上考察天时，下考察地利，中考察人和，这就是所谓三度。所以说：天时不祥，则有水旱；地利不宜，就会有饥荒；人道不和，就会有祸患。这三者的到来，都是执政不好招致的。所以说要审度时机来兴办大事，用兴办大事来调动民众，用民众发动国力，用一国发动天下。天下动员起来了，然后功业就可以有成就了。所以，民众必须懂得权衡轻重，然后才能举措得当；举措得当，民众才能和睦；民众和睦，则功业就建立起来了。所以说权衡轻重这一点，不可不善加考察。

【原典】

故曰：五经既布，然后逐奸民，诘轴伪[①]，屏谗慝[②]，而毋听淫辞[③]，毋作淫巧。若民有淫行邪性，树为淫辞，作为淫巧，以上谄君上，而下惑百姓，移国动众，以害民务者，其刑死流[④]，故曰：凡人君之所以内失百姓，外失诸

侯，兵挫而地削，名卑而国亏，社稷灭覆，身体危殆，非生于谄淫者未之尝闻也。何以知其然也？曰：淫声谄耳，淫观谄目，耳目之所好谄心，心之所好伤民，民伤而身不危者，未之尝闻也。曰：实圹虚⑤，垦田畴，修墙屋，则国家富。节饮食，撙衣服⑥，则财用足。举贤良，务功劳，布德惠，则贤人进。逐奸人，诘轴伪，去谗慝，则奸人止。修饥馑⑦，救灾害，振罢露，则国家定。

【注释】

①诘：查究，究办。

②慝（tè）：邪恶。

③淫辞：夸大失实的言辞。

④其刑死流：处以死刑或流放之刑。

⑤圹虚：空旷无人的地方。圹：通“旷”，旷废。

⑥撙（zǔn）衣服：节省衣服。撙：节制，消减。

⑦修：当为“备”。

【译文】

五项纲领措施已经发布实施，然后驱逐奸民，查究伪诈，摒弃进谗行恶之徒，而且不听信夸大不实的谎言，不准做奢侈浪费的物品。如果有人行为放荡，性情邪恶，制造夸大不实的谎言，制作奢侈浪费的物品，用以欺骗君主，惑乱百姓，改变风俗，动摇民心，以此来扰害人民务正业的，要处以死刑或流放。所以说：大凡君主之所以国内失掉百姓，国外失掉诸侯，兵败而国土被削，名卑而国家受害，社稷覆灭，自身危殆的，不是由于被夸大不实

的谎言所迷惑而引起的，这种事从来没有听说过。为什么这样说呢？是因为：淫乱的声音迷惑了耳朵，淫乱的观赏迷惑了眼目。耳目所喜好的，迷惑了心。心被所喜好的迷惑，就做出伤害百姓的事来。伤害了百姓而君主自身不危险的，从来没有听说过。是因为：移民垦荒，开垦农田，修筑房屋，国家就能富裕；节约饮食，节省衣服，财用就会充足；推举贤良，注重功绩，广布德惠，贤人就得到进用；驱逐奸人，查究伪诈，摒弃谗言邪恶之徒，奸人就能销声匿迹；防备饥荒，救助灾害，赈济破败人家，国家就能安定。

【原典】

明王之务，在于强本事，去无用，然后民可使富；论贤人①，用有能，而民可使治；薄税敛，毋苛于民，待以忠爱，而民可使亲。三者，霸王之事也。事有本而仁义其要也，今工以巧矣②，而民不足于备用者，其悦在玩好。农以劳矣，而天下饥者，其悦在珍怪，方丈陈于前。女以巧矣，而天下寒者，其悦在文绣。是故博带梨③，大袂列④，文绣染，刻镂削，雕琢采。关几而不征⑤，市鄽而不税⑥。古之良工，不劳其知巧以为玩好⑦，是故无用之物，守法者不失。

【注释】

①论：选拔。

②以：通“已”，已经。

③梨：通“𠝗”（lí），割开，划破。

④列：通“裂”，分裂，割裂。

⑤几：查察，查看。

⑥鄽：通“廛”（chán），市廛，市房。

⑦知：通“智”，才智。玩好：珍奇物品。

【译文】

英明君主的要务，在于加强农业生产，废除无用之物的生产，然后才可以使百姓富裕；选拔贤良的人，任用有能力的臣子，然后才可能治理好百姓；减轻赋税，对百姓不苛刻，以忠诚爱护的态度相待，然后才可能使百姓来亲近。这三方面是关系到称霸称王的大事。事物都有根本，而仁义是其中的关键。现在工匠已经很巧妙了，而百姓需要用的东西仍得不到满足，是因为君主过于喜欢玩好的器物；农民已经够劳苦的了，然而天下仍有无粮挨饿的人，是因为君主过于喜欢珍奇的食品；女工已经很灵巧了，而天下仍有人无衣挨冻，是因为君主过分喜欢华丽的服饰。所以，这就需要把宽大的带子裁成窄小的带子，把肥大的袖子变成窄瘦的袖子，把华丽的刺绣染成素色，把刻镂的图案削掉，把雕琢的花纹磨平；关卡只稽查而不收税，市场上只收租而不收税。古代的优良工匠，不用他们的聪明巧手来制作玩好的东西。所以，无用的物品，守法者是从不生产的。

宙合

【题解】

宙，指古往今来；合，指六合，即上下四方。宙合，意即天上地下、东南西北、古往今来无不囊括其中。本篇论述的内容广泛，上涉天时，下涉地利，君臣之道、顺时处世、修身待物、明哲远虑、天地人事等无所不及。本篇的体例是先经后解，经文是全文的提纲，解文是对经文的解释和发挥，是本篇的主要论述。本篇为选译。

【原典】

“左操五音[①]，右执五味[②]”，此言君臣之分也[③]。君出令佚[④]，故立于左[⑤]；臣任力劳，故立于右。夫五音不同声而能调，此言君之所出令无妄也[⑥]，而无所不顺，顺而令行政成。五味不同物而能和，此言臣之所任力无也，而无所不得，得而力务财多。故君出令，正其国而无齐其欲[⑦]，一其爱而

无独与是[⑧]，王施而无私，则海内来宾矣。臣任力，同其忠而无争其利，不失其事而无有其名，分敬而无妒[⑨]，则夫妇和勉矣。君失音则风律必流[⑩]，流则乱败；臣离味则百姓不养，百姓不养，则众散亡。君臣各能其分，则国宁矣。故名之曰不德[⑪]。

【注释】

①五音：宫、商、角、徵、羽，古代音乐中的五个音阶。

②五味：指酸、辛、咸、苦、甘。

③分：职分。

④佚：通“逸”，安逸。

⑤立：通“位”，下同。

⑥无妄：不随意妄为。

⑦齐：通“济”，满足。欲：欲望，爱好。

⑧独与是：指独自以为其是。

⑨分敬：相互尊敬。

⑩失音：指五音不协调。风律：犹言音律，声律。

⑪不德：即大德。不：通“丕”，大。

【译文】

“左操五音，右执五味”，这是说君臣各自的本分。人君在上边发号施令总是安逸的，所以位于左；人臣在下边出力办事总是劳顿的，所以位于右。五音虽不同而声音却可以协调，这是比喻人君出令不是随意为之的，从而才能无所不顺，顺则法令才能通行无阻，政事才能有所成就。五味虽不相同却可以调和，这是比喻人臣出力办事也没有离开法则，因而才能无所不得，才能劳力有所专务，财物有所增长。所以人君出令，为匡正国家而不为满足私欲，与民同爱而并非独行其是，如此施德而无私，则四海归服。人臣出力办事，恪尽忠心而不争夺私利，不失本职而不夺取虚名，如此勤敬而无所忌妒，则天下男女都将和谐共勉。人君行事失去协调，则国家教化的成果必然流失，教化流失则国家混乱；人臣行事失去协调，则不能供养百姓，百姓不能供养则离散逃亡。君臣各自胜任其本职，国家就安宁了。所以，把这称为“大德。”

【原典】

“怀绳与准钩[1]，多备规轴[2]，减溜大成[3]，是唯时德之节[4]。”夫绳扶拔以为正[5]，准坏险以为平，钩入枉而出直，此言圣君贤佐之制举也[6]。博而不失[7]，因以备能而无遗。国犹是国也，民犹是民也，桀纣以乱亡，汤武以治倡。章道以教[8]，明法以期，民之兴善也如化，汤武之功是也。多备规轴者，成轴也。夫成轴之多也，其处大也不究[9]，其入小也不塞。犹迹求履之宪也[10]，夫焉有不适善？适善，备也，仙也[11]，是以无乏。故谕教者取辟焉[12]。天淯阳[13]，无计量；地化生，无法厓[14]。所谓是而无非，非而无是，是非有，必交来。苟信是，以有不可先规之[15]，必有不可识虑之，然将卒而不戒[16]。故圣人博闻多见，畜道以待物[17]。物至而对形[18]，曲均存矣。减、尽也。溜，发也。言遍环毕善，莫不备得，故曰减溜大成。成功之术，必有巨获[19]。必周于德，审于时，时德之遇，事之会也，若合符然。故曰是唯时德之节。

【注释】

①绳与准钩：喻指国家的法度。绳：准绳，用来取正或取直的工具。准：平准器，用来取平的工具。钩：圆规。

②规轴：圆规之轴，比喻法度。

③减溜大成：意谓各种准具都发挥作用。减：即“咸”。大成：完备之意。

④是唯时德之节：意谓时机与德望相符合，万事都能成功。

⑤拔：偏斜。

⑥制：制度，法制。举：全，健全。

⑦博而不失：指法度全面详尽而无所遗失。

⑧章：同“彰”，彰明。

⑨究：当为“窕”，不充满。

⑩迹：足迹。宪：古通“楦”，即鞋楦子，木制的鞋的模型。

⑪仙（xuǎn）：选择，选用。

⑫取辟：取法，借鉴。辟：通“譬”，样式。

⑬淯阳：读为“育养”。淯：通“育”。

⑭法厓（yá）：一说原为“泮厓”，即畔崖，指边际。

⑮规：通“窥”。

⑯卒而不戒：突然到来而不能戒备。卒：同“猝”，突然。

⑰畜：同“蓄”，储备，积累。

⑱对形：指比照已有的范型。形：同“型”，模式、规范。

⑲巨获：当为“矩矱”，指规矩。

【译文】

“怀绳与准钩，多备规轴，减溜大成，是唯时德之节。”绳可以扶偏为正，准可以破险为平，钩可以矫曲为正，这是比喻圣君贤臣对治国举措的运用。法度详尽而没有缺失，其功能也就完备无缺。国家还是那个国家，民众还是那些民众，桀纣因暴乱而败亡，汤武却因为安定而兴盛。彰明治国之道来教育人民，申明治国之法让民众遵行，使民众从善成风，这就是汤武的功绩。所谓“多备规轴”，指的是制成轴枢。成轴的品种繁多，放在大的地方不松动，放在小的地方不堵塞，就像按照各种足迹做成鞋楦子，怎么会不合适呢？之所以很合适，在于非常完备，因为挑选着使用，所以不会缺乏。所以主持教化的人可以得到借鉴。上天养育万物，是难以计量的；大地造化万物，是没有边际的。所谓是就不是非，非就不是是，是非又一定是共同存在的。如果确认为某一事物为正确，是因为先规定另一事物为非，并且这个为非的事物已经在那里被人识别考虑了。然而这些判断都是仓促到来，令人无法准备的。所以，圣人总是要博闻多见，积累规律性的理论、原则来认识新事物。新事物一经出现，与这些旧有知识相参照，错误与正确的分别就一目了然了。“減”的意思是完全，“溜”的意思是发展。说的是局部与全局全面完善，无不处理得宜，就是所谓完全发展而达到完备无缺。成功的方法，一定有方法可循。必须德行周全，详审时机，时机与德望结合，便是成事的机会，就像符契的相合一样。所以说最关键的是时与德的恰到好处地结合。

【原典】

“春采生，秋采蓏[①]，夏处阴，冬处阳。”此言圣人之动静、开阖、诎信、浧儒[②]，取与之必因于时也。时则动，不时则静，是以古之士有意而未可阳也[③]。故摰其治言，阴摰而藏之也。贤人之处乱世也，知道之不可行，则沉抑以辟罚[④]，静默以侔免[⑤]。辟之也犹夏之就清，冬之就温焉。可以无及于寒暑之灾矣。非为畏死而不忠也，夫强言以为僇[⑥]，而功泽不加，进伤为人君严之义，退害为人臣者之生，其为不利弥甚。故退身不舍端[⑦]，修业不息版[⑧]，以待清明。故微子不与于纣之难[⑨]，而封于宋，以为殷主。先祖不灭，后世不绝，故曰大贤之德长。

【注释】

①蓏（luǒ）：指瓜类植物的果实。

②诎信：同“屈伸”。浧（yíng）儒：义不详，疑通“盈续”，即“盈缩”之意。

③阳：意同“扬”，张扬。

④辟：同“避”，躲避。

⑤侔：通“牟”，谋取。

⑥僇：同“戮”，杀戮，刑戮。

⑦端：通“专”，指朝笏（hù），大臣上朝所持的板子。

⑧修：疑为“休”，休业即解职或退休。版：版读，古时书写用的木片。

⑨微子：商纣的庶兄，名启，封于微（今山东梁山西北）。因见商将亡，数谏纣王，王不听，遂出走。周武王灭商时，向周求降，被封于宋，为宋国的始祖。

【译文】

“春采生，秋采蓏，夏处阴，冬处阳。”这是说圣人的动静、开合、屈伸、取予，一定要因时制宜。合于时宜则动，不合时宜则静，所以，古代贤士有意图而不宣扬。他总是心藏其治世的言论，暗中收敛，注意隐藏自己。贤人处于乱世，知道治世之道行不通，就以沉抑的态度躲避刑罚，静默无言的方式求得免祸。他的行为有如夏天之就清凉，冬天之就温暖，才不会感染上寒热之害。他这并不是怕死，也不是不忠，硬要强进谏言只会招致杀身之祸，对百姓却一点功德恩泽也没有施与，往积极方面说，伤害了君主尊严的义理，往消极方面说，伤害了人臣个人的生命，这都是极为不利的事情。因此，他退身下野却不肯扔掉笏板，解职退休也不停止版书，以等待政治清明的形势。所以，微子并没有参与纣王之难，而是受封于宋国，充当殷遗民的封君。这样，祖先不被湮灭，后世也不断绝，所以说大贤人的德泽是长远的。

【原典】

“明乃哲，哲乃明，奋乃苓[①]，明哲乃大行。”此言擅美主盛自奋也[②]，以琅汤凌轹人[③]，人之败也常自此。是故圣人著之简策，传以告后进曰：奋，盛；苓，落也。盛而不落者，未之有也。故有道者不平其称[④]，不满其量，不依其乐[⑤]，不致其度[⑥]。爵尊则肃士，禄丰则务施，功大而不伐，业明而不矜。夫名实之相怨久矣，是故绝而无交，惠者知其不可两守[⑦]，乃取一焉，故安而无忧。

【注释】

①奋：兴盛。苓：通“零”，衰落。

②擅美主盛自奋：均指骄傲自满。

③琅汤（làng tāng）凌轹（lì）：指骄傲放荡、欺凌他人。轹：指欺凌。

④不平其称：指不要使自己的分量十足，要保持谦虚的意思。称，同“称”。

⑤依：盛大。

⑥致：同“至”，达到极致。

⑦惠：通“慧”，聪明。

【译文】

“明乃哲，哲乃明，奋乃苓，明哲乃大行。”这是说独擅其美，自我夸耀，自奋其能且以骄傲放荡的态势去欺凌他人，人之失败常从这里开始。所以圣人把这个道理写在书里，传给后学之士，说：奋，是兴盛；苓，是衰落。只兴盛而不衰落的事，从来没有。所以，有道之人，总是表现得自己分量不足，不表现局量已满，不表现调子太高，不表现气度高傲至极。爵位高就注意尊敬贤士，俸禄厚就注意广施财物，功劳大而不夸耀，事业盛而并不骄傲。名与实的互相矛盾由来已久，所以互相排斥而不能共存。明智的人知道不可能两者兼备，于是只取其一，弃名取实。因此，能安定而无忧。

【原典】

“夫天地一险一易，若鼓之有桴[①]，擿挡则击[②]。”言苟有唱之，必有和之，和之不差，因以尽天地之道。景不为曲物直[③]，响不为恶声美。是以圣人明乎物之性者必以其类来也，故君子绳绳乎慎其所先[④]。

【注释】

①桴：鼓槌。

②擿挡则击：鼓响是因为击打它。比喻事物有击打必有反响。擿挡：指鼓声。

③景：通“影”。

④绳绳乎：形容戒惧的样子。

【译文】

“夫天地一险一易，若鼓之有桴，擿挡则击”。说的是如有所唱，必有所和，所和不差，就能合天地的规律。影子不可能替弯曲的物体表现为笔直，回响不可能替粗恶的音响表现为美声。可见圣人懂得事物的特性是通过参照事物之类而得出的，所以君子必须戒惧地慎重对待先行之物。

【原典】

“天地，万物之橐也[①]，宙合有橐天地。”天地苴万物[②]，故曰万物之橐。宙合之意，上通于天之上，下泉于地之下，外出于四海之外，合络天地，以为一裹。散之至于无闲，不可名而山。是大之无外，小之无内，故曰有橐天地，其义不传。一典品之，不极一薄[③]，然而典品无治也。多内则富，时出则当。而圣人之道，贵富以当。奚谓当？本乎无妄之治，运乎无方之事，应变不失之谓当。变无不至，无不有应当，本错不敢忿。故言而名之曰宙合。

【注释】

①橐（tuó）：指口袋或包袱。有底称囊，无底称橐。

②苴（jū）：一种草包，引申为包裹。

③典品：指整理。薄：古代记事的木板。

【译文】

天地包裹着万物，所以叫万物之橐。而“宙合”的意思，是上通于天空之上，下深于土地之下，外出于四海之外，合拢天地，成为一个包裹。把它散放开来，可以渗透到没有间隙的极小地方，简直都说不出名字来。大到没有什么物体在其外，小到没有什么东西可以在其内了。所以说它能包藏天地，宙合的义理并没有传开。若一旦整理起来，其内容还不到一版，可惜整理之事没有人去做。容纳广博就内容丰富，发表适时就用之得当。而圣人之道，贵在丰富而用之得当。何谓用之得当呢？根据不背离法则的理论，运用在没有固定范围的各类事物上，应机随变而没有差错就叫作用之得当。事物的变化虽然无所不至，但没有处理不得当的，治事的本末不离。所以称它为“宙合”。

枢言

【题解】

枢言，指关键、重要的言论。枢，指门上的转轴，引申为事物的中心。本篇以治国治天下为中心，阐述了许多有关治国治世、内政外交、为君为臣的重大问题。重视百姓、重视农业，提倡仁爱诚信，戒骄戒躁，推崇先代帝王，这是本篇的特色。

【原典】

管子曰：道之在天者，日也；其在人者，心也。故曰：有气则生，无气则死，生者以其气；有名则治[①]，无名则乱，治者以其名。枢言曰：爱之，利之，益之，安之，四者道之出，帝王者用之，而天下治矣。帝王者，审所先

所后：先民与地则得矣，先贵与骄则失矣。是故先王慎贵在所先所后。人主不可以不慎贵，不可以不慎民，不可以不慎富。慎贵在举贤，慎民在置官，慎富在务地[②]。故人主之卑尊轻重在此三者，不可不慎。国有宝、有器、有用。城郭、险阻、蓄藏，宝也；圣智，器也[③]；珠玉，末用也。先王重其宝器而轻其末用[④]。故能为天下。

【注释】

①名：名分，指事物的名称和概念，与“实”相对。

②务地：重视土地的耕作，即重视农业。

③圣智，器也：尹知章注：“圣无不通，智无不策，二者可操以成事，故曰器。”

④末：末业，指工商业。

【译文】

管子说：“道在天上就好比太阳；它在人体就好比心。”所以说有气则生，无气则死，生命就是依靠气存在；有名分则治，无名分则乱，安定就是依靠名分实现的。枢言指出：爱民、利民、益民、安民，这四方面都是由道决定的，帝王运用它们，天下便得安宁了。帝王应当分清什么事情在先、什么事在后：把百姓和土地放在前面就得当，把高贵和骄傲放在前面就失当了。所以，先代圣王总是慎重地处理何者为先、何者为后的问题。人君不可不慎重地对待“贵”的问题，不可不慎重地对待“民众”的问题，不可不慎重地对待“富”的问题。慎重对待“贵”，在于如何举用贤人；慎重对待民众，在于如何设置官吏；慎重对待“富”，在于如何注重农业。所以，君主的高低轻重决定在这三个方面，所以不可不慎。一个国家，都有宝、有器、有用。内城外郭、山川险地、粮食贮备，这些都是“宝”；圣明、智谋，是所谓的“器”；珍珠玉器，居末位，是所谓的“用”。先代圣王看重宝与器而看轻财用，所以能治理天下。

【原典】

生而不死者二[①]，立而不亡者四：喜也者、怒也者、恶也者、欲也者，天下之败也，而贤者寡之。为善者[②]，非善也，故善无以为也，故先王贵善。王主积于民[3]，霸主积于将战士[4]，衰主积于贵人，亡主积于妇女珠玉。故先王慎其所积。疾之，疾之，万物之师也[5]。为之，为之，万物之时也。强之，强之，万物之指也[6]。

【注释】

①生而不死者二：指上文提到的气与名，一说是宝与器。

②为：通“伪”，伪装。

③积：积累。

④将战士：古本等无“战”字。译文从古本。

⑤师：众多。

⑥指：通“旨”，意旨，涵义。

【译文】

长存不灭的事物有两样：气与名。消失以后就不再存在的东西有四样：喜、怒、厌恶与嗜好，这是导致天下败亡的原因，但贤者却很少有这些毛病。伪善，不是真的善，所以善是无法伪装的，所以先代圣王注重“善”。成就王业的国君积聚民众，成就霸业的国君积聚武将和战士，衰败的国君积聚官僚贵族，亡国之君则积聚珠玉与妇女。所以，先代圣王总是慎重地处理积聚什么的问题。要加快进行探索，万物是如此众多。要努力进行探索，万物随时流逝。要加强进行探索，万物的意旨是如此精深。

【原典】

凡国有三制：有制人者，有为人之所制者，有不能制人、人亦不能制者。何以知其然？德盛义尊，而不好加名于人；人众兵强，而不以其国造难生患；天下有大事，而好以其国后：如此者，制人者也。德不盛，义不尊，而好加名于人；人不众，兵不强，而好以其国造难生患；恃与国[1]，幸名利[2]。如此者，人之所制也。人进亦进，人退亦退，人劳亦劳，人佚亦佚，进退劳佚，与人相胥。如此者，不能制人，人亦不能制也。

【注释】

①与国：盟国。

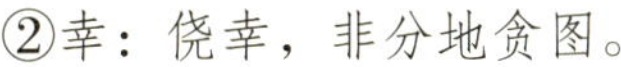

②幸：侥幸，非分地贪图。

【译文】

一个国家有三种控制关系：有控制别人的，有被别人控制的，有不能控制别人、也不为别人所控制的。为什么能知道是这样的呢？有的国家德盛义高，而不喜欢把自己的名位强加于他人；人众兵强，而不喜好用国力制造危难和祸患；一旦天下有大的事变，也不愿意使本国出头。这样的国家，一定是控制别人的。德不盛，义不高，却喜好把自己的名位强加于他人；人不多，兵不强，而好用本国的实力制造危难和祸患；依仗同盟，偷取名利。这样的国家，必然是被人控制的。别人前进也跟着前进，别人后退也跟着后退，别人劳顿自己也劳顿，别人安逸自己也安逸，进退劳逸，全都与人相从。这样的国家，不能控制他人，也不为别人所控制。

【原典】

爱人甚，而不能利也；憎人甚，而不能害也。故先王贵当，贵周[①]。周者，不出于口，不见于色，一龙一蛇，一日五化之谓周[②]。故先王不以一过二[③]。先王不独举[④]，不擅功。

【注释】

①周：机密。

②一龙一蛇，一日五化之谓周：以龙蛇作为比喻，言其像龙蛇那样变化五次而不露痕迹。一日五化，一日变化五次。

③以一过二：言不夸大。

④举：行动。

【译文】

十分喜爱一个人，也不能随便给予利益；非常憎恨一个人，也不能加害于他。所以，先王总是注重分寸适当，也注重保持机密。所谓机密，就是不说出口，不形于色；就像龙、蛇一天五变而无人察觉一样，才叫作保持机密。所以，先王不会夸大地把一说成二，也不会独自包办事业或独自居功。

【原典】

先王不约束，不结纽[①]。约束则解，结纽则绝。故亲不在约束、结纽。先王不货交[②]，不列地[③]，以为天下。天下不可改也，而可以鞭箠使也[④]。时也，利也，出为之也。余目不明，余耳不聪[⑤]，是以能继天子之容[⑥]。官职亦然。时者得天，义者得人。既时且义，故能得天与人。先王不以勇猛为边竟[⑦]，则边竟安；边竟安，则邻国亲；邻国亲，则举当矣[⑧]。

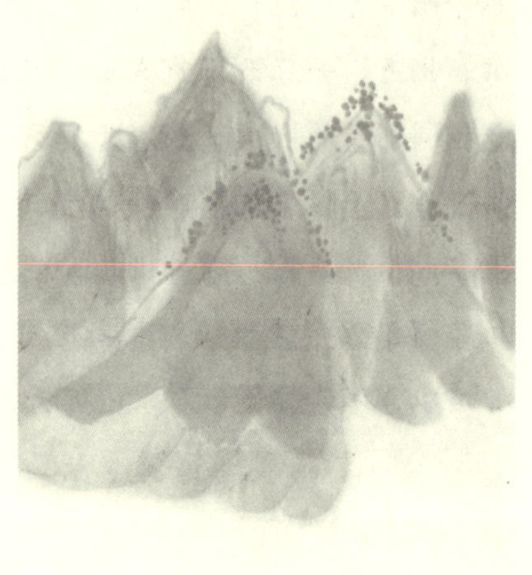

【注释】

①约束：结成束。结纽：打扣子。这都喻指结党同盟做某些事。

②货交：即用财货外交，意谓收买他国。

③列地：通“裂地”，即割让土地。

④鞭箠（chuí）：鞭子和棍杖，喻指武力。

⑤余目：多余的视力。余耳：多余的听力。

⑥容：形容，指天子的圣德。

⑦竟：通“境”。

⑧举：举措，政策。

【译文】

先王在处理国家关系时，既不会拉帮，也不结派。约结成邦终究会解散，结成派别终将会破裂。所以，国家亲善不在于“约束”和“结纽”的拉帮结派。先王也不用“货交”和“裂地”的办法来治理天下。因为天下格局不可轻易改变，只可以用威力来统一驾驭。把握天时，合于正义，就可以去做。虽有多余的视力也不看，多余的耳力也不听，这样才能够维持天子的圣明。官吏的

职责也同样如此。把握天时就能得到自然优势，符合正义则得到民众的拥护。既占天时，又合正义，这就能把自然与人的力量一并掌握起来了。先王不采用武力解决边境问题，这样边境就会安定；边境安定，则邻国亲善；邻国亲善，问题就可以处理得当了。

【原典】

人故相憎也[①]，人之心悍。故为之法。法出于礼，礼出于治[②]。治，礼道也，万物待治礼而后定。凡万物，阴阳两生而参视[③]，先王因其参而慎所入所出。以卑为卑，卑不可得，以尊为尊，尊不可得，桀舜是也，先王之所以最重也。得之必生，失之必死者，何也？唯无得之，尧舜禹汤文武孝己，斯待以成，天下必待以生，故先王重之。一日不食，比岁歉[④]。三日不食，比岁饥。五日不食，比岁荒。七日不食，无国土，十日不食，无畴类尽死矣[⑤]。

【注释】

①故：通“固”，本来。

②治：通“辞”，言辞，理论。

③参：同“叁”。

④比岁歉：好比过了歉收的年份。比，类比，好比。

⑤畴类：同类，同伴。畴，同“俦”。

【译文】

人们本来是相互憎恨的，人心凶悍，所以要用法律。法律出于礼，礼出于理论。理论与礼都是道的体现。万物的关系都是根据理论和礼的要求而后才确定下来的。万物都由阴阳两者相生而形成第三个事物，先王就是根据这三个因素而慎重掌握正反两方面。以卑下断定卑下，卑下不能寻得；用高尚断定高尚，高尚不能寻得，夏桀虞舜就是这样的。这就是先王最重视正反两个方面的原因。得到它必定能生存，失掉它必定要死亡，它是指什么呢？唯有粮食。得到它，尧、舜、禹、汤、文、武和孝己，才赖以成功；天下人也必须靠它才能生存，所以先代的圣王重视它。一天断了食，好比过歉收年；

三天断了食，好比过饥年；五天断了食，好比过荒年；七天断了食，国土就保不住了；十天断了食，同类就没有了，全部都将死掉。

【原典】

先王贵诚信，诚信者，天下之结也[1]。贤大夫不恃宗至[2]，士不恃外权。坦坦之利不以功[3]，坦坦之备不为用。故存国家，定社稷，在卒谋之间耳[4]。

【注释】

①结：结交，友好。

②宗至：宗室门第。

③坦坦之利：平常的小利。坦坦，意指平平常常。

④卒：同“猝”，突然，短暂。

【译文】

先王最重视诚实和信用，有了诚实和信用，天下各国就友好了。贤大夫不依靠宗族门第，士不依靠国外权势，取得平常的小利不算是大功劳，面对平常的储备当不成大用处。所以，保存国家、安定社稷的大事，就在顷刻之间的谋划当中解决了。

【原典】

圣人用其心，沌沌乎博而圜[1]，豚豚乎莫得其门[2]，纷纷乎若乱丝，遗遗乎若有从治[3]。故曰：欲知者知之，欲利者利之，欲勇者勇之，欲贵者贵之。彼欲贵，我贵之，人谓我有礼。彼欲勇，我勇之，人谓我恭。彼欲利，我利之，人谓我仁。彼欲知，我知之，人谓我慜[4]，戒之戒之，微而异之[5]。动作必思之，无令人识之，卒来者必备之，信之者仁也，不可欺者智也。既智且仁，是谓成人[6]。

【注释】

①沌沌乎：混沌无知的样子。博：当作“抟”。圜：同“圆”，指原地打转。

②豚豚乎：指隐隐地，暗自。

③遗遗乎：指有次序的样子。从治：理出头绪。

④慜（mǐn）：同“敏”，聪明，聪敏。

⑤微而异之：隐微而庇翼自己。

⑥成人：完美无缺的人。

【译文】

圣人运用其心思思索，好像混混沌沌地在打圆转，又隐隐地使人找不到门户，混乱地好像一团乱丝，有次序又像可以跟着理出头绪。所以说，想要求知识的就让他有知识，想要求利的就让他得利，想要勇气的就让他有勇气，想要求地位的就让他有地位。他想求地位，我就许他地位，人们会说我有礼；他想要气，我就使他有勇气，人们会说我恭敬；他想求利，我就使他得利，人们会说我仁爱；他想要知识，我就使他有知识，人家会说我聪敏。但是要注意戒备，隐微而庇翼自己，行动一定要深思，不要被人识透，对于突然到来的事情必须要有防备。对人有信叫作仁，不被欺瞒叫作智，既智且仁，就可以说是完美无缺的人了。

【原典】

贱固事贵[①]，不肖固事贤。贵之所以能成其贵者，以其贵而事贱也，贤之所以能成其贤者，以其贤而事不肖也。恶者，美之充也[②]。卑者，尊之充也。贱者，贵之充也。故先王贵之。天以时使，地以材使，人以德使，鬼神以祥使，禽兽以力使。所谓德者，先之之谓也，故德莫如先，应适莫如后。先王用一阴二阳者霸，尽以阳者王，以一阳二阴者削，尽以阴者亡。量之不以少多称之不以轻重，度之不以短长，不审此三者，不可举大事。能戒乎？能敕乎[③]？能隐而伏乎？能而稷乎[④]？能而麦乎？春不生而夏无得乎。众人之用其心也，爱者憎之始也，德者怨之本也，唯贤者不然。

【注释】

①固：固然。

②充：同“统”，根本。

③敕：通“饬”，整饬，整顿。

④而：尔，你。稷，高粱。

【译文】

卑贱者固然应该侍奉高贵者，不肖者固然应该侍奉贤良者。高贵者之所以能成为高贵的，是因为他能够以高贵的身份侍奉低贱；贤良者之所以能成为贤良的，是因为他能够做到以贤良的身份侍奉不肖。丑陋，是美的根本；卑下，是崇高的根本；低贱，是高贵的根本。所以先王很重视它们。天，通过时令发挥作用；地，通过物材发挥作用；人，通过德行发挥作用；鬼神，通过赐福发挥作用；禽兽，通过力量发挥作用。所谓德行，是说要率先施行。所以，施德行最好是走在前头，它不像应敌打仗那样以后发制人为上。先王举事，占有一个不利条件两个有利条件的，能成就霸业；完全是有利条件的，能成就王业；占有一个有利条件两个不利条件的，必然要被削弱；完全是不利条件的，必然被灭亡。计量不讲求多少，称量不讲求轻重，度量不讲求长短，不讲求这三者，就不能举办大事。能警惕吗？能整顿吗？能隐伏而不锋芒外露吗？能作到种谷得谷吗？能作到种麦得麦吗？能设想春季不萌生，夏季也无所得吗？众人的心理发展是：爱，是憎恨的开始；德，是怨恨的基础。只有贤良的人不是这样。

【原典】

先王事以合交[①]，德以合人[②]，二者不合，则无成矣，无亲矣。凡国之亡也，以其长者也。人之自失也，以其所长者也，故善游者死于梁池[③]，善射者死于中野。命属于食，治属于事。无善事而有善治者，自古及今，未尝之有也。众胜寡，疾胜徐，勇胜怯，智胜愚，善胜恶，有义胜无义，有天道胜无天道。凡此七胜者贵众，用之终身者众矣。人主好佚欲[④]，亡其身失其国者殆。其德不足以怀其民者殆。明其刑而贱其士者殆[⑤]。诸侯假之威，久而不知极已者殆[⑥]。身弥老不知敬其适子者殆[⑦]。蓄藏积陈朽腐，不以与人者殆。

【注释】

①合交：聚合友谊。

②合人：聚合国人。

③梁池：指游泳池。

④佚欲：放纵欲望。

⑤贱：古本等作“残”，译文从“残”。

⑥极：同“亟”，急。

⑦弥：已经。适子：指太子。

【译文】

先王用做事来聚合友谊，用道德来聚合国人。两者都无所聚合，那就没有成就，也没有亲近的人了。凡国家的败亡，找原因往往在它的长处；人的自我失误，也往往因其所长。所以善于游泳的人常死在梁池上，善于射猎的人常死在荒野之中。生命从属于食物，言辞从属于事实。没有好的事实而有好的言辞表达的，自古及今，不曾有过。人多的战胜人少的，快速的战胜缓慢的，勇敢的战胜胆怯的，聪明的战胜愚蠢的，善良的战胜邪恶的，有义的战胜无义的，有天道的战胜无天道的。凡是这七个胜利条件，都具备为好，而终身使用这些条件的人很多。君主好放荡纵欲，忘掉了自身和国家的，必然失败；君主的德望不足以感怀他的百姓的，必然失败；君主公开刑罚而残害其士人的，必然失败；君主依靠诸侯的权威长久而不知赶快停止的，必然失败；君主自身很老而不知尊重太子的，必然失败；贮蓄积藏的粮食和财物，已经陈旧腐朽，却不肯施与他人的，也必然失败。

【原典】

凡人之名三，有治也者①，有耻也者②，有事也者。事之名二，正之察之，五者而天下治矣。名正则治，名倚则乱③，无名则死，故先王贵名。先王取天下，远者以礼，近者以体④，体礼者，所以取天下，远近者，所以殊天下之际。日益之而患少者惟忠，日损之而患多者惟欲。多忠少欲，智也，为人臣者之广道也。为人臣者，非有功劳于国也，家富而国贫，为人臣者之大罪也。为人臣者，非有功劳于国也，爵尊而主卑，为人臣者之大罪也。无功劳于国而贵富者，其唯尚贤乎？众人之用其心也，爱者憎之始也，德者怨之本也。生其事亲也⑤，妻子具，则孝衰矣。其事君也，有好业，家室富足，则行衰矣。爵禄满，则忠衰矣，唯贤者不然，故先王不满也。

【注释】

①治：治理。

②耻：督促。

③倚：偏于一边，即不正。

④体：亲近。

⑤事亲：侍奉双亲。

【译文】

人的名分有三个：有管理的，有督促的，有服务的。事的名分有两个；有纠正于事前的，有察明于事后的。这五个方面都完善，天下就安定了。名分正则天下安定，名分不正则天下混乱，没有名分则死灭。所以先王很重视名分。先王谋取天下，对远的国家用礼节，对近的国家用亲近。所谓亲近和礼节，是用来谋取天下的手段。所谓远和近，是用来区分天下各国边界的。每天都有增长却还担心缺少的，是忠心；每天都有减少却还担心太多的，是

欲望。增多忠心，减少私欲，是明智的表现，是做臣子的宽广道路。作为臣子，对国家没有功劳，而造成家富国贫的局面，就是做臣子的大罪；作为臣子，对国家没有功劳，而造成爵尊主卑的局面，也是做臣子的大罪。对国家没有功劳尚可以赢得富贵，谁还去推崇贤良呢？众人的心理发展是：爱往往是憎恨的开始，恩德往往是怨恨的基础。他们侍奉双亲，有了妻子和儿女，孝行就衰退了；他们侍奉国君，有了产业，家室富足，德行就衰退了；爵禄满足，忠心就衰退了。只有少数贤人不这样。所以先王总是不使他们爵禄太满。

【原典】

人主操逆[①]人臣操顺[②]。先王重荣辱，荣辱在为，天下无私爱也，无私憎也，为善者有福，为不善者有祸，祸福在为，故先王重为。明赏不费明刑不暴[③]，赏罚明，则德之至者也，故先王贵明。

【注释】

①逆：指不加封官爵。

②顺：指大臣忠心耿耿。

③刑不暴：公开处刑，减少刑杀。

【译文】

君主执行“逆”的政策，臣子反而会忠心耿耿地行事。先王重视荣辱，荣辱决定于实际行动。天地没有私爱，没有私恨。行善者就有福，做恶事者就有祸，祸福都在实际行动，所以先王重视实际行动。公开行赏，节约费用；公开处刑，减少刑杀。赏罚公开是德政的最高体现，所以先王重视公开。

【原典】

天道大而帝王者用爱恶。爱恶天下可秘[①]，爱恶重闭必固。釜鼓满[②]，则人概之，人满，则天概之，故先王不满也。先王之书，心之敬执也[③]，而众人不知也。故有事事也，毋事亦事也。吾畏事，不欲为事，吾畏言，不欲为言，故行年六十而老吃也[4]。

【注释】

①秘：指牢固。

②釜鼓：古代量器。

③敬执：执，爱，敬爱。

④老吃：老而口吃。

【译文】

天道伟大，能成为帝王事业的君主应当运用天道，爱天下之所爱，恶天下之所恶，天下就可以全面控制，全面控制则必然巩固。先王的书，是我内心所敬爱的，而一般人并不了解。所以，有事的时候，要敬读它；无事的时候，也要敬读它。我怕多事，所以不敢做事；我怕多说话，所以不喜欢发言。是因为行年六十，而且年老又口吃的缘故。

八观

【题解】

八观，即从八个方面对一个国家进行观察、考查，通过这八个方面的考察，可以了解一个国家的饥饱、贫富、侈俭、虚实、治乱、强弱、兴灭、存亡情况。即：一观田地耕耘和农业生产，可知国之饥饱；二观桑麻、六畜之产，可知国之贫富；三观宫室、车马衣服，可知国之侈俭；四观灾荒军队、财政开支，可知国之虚实；五观习俗、教化，可知国之强弱；六观君主好恶和朝臣、百官所作所为，可知国之强弱；七观法令行赏、威严宽惠，可知国之兴亡；八观敌国盟国、国本民产，可知国之存亡。八观，其实也是对君主治国、富国强兵的八项要求。本篇选译其中的“饥饱之国”“贫富之国”“治乱之国”三段。

【原典】

行其田野，视其耕芸[①]，计其农事，而饥饱之国可以知也[②]。其耕之不深，芸之不谨[③]，地宜不任[④]，草田多秽，耕者不必肥，荒者不必硗[⑤]，以人猥计其野[⑥]，草田多而辟田少者[⑦]，虽不水旱，饥国之野也。若是而民寡，则不足以守其地；若是而民众，则国贫民饥；以此遇水旱，则众散而不收。彼民不足以守者，其城不固；民饥者，不可以使战；众散而不收，则国为丘墟。故曰：有地君国而不务耕芸[⑧]，寄生之君也[⑨]。故曰：行其田野，视其耕芸，计其农事，而饥饱之国可知也。

【注释】

①芸：通“耘”，除草。

②饥饱之国：倒装，指国之饥饱。

③谨：通“勤”。

④地宜不任：指土地没有得到充分利用。

⑤硗（qiāo）：土地坚硬而贫瘠。

⑥猥计：累计，总计。猥，积累，引申为凡、总。

⑦辟田：已经开垦的土地，耕地，熟地。

⑧君：统治。

⑨寄生之君：依附别国生存的君主。

【译文】

巡视一个国家的田野，看它的耕耘状况，核计它的农业生产，这个国家的饥饱情况就可以了解了。耕地不深，锄草不勤，土地种植不适宜，耕地里长满野草，已耕的土地不见得肥沃，荒芜的土地不见得贫瘠，按人口的多少核计土地数，荒地多而熟地少，即使没有水旱天灾，也是饥荒国家的田野景象。像这样的国家，人口少则不足以守卫国土；人口多，则国家贫困百姓挨饿。要是再遇上水旱灾害，老百姓就将离散而不肯回来。百姓无力保卫国土，城防就不坚固；百姓处于饥饿状态，就不能让他们出战；百姓流离失散而不回，国家就成为一片废墟。所以说，拥有土地的君主治理国家，如果不重视农业生产，就只能是依赖别国生存的国君。所以说，巡视一个国家的田野，看它的耕耘状况，核计它的农业生产，国家的饥饱情况就可以了解了。

【原典】

行其山泽，观其桑麻，计其六蓄之产，而贫富之国可知也。夫山泽广大，则草木易多也；壤地肥饶，则桑麻易植也；荐草多衍①，则六畜易繁也。山泽虽广，草木毋禁；壤地虽肥，桑麻毋数②；荐草虽多，六畜有征③。闭货之门也④。故曰：时货不遂⑤，金玉虽多，谓之贫国也。故曰：行其山泽，观其桑麻，计其六畜之产，而贫富之国可知也。

【注释】

①荐草：野兽和牛羊可食的草。

②数：技术，方法。

③征：税赋。

④闭货之门：堵塞了财货的门路。

⑤时货：按时节出产的财货，指上文的草木。桑麻、六畜等农副产品。

【译文】

巡视一个国家的山林湖泽，观察桑麻的生长情况，核计畜牧业的生产，国家的贫富就可以了解了。山林湖泽广阔，草木就容易茂密；土地肥沃，桑麻就容易种植；牧草繁茂，畜牧业就容易兴旺。山林湖泽虽然广大，但滥伐

草木却没有禁令；土地虽然肥沃，种植桑麻却不得其法；牧草虽然繁茂，饲养六畜却要征收赋税；这就等于堵塞了财货的门路。所以说，日常物产不充足，金玉宝物虽多，也只能称之为贫穷国家。所以说，巡视一个国家的山林湖泽，观察它的桑麻生长情况，核计畜牧业的生产，国家的贫富就可以了解了。

【原典】

入州里[①]，观习俗，听民之所以化其上[②]，而治乱之国可知也。州里不鬲[③]，闾闬不设，出入毋时，早晏不禁，则攘夺窃盗、攻击残贼之民[④]，毋自胜矣[⑤]。食谷水[⑥]，巷凿井，场圃接，树木茂，宫墙毁坏，门户不闭，外内交通，则男女之别，毋自正矣。乡毋长游[⑦]，里毋士舍[⑧]，时无会同[⑨]，丧烝不聚[⑩]，禁罚不严，则齿长辑睦[⑪]，毋自生矣。故昏礼不谨[⑫]，则民不修廉；论贤不乡举，则士不及行[⑬]；货财行于国，则法令毁于官；请谒得于上，则党与成于下[⑭]；乡官毋法制，百姓群徒不从。此亡国弑君之所自生也。故曰：入州里，观习俗，听民之所以化其上者，而治乱之国可知也。

【注释】

①州里：州、里均为地方编制，这里借指百姓居住的地方。

②化其上：随上变化习俗。

③鬲：通“隔”，阻隔。

④贼：杀。

⑤胜：制服。

⑥谷水：同喝一条山谷的水。

⑦长游：地方基层的长官。

⑧士舍：乡里的学堂。

⑨会同：集会。

⑩丧烝：古代祭祀。

⑪齿长：长幼。齿：年龄。辑睦：和睦。

⑫昏：通“婚”。

⑬及：当为“反”，通“返”，返回。

⑭党与：朋党。

【译文】

进入一国的州、里，观察风俗习惯，了解它的百姓是如何接受上面教化的，国家的治乱情况就可以了解了。州里之间没有隔墙，里巷不设大门，出入没有定时，早晚不加管理；对于抢夺盗窃、行凶杀人的人，就无法加以管制了。大家同喝一条山谷里的水，在一个巷子的井里打水，场院菜圃相连，树林茂密，院墙破损，门户不关，内外随便往来；男女之间的界限，也就无法规正了。乡没有官吏，里不设学堂，不按时集会，丧葬和冬祭人们也不相聚，禁令和刑罚都不严格，那么尊贤敬长的和睦风尚，也就无从产生了。所以，婚礼不谨慎，百姓就不注意廉耻；选贤不由乡里推举，士民就不走正道；贿赂财货风行于国内，法律政令就会被官府败坏；请托办事之风通行在上面，结党营私之事就会在下面成风；地方官吏不实行法制，百姓就不会服从命令。这些就是亡国弑君发生的原因。所以说，进入一国的州、里，观察风俗习惯，了解它的百姓是怎样接受上面教化的，国家的治乱情况就可以了解了。

法禁

【题解】

法禁指制定并推行实施法制，以实现令行禁止。本篇前半部分论述了法制对于治国的重要性，开篇即提出维护统一法制的重要性，强调法令的权威不可侵犯，指出法制对社会规范和道德行为约定俗成的作用。后半部分具体论述了十八种应该依法禁止的言行。这十八种“圣王之禁”大到擅权专国、改变国家常法、私通外国，小到沽名钓誉、奇谈怪论，但实质都是违法行私，

损国害民的行为，本篇对此作了严肃的批判。最后要求治国君主必须坚定地立法行法，严厉禁止这些行为。

【原典】

法制不议，则民不相私；刑杀毋赦，则民不偷于为善[①]；爵禄毋假[②]，则下不乱其上。三者藏于官则为法，施于国则成俗，其余不强而治矣[③]。君一置其仪[④]，则百官守其法；上明陈其制，则下皆会其度矣[⑤]。君之置其仪也不一，则下之倍法而立私理者必多矣[⑥]。是以人用其私，废上之制而道其所闻。故下与官列法，而上与君分威，国家之危必自此始矣。昔者圣王之治其民也不然，废上之法制者，必负以耻；财厚博惠以私亲于民者，正经而自正矣[⑦]。乱国之道，易国之常，赐赏恣于己者，圣王之禁也。圣王既殁，受之者衰。君人而不能知立君之道[⑧]，以为国本，则大臣之赘下而射人心者必多矣[⑨]。君不能审立其法，以为下制，则百姓之立私理而径于利者必众矣[⑩]。

【注释】

①偷：苟且。

②假：假托，假予。

③强：费力。

④一：统一。仪：法度，准则。

⑤会：领会，理解。度：制度。

⑥倍：通“背”，违背。

⑦正经：指整顿国家常法。

⑧立君之道：指树立君主权威。

⑨赘：同“缀”，连缀，指拉拢。射人心：收买人心。射：追求，逐取。

⑩径：走小路。

【译文】

法制不容私自议论，民众就不敢相互营私；刑杀不容宽赦，民众就不敢苟且为善；授爵赐禄的大权不假送于人，臣下就不会作乱犯上。这三者如果掌握在官府，就是公法；施行到全国民众，就成为习俗，其他事情不用费力就可以治理国家了。国君统一立法，百官就都遵纪守法；君主把制度公开，臣下行事就都能合于制度。如果国君立法不能统一，臣下违反法律而徇私的人就必然增多。这样人人都行其私心，废弃君主的法制而宣扬道听途说的主张。所以，百姓与官法对立，大臣与君主争权，国家的危机必然从这里开始。从前，圣王治理民众就不是这样，对于废弃君主公法的，一定给予惩处；这样做，那种用大量钱财和较大的恩惠来收揽人心的行为就自然纠正过来了。圣王既死，后继君主就差多了。作为统治者，统治百姓却不懂得立君之道，不懂得以此为立国的根本，所以大臣们拉拢下级而收买人心的现象就多了。作为君主而不能审定立法的，并以此为下面的示范，所以百姓中自立私理而积极追求私利的也一定多了。

【原典】

昔者圣王之治人也，不贵其人博学也，欲其人之和同以听令也。《泰誓》曰[①]：“纣有臣亿万人，亦有亿万之心；武王有臣三千而一心。”故纣以亿万之心亡，武王以一心存。故有国之君，苟不能同人心，一国威，齐士义[②]，通上之治以为下法，则虽有广地众民，犹不能以为安也。君失其道，则大臣比权重以相举于国[③]，小臣必循利以相就也。故举国之士以为亡党，行公道以为私惠，进则相推于君，退则相誉于民；各便其身，而忘社稷，以广其居[④]；聚

徒威群，上以蔽君，下以索民。此皆弱君乱国之道也，故国之危也。

【注释】

①《泰誓》：即《大辞》《尚书》篇名，是周武王伐纣大会诸侯时所作的誓言。

②齐士义：统一士人的志义。

③比：比附，勾结。

④广：扩大，扩充。居：所居，所占的。

【译文】

以前圣王管理人才，不看重他是否博学，而是希望他能与君主一致而听从君令。《泰誓》上说："殷纣王有臣子亿万人，也有亿万条心；周武王有臣子三千人，却只有一条心。"所以，纣王因亿万心而亡，武王因一心而存。因此，一国之君，如果不能合同人心，统一国家权威，统一士人意志，将君主的治理措施贯彻为臣下的行为规范，那么即使拥有广大的国土，众多的民众，还不能算是安全的。君主失去了治国之道，大臣们就联合权势在国中互相抬举，小臣们也必然会为私利而相互屈从。所以，他们便举用全国的士人作为私党，利用公法谋取私利，在君前互相推崇，在民间互相吹捧；各图己便，忘掉国家，以扩大势力范围；结聚徒党，上以蒙蔽国君，下以搜刮百姓。这些都是削弱君主权力、破坏国家的做法。所以是国家的危险所在。

【原典】

乱国之道，易国之常[①]，赐赏恣于己者，圣王之禁也。擅国权以深索于民者，圣王之禁也。其身毋任于上者，圣王之禁也。进则受禄于君，退则藏禄于室，毋事治职，但力事属[②]，私王官，私君事，去非其人而人私行者[③]，圣王之禁也。修行则不以亲为本，治事则不以官为主，举毋能、进毋功者，圣王之禁也。交人则以为已赐，举人则以为已劳，仕人则与分其禄者，圣王之禁也。交于利通而获于贫穷[④]，轻取于其民而重致于其君[⑤]，削上以附下，枉法以求于民者，圣王之禁也。用不称其人，家富于其列，其禄甚寡而资财甚多者，圣王之禁也。拂世以为行，非上以为名，常反上之法制以成群于国者，

圣王之禁也。饰于贫穷[6]，而发于勤劳，权于贫贱，身无职事，家无常姓[7]，列上下之闲，议言为民者，圣王之禁也。壶士以为亡资[8]，修甲以为亡本，则生之养，私不死，然后失矫以深[9]，与上为市者，圣王之禁也。审饰小节以示民，时言大事以动上，远交以踰群，假爵以临朝者，圣王之禁也。卑身杂处，隐行辟倚[10]，侧入迎远[11]，遁上而遁民者，圣王之禁也。诡俗异礼，大言澳行[12]，难其所为而高自错者，圣王之禁也。守委闲居，博分以致众，勤身遂行，说人以货财，济人以买誉，其身甚静，而使人求者，圣王之禁也。行辟而坚，言诡而辩，术非而博，顺恶而泽者，圣王之禁也。以朋党为友，以蔽恶为仁，以数变为智，以重敛为忠，以遂忿为勇者，圣王之禁也。固国之本[13]，其身务往于上[14]，深附于诸侯者，圣王之禁也。

【注释】

①易国之常：改变国家的常规、常法。

②力事属：当作“力属事”，指用力于培植僚属。

③去非其人：指排斥异己。

④利通：指富贵有权势的人。

⑤致：求，这里指要求放宽政策，以便收买民心。

⑥饰：掩饰，装扮。

⑦家无常姓：指家里没有固定的产业。姓：通“生”，指产业。

⑧壶士：指供养游士。

⑨失矫以深：指强直不让，顽固不化。

⑩辟倚：僻邪不正。辟：同“僻”，邪僻。倚：指不正行为。

⑪侧入：指潜入。远：他国之人。

⑫澳：通“傲”，高傲的意思。

⑬固：同“锢”，闭塞的意思。

⑭往：同“诳”，欺骗。

【译文】

破坏国家正道，改变国家常法，封赐与禄赏恣意妄为，是圣王所要禁止的。擅专国权以严重搜刮人民，是圣王所要禁止的。自身不肯为朝廷任职做事，是圣王所要禁止的。在朝廷领受俸禄于君主，退朝就把俸禄藏于私室，不干自己职责内的公事，只努力扶植僚属，私用国家官吏，私决君主大事，排斥异己而私自行事，是圣王所要禁止的。修德不以事亲为根本，办事不以奉公为主旨，所举用的没有才能的人，所推荐的乃无功之辈，是圣王所要禁止的。为国家结交人才当作自己的恩赐，推荐人才当作自己的功劳，任用人才又从中分取俸禄，是圣王所要禁止的。既结交权势，又收揽穷人，轻取于民而重求于君，削弱上层趋就下层，枉法收买民心，是圣王所要禁止的。财用与本人身份不相称、家产超过爵位的等级，俸禄很少而资财很多，是圣王所要禁止的。做违背世情的事情，靠非议君上来猎取名声，经常反对朝廷的法制，并以此结聚徒党于国内，是圣王所要禁止的。装扮成贫穷的样子，而不肯辛勤劳动，暂时安于贫贱，自身没有固定的职业，自家没有长久的资产，活动于社会上下之间，而声称是为了民众，是圣王所要禁止的。供养游士和修治武器作为自己的政治资本，豢养贼臣和私藏亡命之徒，然后强直不让，顽固不化，与君主讨价争权，是圣王所要禁止的。注意修饰小节以显耀于人民，经常议论大事以打动国君，广泛结交以凌驾群臣，凭借自己的权势以控制朝政，是圣王所要禁止的。屈身于人群之中，暗行不正之事，潜入别国或接纳外奸，欺瞒君主又欺瞒民众，是圣王所要禁止的。实行奇怪的风俗和反常的礼节，语言夸大而行为骄傲，夸大自己所做过的事的难度，借此以抬高自己，是圣王所要禁止的。守着积蓄而生活安逸，广施财物以收买民心，殷勤行事，顺从人意，用财货收买人心，用救济的手段沽名钓誉，行为闲静而使人主动拥护，是圣王所要禁止的。行为邪僻而顽固不化，言谈诡谲而博辩，办法错误而数量很多，支持邪恶而善于辩解，是圣王所要禁止的。以结纳朋党为友爱，以包庇罪恶为仁慈，以投机善变为智慧，以横征暴敛为忠君，以发泄私忿为勇敢，是圣王所要禁止的。闭塞国家根本，既蒙蔽国君，又密切勾结其他诸侯国，是圣王所要禁止的。

【原典】

圣王之身，治世之时，德行必有所是，道义必有所明。故士莫敢诡俗异礼，以自见于国①；莫敢布惠缓行②，修上下之交，以和亲于民；故莫敢超等逾官，渔利苏功，以取顺其君。圣王之治民也，进则使无由得其所利，退则使无由避其所害，必使反乎安其位③，乐其群④，务其职，荣其名，而后止矣。故逾其官而离其群者必使有害，不能其事而失其职者必使有耻。是故圣王之教民也，以仁错之⑤，以耻使之，修其能致其所成而止。故曰：绝而定，静而治，安而尊，举错而不变者，圣王之道也。

【注释】

①自见：自我表现。见：通“现”。

②布惠缓行：布施小惠、缓和刑罚。

③反：通“返”。

④乐其群：乐于和人民在一起。

⑤错：通“措”，下同。

【译文】

作为圣王，在治理世事的时候，对德行必须立下正确的标准，对道义也必须有明确的准则。这样，官吏们就不敢推行怪异的风俗和反常的礼节在国内炫耀自己；不敢布施小惠，缓行刑罚和搞好上下关系以收揽民心；不敢超

越等级和官职，谋取功利以讨好于国君。圣王治理百姓，对越职谋求私利的，使他无法得到利益，对失职后推卸责任的，使他无法逃避惩罚。必须使人们回到正常的轨道上来，安心自己的职位、乐于和人民在一起、努力做好本职工作、珍惜自己的名声，做到这样才算达到目的。所以，对于超越职权而脱离同僚的人，必使他遭受祸害；对于不肯做事而失职的人，必使他遭受耻辱。因此，圣王教导百姓，用仁爱鼓励他们，用耻辱来驱使他们，并提高他们的能力使他们有所成就而罢休。所以说：坚定不移，精心治国，安全而有尊严，有所举措而不朝令夕改，这是圣王的治世之道。

重令

【题解】

重令是指治国要以法令为重。本篇提出法令是治国最重要的工具，使法令得到尊重是安国之本，并且是最重要的根本。因此，凡是增减法令、不执行法令、扣留或不服从法令的人都要处死而不能赦免。同时这也涉及维护法令的三个方面：一是法令不得增改或损害；二是法令一旦制定必须实行，没有讨论的余地；三是法令严禁被扣押和被违反。本篇提出了唯令是视，一切都看法令的著名观点，要求法令面前人人平等。

【原典】

凡君国之重器[①]，莫重于令。令重则君尊，君尊则国安；令轻则君卑，君卑则国危。故安国在乎尊君，尊君在乎行令，行令在乎严罚。罚严令行，则百吏皆恐；罚不严，令不行，则百吏皆喜[②]。故明君察于治民之本，本莫要于令。故曰：亏令者死[③]，益令者死，不行令者死，留令者死，不从令者死。五者死而无赦，唯令是视。故曰令重而下恐。

【注释】

①重器：重要的手段、凭借。

②喜：通“嬉”，怠慢，不重视。

③亏：减损、损害。

【译文】

凡属治理国家的重要手段，没有比法令更重要的。法令受重视则君主就受尊敬，君主受尊敬则国家安定；法令不受重视则君主低贱，君主低贱则国家危险。所以，国家安定在于尊敬君主，尊敬君主在于施行法令，施行法令在于严明刑罚。刑罚严厉、法令施行，则百官畏惧；刑罚不严、法令不行，则百官怠慢。因此，英明的君主明察治民的原则没有比法令更重要的了。所以说：损害法令者，处死；增添法令者，处死；不执行法令者，处死；扣压法令者，处死；不服从法令者，处死。这五种情况都应是不能赦免的死罪，一切都只看法令行事。所以说法令具有权威臣下就畏惧了。

【原典】

为上者不明，令出虽自上，而论可与不可者在下。夫倍上令以为威[①]，则行恣于己以为私[②]，百吏奚不喜之有？且夫令出虽自上，而论可与不可者在下，是威下系于民也。威下系于民，而求上之毋危，不可得也。令出而留者无罪，则是教民不敬也；令出而不行者毋罪，行之者有罪，是皆教民不听也；令出而论可与不可者在官，是威下分也；益损者毋罪，则是教民邪途也。如此，则巧佞之人，将以此成私为交；比周之人[③]，将以此阿党取与[④]；贪利之人，将以此收货聚财；懦弱之人，将以此阿贵事富便辟[⑤]；伐矜之人[⑥]，将以此买誉成名。故令一出，示民邪途五衢[⑦]，而求上之毋危，下之毋乱，不可得也。

【注释】

①倍：通“背”，违背。

②则：相当于“而”。恣：放纵，恣肆。

③比周之人：拉拢勾结，结党营私。

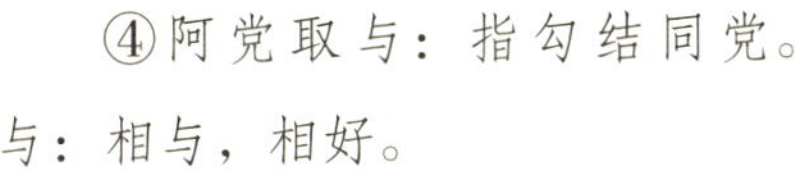

④阿党取与：指勾结同党。与：相与，相好。

⑤便辟：指谄媚逢迎受君主宠信的近臣。

⑥伐矜：自夸自骄。伐，自夸。

⑦衢（qú）：道路。

【译文】

君主如果昏庸不开明，法令虽然由上面制定，而议断其是否可行的权力就落到下面了。凡是违背君主的法令以自揽权威，为一己私利而肆意妄为的行为，百官哪有不玩忽怠慢的呢？况且，法令虽然由上面制定，而决定其是否可行却取决于下面，这就是君主的权威被下面的人掌控了。权威被下面的人们控制，而希望君主没有危险，是不可能的。法令发出，而扣押者却无罪，这就是让人不尊敬君主；法令发出，而不执行者无罪，执行的有罪，这就是让民众不听从君主；法令发出，而决定法令是否可行的权力在百官，这就是权力下分；擅自增删法令者无罪，这就是让人们走邪路。照此下去，取巧产佞的人将由此勾结营私；善于结党的人将由此党同伐异；贪图财利

的人将由此收贿聚财；懦弱的人将由此逢迎富人贵者，并趋奉国君左右的小臣；骄矜自夸的人将由此沽名钓誉以成其虚名。所以法令一出，等于敞开五条邪路，而想要君主不危亡，臣下不作乱，是不可能的。

【原典】

菽粟不足[①]，末生不禁，民必有饥饿之色，而工以雕文刻镂相稚也[②]，谓之逆。布帛不足，衣服毋度，民必有冻寒之伤，而女以美衣锦绣綦组相稚也[③]，谓之逆。万乘藏兵之国，卒不能野战应敌，社稷必有危亡之患，而士以毋分役相稚也，谓之逆。爵人不论能[④]，禄人不论功，则士无为行制死节，而群臣必通外请谒[⑤]，取权道[⑥]，行事便辟，以贵富为荣华以相稚也，谓之逆。

【注释】

①菽粟：粮食。

②相稚：夸耀。

③綦组：当为"纂组"，有花纹的丝带。

④爵人：给人爵位。论：按照。

⑤谒：请见，进谏。

⑥取权道：采取道术。

【译文】

粮食不足，奢侈品的生产却不禁止，百姓必定会挨饿，而工匠们还以雕木镂金相互夸耀，这就叫作倒行逆施。布帛不足，衣服却没有节制，百姓一定会受冻，而妇女们还以美衣锦绣相互夸耀，这就叫作倒行逆施。有万辆兵车兵备充足的大国，士卒却不能野战应敌，国家一定有危亡的忧患，而武士们还以免服兵役相夸耀，这就叫作倒行逆施。不按才能授予官爵，不按功劳授予俸禄，武士们就不肯执行命令、为国牺牲，而大臣们也一定会交结外国、实行权术、趋奉君侧小臣，以升官发财为光荣来互相夸耀，这也叫作倒行逆施。

【原典】

朝有经臣[①]，国有经俗，民有经产。何谓朝之经臣？察身能而受官，不诬于上[②]；谨于法令以治，不阿党；竭能尽力而不尚得，犯难离患而不辞死[③]；受禄不过其功，服位不侈其能，不以毋实虚受者，朝之经臣也。何谓国之经俗？所好恶不违于上，所贵贱不逆于令；毋上拂之事[④]，毋下比之说，毋侈泰之养[⑤]，毋逾等之服；谨于乡里之行，而不逆于本朝之事者，国之经俗也。何谓民之经产？畜长树艺[⑥]，务时殖谷，力农垦草，禁止末事者，民之经产也。故曰：朝不贵经臣，则便辟得进，毋功虚取；奸邪得行，毋能上通。国不服经俗，则臣下不顺，而上令难行。民不务经产，则仓廪空虚，财用不足。便辟得进，毋功虚取，奸邪得行，毋能上通，则大臣不和。臣下不顺，上令难行，则应难不捷。仓廪空虚，财用不足，则国毋以固守。三者见一焉，则敌国制之矣。

【注释】

①经：稳固，稳定。

②诬：欺瞒，假冒。

③离：通“罹”，遭罪。

④拂：违背。

⑤侈泰：奢侈。养：奉养。

⑥畜长：饲养牲畜。

【译文】

朝廷要有“经臣”，国家要有“经俗”，人民要有“经产”。什么叫作朝廷的“经臣”呢？查明个人能力接受官职，不欺骗君主；严格按照法令治理国家，不结党营私；竭尽能力办事，不追求私利；遇到国家患难，不贪生怕死；接受俸禄不超过自己的功劳，接受官位不超过自己的才能，不平白领受禄赏的，就是朝廷的经臣。什么叫作国家的“经俗”呢？百姓的喜好和厌恶不违背君主的标准；重视和轻视的事情不违背法令的规定；不做与君主意见相反的事，不说偏袒下级的话，不过奢侈糜烂的生活，不穿超越等级的服饰；谨慎地在乡里行事，不违背本朝政事，就是国家的经俗。什么叫作人民的

"经产"呢？饲养牲畜，搞好种植，注意农时，增产粮食，努力耕作，开垦荒地，而禁止奢侈品的生产，就是人民的经产。所以说，朝廷如果不重视经臣，就会使宠佞之人晋升提拔，无功之人空得官禄；奸邪之人横行霸道，无能之人混入朝廷。国家如果不施行经俗，则臣下不顺，而君令难以推行。百姓如果不注重经产，则仓凛空虚，财用不足。宠佞之人晋升提拔，无功之人空得官禄，奸邪之人横行霸道，无能之人混入朝廷，这就会造成大臣之间的不和。臣下不顺，君令难行，国家在应付危难的时候，就难得取胜。仓凛空虚，财用不足，国家就没有实力坚守。如果这三种情况出现了一种，国家就将被敌国控制了。

【原典】

故国不虚重，兵不虚胜①，民不虚用，令不虚行。凡国之重也，必待兵之胜也，而国乃重。凡兵之胜也，必待民之用也，而兵乃胜；凡民之用也，必待令之行也，而民乃用。凡令之行也、必待近者之胜也，而令乃行。故禁不胜于亲贵，罚不行于便辟，法禁不诛于严重，而害于疏远，庆赏不施于卑贱，二三而求令之必行，不可得也。能不通于官受，禄赏不当于功，号令逆于民心，动静诡于时变②，有功不必赏，有罪不必诛，令焉不必行，禁焉不必止，在上位无以使下，而求民之必用，不可得也。将帅不严威，民心不专一，阵士不死制③，卒士不轻敌，而求兵之必胜，不可得也。内守不能完，外攻不能服，野战不能制敌，侵伐不能威四邻，而求国之重，不可得也。德不加于弱小，威不信于强大④，征伐不能服天下，而求霸诸侯，不可得也。威有与两立⑤，兵有与分争，德不能怀远国⑥，令不能一诸侯，而求王天下，不可得也。

【注释】

①胜：胜利，制服。

②诡：违反，背离。

③阵：阵地。

④信：通"伸"，伸展，延伸。

⑤两立：并立。

⑥怀：怀柔，安抚。

【译文】

所以，国家不是凭空就能强大的，军队不是凭空就能打胜仗的，百姓不是凭空就能接受役使的，法令不是凭空就能贯彻下去的。凡是国家能够强大，一定要依靠军队能打胜仗，这样国家才能强大。凡是军队打胜仗，一定要依靠百姓服从役使，这样军队才能打胜仗。凡是百姓服从役使。一定要法令贯彻下去，这样百姓才能服从役使。凡是法令得以贯彻，必须使君主所亲近的人首先遵守，这样法令才能贯彻下去。所以，禁令不能限制亲信和权贵，刑罚不能施加于君主宠幸的人，法律禁令不惩罚罪行严重的人，反而加害于关系疏远而又无辜的人，奖赏不能给予出身低贱的人，这样还指望法令一定贯彻下去，是办不到的。能力与官职不相符，所受的禄赏不符合本人功绩，所发号令违背民心，各项措施不符合时代潮流，有功劳不一定得到奖赏，有罪过不一定收到惩罚，有命令不一定能施行，有禁令不一定能制止，身在上位不能役使臣下，这样还指望百姓一定服从役使，是办不到的。将帅没有治军的威严，民心不能专一于抗战，临阵的将士不肯死于军令，士卒不敢傲视敌人，还指望军队一定能打胜仗，是办不到的。内部防守不能保持国土完整，外部进攻不能征服对方，在外交战不能克制敌军，讨伐诸侯不能威震四邻，还指望国家强大，是办不到的。德惠没有施加于弱小的国家，威望不能取信于强大的国家，征伐不能制服于天下，还指望称霸诸侯，是办不到的。论国威，有和自己并立的对象；论军事，有和自己抗争的敌军；德惠不能安抚远方的国家，号令不能统一众多的诸侯，还指望称王天下，是办不到的。

【原典】

地大国富，人众兵强，此霸王之本也，然而与危亡为邻矣。天道之数，人心之变。天道之数①，至则反②，盛则衰。人心之变，有余则骄③，骄则缓怠。夫骄者，骄诸侯，骄诸侯者，诸侯失于外；缓怠者，民乱于内。诸侯失于外，民乱于内，天道也。此危亡之时也。若夫地虽大，而不并兼，不攘夺[4]；人虽众，不缓怠，不傲下；国虽富，不侈泰，不纵欲；兵虽强，不轻侮诸侯，动众用兵必为天下政理，此正天下之本而霸王之主也。

【注释】

①数：自然之术，法则。

②至：极点，顶点。

③有余：盈余，富足。

④攘夺：掠夺。

【译文】

土地辽阔，国家富足，人口众多，兵力强盛，这自然是称霸称王的根本。然而，至此也就与危亡接近了。这就是天道的规律和人心变化的规律。就天道的规律来说，事物发展到尽头则走向反面，发展到极盛则走向衰落；就人心变化的规律来说，富有了就会骄傲，骄傲了就会松懈怠惰。这里所说的“骄傲”，指的是对各国诸侯的骄傲。对各国诸侯骄傲，在国外就失去了各诸侯国的支持；而松懈怠惰的结果，在国内又将造成百姓的叛乱。在国外失去诸侯，在国内百姓叛乱，这正是天道的体现，也正是走到危亡的时刻了。国土虽然广大但不进行兼并与掠夺，人口虽然众多但不松懈怠情、傲视臣民，国家虽然富足但不奢侈纵欲，兵力虽然强盛而不轻侮诸侯，即使有军事行动也都是为伸张天下的正理，这才是匡正天下的根本，成就霸王之业的基础。

【原典】

凡先王治国之器三，攻而毁之者六。明王能胜其攻，故不益于三者，而自有国、正天下。乱王不能胜其攻，故亦不损于三者，而自有天下而亡。三器者何也？曰：号令也，斧钺也[①]，禄赏也。六攻者何也？曰：亲也，贵也，货也，色也，巧佞也，玩好也[②]。三器之用何也？曰：非号令毋以使下，非斧钺毋以威众，非禄赏毋以劝民。六攻之败何也？曰：虽不听，而可以得存者；虽犯禁，而可以得免者；虽毋功，而可以得富者。凡国有不听而可以得存者，则号令不足以使下；有犯禁而可以得免者，则斧钺不足以威众；有毋功而可以得富者，则禄赏不足以劝民。号令不足以使下，斧钺不足以威众，禄赏不足以劝民，若此，则民毋为自用[③]。民毋为自用，则战不胜；战不胜，而守不固；守不固，则敌国制之矣。然则先王将若之何？曰，不为六者变更于号令，不为六者疑错于斧钺[④]，不为六者益损于禄赏。若此，则远近一心；远近一心，则众寡同力；众寡同力；则战可以必胜，而守可以必固。非以并兼攘夺也，以为天下政治也，此正天下之道也。

【注释】

①斧钺：刑具，这里指刑罚。

②玩好：玩赏的东西。

③自：自身，指君主自身。

④疑：指犹豫。错：指停止。

【译文】

先代君主治理天下的手段有三个，遇到破坏和毁灭国家的因素则有六种。英明的君主能够克服这六种因素，所以治国的手段虽然不超过三个，却能够保有国家并匡正天下。昏庸的君主不能克服这六种因素，所以，治国的手段虽然不少于三个，却是有了天下而最终灭亡。三种治国的手段是什么？即号令、刑罚、禄赏。六种破坏因素是什么？即亲戚、权贵、财货、美色、奸佞之臣和玩赏之物。三种手段的用途是什么？回答是：没有号令就无法役使臣民，没有刑罚就无法威慑众人，没有禄赏就无法鼓励百姓。六种破坏因素的损害是什么？回答是：虽然不听从号令，却可以平安无事；

虽然触犯禁律，却可以免于刑罚；虽然没有功绩，却可以获得富贵。凡是国家有不听君令而照样平安无事的，号令就不能役使臣民；有触犯禁律而免于刑罚的，刑罚就不能慑服众人；有无功而获得财富的，禄赏就不能鼓励百姓。号令不足以役使臣民，刑罚不足以威服群众，禄赏不足以鼓励百姓，这样的话，百姓就不肯为君主效力了。百姓不肯为君主效力，作战就不能取胜；作战不能取胜，国防就不坚固；国防不坚固，敌国就能制服他了。那么，先代君主是怎么办的呢？回答是：不因为上述六种因素而变更号令，不因为上述六种因素而怀疑或废置刑罚，不因为上述六种因素而增加或减少禄赏。这样做，国家就能够不分亲疏而团结一心了；不分亲疏而团结一心，就可以达到众寡同力了；众寡同力，就可以做到每战必胜、防守必固了。所有这些并不是为了侵吞和掠夺别国，而是为了把天下的政事治理好，这就是匡正天下的原则。

法法

【题解】

法法的含义是以法行法，即取法于法律禁令。本篇内容丰富，是管子最富法家色彩的一篇理论宣言。文中不仅论述法度的作用，而且论述执行法度的手段要合乎法，特别强调统治者首先要遵守法，遵守行法的合法性，进而要求统治者以身作则，执法从严，令行禁止，惩治枉法徇私。此外，本篇还分析了君主驾驭大臣、控制百姓的策略，分析了君主手中所握的权势以及如何维持这一权势，论述了君主如何运用赏罚手段，如何运用手中六种权力等。本篇为选译。

【原典】

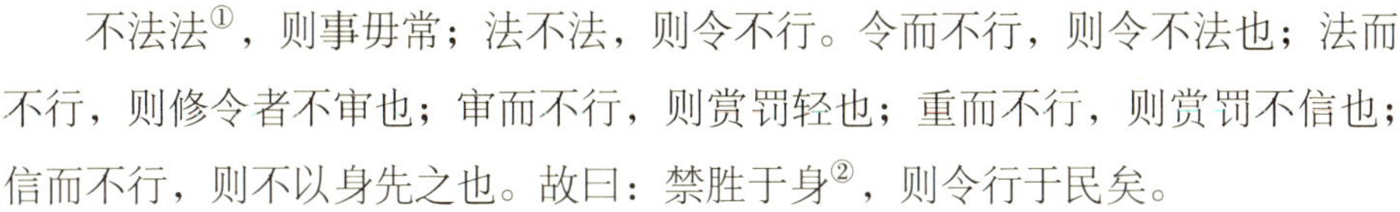

不法法[①]，则事毋常；法不法，则令不行。令而不行，则令不法也；法而不行，则修令者不审也；审而不行，则赏罚轻也；重而不行，则赏罚不信也；信而不行，则不以身先之也。故曰：禁胜于身[②]，则令行于民矣。

【注释】

①法法：取法于法，即依法办事。

②禁胜于身：意谓依法约束自己，即统治者率先服从法令，以身作则。

【译文】

不依法推行法度，则国事就没有常规；法度不依法推行，则政令就不能贯彻。君主发令而不能贯彻，是因为政令没有成为强制性的法律；成为强制性的法律而不能贯彻，是因为政令的制定不慎重；法令慎重制定而不能贯彻，是因为赏罚太轻；赏罚重而法令还不能贯彻，是因为赏罚还不信实；赏罚信实而法令还不能贯彻，是因为君主不以身作则。所以说：禁律能够管束君主自身，那么政令就可以行于民众。

【原典】

闻贤而不举，殆[①]；闻善而不索[②]，殆；见能而不使，殆；亲人而不固[③]，殆；同谋而离，殆；危人而不能，殆；废人而复起，殆；可而不为，殆；足而不施，殆；几而不密[④]，殆。人主不周密，则正言直行之士危；正言直行之士危，则人主孤而毋内[⑤]；人主孤而毋内，则人臣党而成群。使人主孤而毋内、人臣党而成群者，此非人臣之罪也，人主之过也。

【注释】

①殆：危险。

②索：求索，寻找，这里指有了善就应寻找、表彰。

③亲人：亲信于人。

④几：同“机”，机密的要事。

⑤内：亲信，亲近。

【译文】

知道有贤才而不举用，就危险；听到有好事而不求索，就危险；见到能干的人而不任用，就危险；亲信于人而不坚定，就危险；共同谋事而不团结，就危险；想害人而不能办到，就危险；已废黜的人而再起用，就危险；事可为而不为，就危险；自己富足而不施与，就危险；机要而不能保密，就危险。君主行事不严加保密，正言直行的人就危险；正言直行的人危险，君主就孤立无援；君主孤立无援，臣下就结成朋党。使君主孤立无援，臣下结成朋党的原因不在臣下，而是君主自身的错误。

【原典】

民毋重罪，过不大也；民毋大过，上毋赦也。上赦小过，则民多重罪，积之所生也。故曰赦出则民不敬①，惠行则过日益。惠赦加于民，而囹圄虽实，杀戮虽繁，奸不胜矣。故曰：邪莫如蚤禁之②。赦过遗善，则民不励。有过不赦，有善不遗，励民之道，于此乎用之矣。故曰明君者，事断者也。

【注释】

①敬：根据文意，当为“傲”。

②蚤：通“早”。

【译文】

百姓没有重罪，是因为过失不大；百姓不犯大过，是因为君主不随意赦免。君主赦免小过，则百姓多犯重罪，这是逐渐积累所形成的。所以说，赦令一出现，百姓就不加警惕谨慎；恩惠一施行，过失就日益增多。把恩惠和宽赦政策加于百姓，监狱虽满，杀戮虽多，坏人也不能制止了。所以说，邪恶的事不如早早禁止。赦免有过之人而遗忘善人，百姓就得不到鼓励。有过错不赦免，有善行不遗忘，鼓励百姓的政策，就能在这时使用了。所以说，圣明的君主，是善于裁决政事的。

【原典】

君有三欲于民，三欲不节，则上位危。三欲者何也？一曰求，二曰禁，三曰令。求必欲得，禁必欲止，令必欲行。求多者，其得寡；禁多者，其止寡；令多者，其行寡。求而不得，则威日损；禁而不止，则刑罚侮[①]；令而不行，则下凌上。故未有能多求而多得者也，未有能多禁而多止者也，未有能多令而多行者也。故曰：上苛则下不听，下不听而强以刑罚，则为人上者众谋矣。为人上而众谋之，虽欲毋危，不可得也。号令已出又易之，礼义已行又止之，度量已制又迁之，刑法已错又移之[②]。如是，则庆赏虽重，民不劝也；杀戮虽繁，民不畏也。故曰：上无固植[③]，下有疑心。国无常经，民力必竭，数也。

【注释】

①侮：侮弄。

②错：通“措”，施行。

③植：意志。

【译文】

君主对民众有三项要求，三项要求不节制，君主地位就危险。这三项要求是什么呢？一是索取，二是禁止，三是命令。索取总是希望得到，禁止总是希望制止，命令总是希望推行。但索取太多，所得到的反而少；禁止太多，所制止的反而少；命令太多，所推行的反而少。索取而不得，威信就日益降低；禁而不止，刑罚将受到轻视；命令得不到施行，臣下就欺凌君上。所以从来就没有人能多求而多得，多禁而多止，多令而能多行的。所以说：上面过于苛刻，下面就不听命；下面不听命而强加以刑罚，则君主就将被众人谋算。君主被众人谋算，虽想没有危险，但也不可能了。号令已经发布又改变，礼仪已经施行又废止，度量已经制定又变换，刑法已经实行又动摇。如果这样的话，赏赐虽多，民众也不会得到奖励；杀戮虽多，民众也不会畏惧。所以说：君主意志不坚定，臣下就有疑心。国家没有常法，民众就不肯尽力，这是规律。

兵法

【题解】

兵法，即治兵之法、用兵之法。本篇属典型的兵家言论，主要分析了用兵的一些方法和原则，内容可分为三部分。首先，指出用兵“四祸”：举兵国贫、战不必胜、胜而多死、得地而败，进而提出避免“四祸”的方法，即：计数得、法度审、教器备利、因其民。其次，篇中具体说明了治兵的内容，包括号令和训练。最后，详细阐述了出敌不意、掌握主动、一战胜敌的用兵之法和出神入化的用兵之道，并重申了一系列用兵取胜的原则。

【原典】

明一者皇[①]，察道者帝，通德者王，谋得兵胜者霸。故夫兵，虽非备道至德也，然而所以辅王成霸。今代之用兵者不然，不知兵权者也[②]。故举兵之日而境内贫，战不必胜，胜则多死，得地而国败。此四者，用兵之祸者也。四祸其国而无不危矣。

【注释】

①一：指世间万物生长的根源。

②权：权衡得失。

【译文】

通晓万物本质可以成就皇业；明察治世之道可以成就帝业；懂得实行德政可以成就王业；谋虑得当以取得战争胜利可以成就霸业。所以，战争虽不是什么完备高尚的道德，但可以辅助王业和成就霸业。现代用兵的人却不会明白这一点，不知道用兵是要权衡得失的。所以，一旦发动战争，国内就会越来越贫穷，打起仗来没有必胜的把握，打了胜仗则死亡的人极多，得了土地而伤了国家元气。因此，这四种情况，是用兵导致的祸害。四者害其国，没有不危亡的。

【原典】

大度之书曰[①]：举兵之日而境内不贫，战而必胜，胜而不死，得地而国不败。为此四者若何？举兵之日而境内不贫者，计数得也[②]。战而必胜者，法度审也。胜而不死者，教器备利，而敌不敢校也[③]。得地而国不败者，因其民也。因其民，则号制有发也[④]。教器备利，则有制也。法度审，则有守也。计数得，则有明也。治众有数，胜敌有理。察数而知理，审器而识胜，明理而胜敌。定宗庙，遂男女，官四分[⑤]，则可以定威德；制法仪，出号令，然后可以一众治民。

【注释】

①大度：意谓“大弢”，大弢，人名。

②计数：谋略权术。

③校：对抗，抗拒。

④发：通“法”。

⑤官四分：指士、农、工、商四民分业治事。官：指官能、职事。

【译文】

大弢的书上说：发动战争而保持国家不贫困，打起仗来有必胜的把握，打了胜仗没有死亡，获得土地而本国不伤元气。如何才能做到这四点呢？发动战争而国内不贫困，是因为筹算得当。战而必胜，是因为法度严明。打起仗来有必胜的把握，是因为军队训练有素、武器精良，敌人不敢抗拒。获得土地而本国不伤元气，是因为顺应了被征服国的民心。顺应民心，号令、制度就有法可依。训练有素、武器精良，就有控制力量。法度严明，军队就有遵循。筹算得当，就能洞明形势。治理兵众有其方法，战胜敌国也有正理。审查治兵的方法就可以明白胜敌的道理，审查武器的状况就可以了解战胜的原因，明白举兵的正理就可以战胜敌人。安定宗庙，养育儿女，使四民分业治事，就可以立威立德；制定仪法，发布号令，然后就可以统一和治理民众了。

【原典】

兵无主，则不蚤知敌。野无吏[①]，则无蓄积。官无常[②]，则下怨上，器械不巧。则朝无定，赏罚不明，则民轻其产。故曰：蚤知敌，则独行；有蓄积，则久而不匮；器械巧，则伐而不费；赏罚明，则勇士劝也[③]。

【注释】

①野无吏：农业没有官吏。

②官无常：官府没有常规。

③勇士劝：勇士得到鼓励。

【译文】

军中没有主帅，就不能预先掌握敌情。农业没有官吏，国家就没有充实的粮食储备。官府没有常规，下面就抱怨上级，造出的武器就不会精良。朝廷没有统一政令而赏罚不明，百姓就侥幸偷生。因此说：预先掌握敌情，就能够所向无敌；有充实的粮食储备，就能久战而不匮乏；武器制作精良，就能征伐顺利；赏罚严明，勇士就能得到鼓励。

【原典】

三官不缪[①]，五教不乱，九章著明，则危危而无害[②]，穷穷而无难。故能致远以数，纵强以制[③]。三官：一曰鼓，鼓所以任也，所以起也，所以进也；

二曰金，金所以坐也，所以退也，所以免也；三曰旗，旗所以立兵也，所以利兵也[④]，所以偃兵也。此之谓三官。有三令，而兵法治也。五教：一曰教其目以形色之旗，二曰教其身以号令之数，三曰教其足以进退之度，四曰教其手以长短之利，五曰教其心以赏罚之诚。五教各习，而士负以勇矣。九章：一曰举日章[⑤]，则昼行；二曰举月章，则夜行；三曰举龙章，则行水；四曰举虎章，则行林；五曰举乌章，则行陂[⑥]；六曰举蛇章，则行泽；七曰举鹊章，则行陆；八曰举狼章，则行山；九曰举韟章[⑦]，则载食而驾。九章既定，而动静不过。三官、五教、九章，始乎无端，卒乎无穷。始乎无端者，道也；卒乎无穷者，德也。道不可量，德不可数也。故不可量，则众强不能图；不可数，则伪诈不敢向。两者备施，则动静有功。径乎不知，发乎不意。径乎不知，故莫之能御也；发乎不意，故莫之能应也。故全胜而无害。因便而教，准利而行。教无常，行无常。两者备施，动乃有功。

【注释】

①缪：同“谬”，错误。

②危危：指处于极端危险的境地。下文“穷穷”同。

③纵强：总领众强国。

④利兵：当作“制兵”，抑制军队。

⑤日章：白日从军。

⑥行陂：走山坡。

⑦韔：本作“皋”，古同“櫜”，指弓衣。

【译文】

“三官”无误，“五教”不乱，“九章”著明，这样即使处于极其危险的处境也无害，处于极度困乏的处境也不会遇难。所以才能按章法进行远征，才能有办法总领众强。所谓三官：第一是鼓，鼓是用于指挥作战，为了鼓舞士气和发动进攻而用的；第二是锣，锣是用于指挥防守，命令退兵和宣布停战而用的；第三是旗，旗是用于指挥出动军队，节制军队和驻扎军队而用的。这就是三官。有此三令，兵法就发挥作用了。所谓五教：一是教战士眼看各种形色的旗帜，二是教战士耳听各种号令的规律，三是教战士行走前进后退的步伐，四是教战士使用各种长短不等的武器，五是教战士相信赏罚制度的信行。这五个方面熟练了，战士就有勇气作战了。所谓九章：一是举日章，白日行军；二是举月章，夜里行军；三是举龙章，水里行军；四是举虎章，林内行军；五是举乌章，丘陵行军；六是举蛇章，沼泽行军；七是举鹊章，陆地行军；八是举狼章，山上行军；九是举弓衣之章，表示要载上粮食驾车而行的意思。这九章确立之后，军队的行动就不会越轨了。运用三官、五教和九章，要做到起始于没有开端，结束于没有穷尽。始于无端，与“道”一样；终于无穷，与“德”一样。因为道是不可量度的，德是不可测算的。因为不可量度，所以敌众再强大也不敢图谋我军；因为不可测算，所以敌军再诈伪也不敢对抗我军。两者兼而施之，无论动兵或息兵都有成效。过境要使敌军不知，发兵要出敌不意。过境使敌人不知，敌人就无法防御；发兵出敌不意，敌人就无法应付。所以能全胜而没有损伤。要根据进军方便而进行教练，要按照作战有利而指挥行动。教练不拘常规，行动也不拘常规。两者兼而施之，兴兵才有成效。

【原典】

器成教施，追亡逐遁若飘风，击刺若雷电。绝地不守，恃固不拔[①]，中处而无敌[②]，令行而不留。器成教施，散之无方，聚之不可计。教器备利，进退若雷电，而无所疑匮[③]。一气专定[④]，则傍通而不疑[⑤]；厉士利械，则涉难而不匮。进无所疑，退无所匮，敌乃为用。凌山坑，不待钩梯；历水谷，不须舟辑。径于绝地，攻于恃固，独出独入而莫之能止。宝不独入，故莫之能止；宝不独见，故莫之能敛。无名之至，尽尽而不意。故不能疑神[⑥]。

【注释】

①恃固：依靠险固。

②中处：即处中，指处于战场的主动地位。

③疑匮：滞碍、散乱。

④一气专定：专心一意。

⑤傍通：变化。

⑥疑神：谓如神。

【译文】

兵器完备，教练有方，追逐逃兵遁卒就能像飘风一样迅速，奸击敌军就能像雷电一样猛烈。敌人虽然据有绝地也不能防守，虽然依靠险固也不敢抗拒。我军处于主动地位而所向无敌，军令通行无阻。兵器完备，教练有方，分兵时没有一定法度，聚合时也不能测度。训练有素、武器精良的军队，前进、后退都会像雷电一样迅速，而没有停滞和溃散。能做到专心一意，因而能变化而不碍滞；强兵利器，因而能遇难而不溃散。进军无阻碍，退军不溃乱，军队就为我所用了。这样，越过山谷不用钩梯，经过水沟不用船只，可以通过险峻的地势，可以攻克固守的堡垒，独出独入谁也不能阻挡；实际上“独入”并不是单人打入，所以不能阻止；“独出”并不是单人杀出，所以不能为束。这种战法不能用言语形容至尽，说尽了反而不能表达原意。所以，其伟大可与神灵相比拟。

【原典】

畜之以道，则民和；养之以德，则民合。和合故能谐，谐故能辑[①]，谐辑以悉[②]，莫之能伤。定一至[③]，行二要[④]，纵三权[⑤]，施四教[⑥]，发五机[⑦]，设六行[⑧]，论七数[⑨]，守八应[⑩]，审九器[⑪]，章十号。故能全胜大胜。

【注释】

①辑：团结力量。

②谐辑以悉：万众一心，协调一致。

③定一至：即“无名之至”。

④二要：即上文所谓“因便而教，准利而行，教无常，行无常。”

⑤纵三权：指“三官”之权。

⑥四教：见本篇。

⑦五机：指《幼官》篇“必明其情，必明其将，必明其政，必明其士”。

⑧六行：指《七法》篇中行军作战之法，即：风雨之行、飞鸟之举、雷电之战、水旱之功、金城之守、一体之治。

⑨七数：疑指《七法》中七项治军的原则，即：则、象、法、化、决塞、心术、计数。

⑩八应：指《七法》中八项治军的方法，即：聚财、论工、制器、选士、政教、服习、编知天下、审御机数。

⑪九器：当作“九章”，见本篇。

【译文】

养兵的法则合于道，则百姓和睦；养兵的法则合于德，则百姓团结。所以和睦团结就能相互协调，相互协调就能结聚力量。百姓的力量能协调结聚，万众一心，那就谁也不能伤害了。定于“一至”，实行“二要”，总揽“三权”，掌握“四教”，熟习“五机”，筹划“六行”，讲求“七数”，做到“八应”，审明“九章”，谨慎“十号”，这样就能获得全胜了。

【原典】

无守也，故能守胜。数战则士罢，数胜则君骄，夫以骄君使罢民，则国

安得无危？故至善不战，其次一之。破大胜强，一之至也。乱之不以变，乘之不以诡[1]，胜之不以诈，一之实也[2]。近则用实，远则施号；力不可量，强不可度，气不可极[3]，德不可测[4]，一之原也。众若时雨，寡若飘风，一之终也。

【注释】

①乘：战胜。

②一之：一战胜敌。

③极：极限。

④测：推测。

【译文】

要固守，所以能以守取胜。因为频繁战斗使士兵疲惫，多次得胜使君主骄傲，以骄傲的君主驱使疲惫的士兵作战，国家怎么能不危险？所以，最完美的军事是不战而胜，其次是一战胜敌。攻破大国，战胜强敌，这是一战胜敌的极致。乱敌不用权变，乘敌不用诡计，胜敌不用诈谋，这是一战胜敌的实质。用实力征伐近敌，用号令威慑远国，力量不可估计，强盛不可测度，士气永不枯竭，军心之高无法捉摸，这是一战胜敌的根本。进攻时兵力结聚像时雨一样密集，战胜后军队撤离像飘风一样迅速，这才是一战胜敌的最终表现。

【原典】

利適[1]，器之至也；用敌，教之尽也。不能致器者，不能利適；不能尽教者，不能用敌。不能用敌者穷，不能致器者困。远用兵[2]，则可以必胜。出入异涂，则伤其敌。深入危之，则士自修[3]；士自修，则同心同力。善者之为兵也，使敌若据虚，若搏景[4]。无设无形焉，无不可以成也；无形无为焉[5]，无不可以化也，此之谓道矣。若亡而存，若后而先，威不足以命之。

【注释】

①利適：控制军队。

②远：指用兵神速。

③修：警戒。

④搏景：同影子搏斗。景：同“影”。

⑤为：当作“象”。

【译文】

能控制军队，是武器完备的结果；能使用军队，是训练有素的结果。不能使武器完备，就不能控制军队；不能使训练有素，就不能使用军队。不能使用军队的将陷于被动；不能控制军队将陷于困境。用兵神速，可以取得必胜。军队进出路途不同，就会劳伤敌军，深入敌境造成危险，战士自会警惕，警惕就会同心同力。善于用兵的人指挥作战，总是使敌人如同在虚空的地方，像在同影子搏斗。保持没有方位、没有形体的样子，因而没有不成功的；保持没有形体、没有物象的样子，因而没有不可变化的。这些就叫作用兵之道。它好像没有而实则存在，好像在后而实则在前，这样用兵，用“威”字都不足以用来称赞它的作用。

匡君中匡

【题解】

此篇与《管子》中的《大匡》《小匡》文体类似。所谓“匡”，据郭沫若《管子集校》为古代简书的尺寸，大匡为二尺四寸简书，中匡为一尺二寸简书，小匡为八寸简书。本篇为中匡，记述了两则桓公与管仲的对话，时间是管仲为齐相后，内容是有关治国兴霸的策略。第一则侧重于称霸诸侯要有充

分准备，要学习“先王必有置也，而后必有废也；必有利也，而后必有害也”的历史经验，特别强调要“善之伐不善也”的历史规律，做到以治平乱，稳定社会，以诸侯、百姓为重。第二则强调要始终不渝地坚持取信于天下，不能偷安于一时。

【原典】

管仲会国用[①]，三分二在宾客，其一在国[②]，管仲惧而复之[③]。公曰：“吾子犹如是乎？四邻宾客，入者说[④]，出者誉，光名满天下。入者不说，出者不誉，污名满天下。壤可以为粟，木可以为货。粟尽则有生，货散则有聚。君人者，名之为贵，财安可有[⑤]？”管仲曰：“此君之明也。”公曰：“民办军事矣，则可乎？”对曰：“不可，甲兵未足也。请薄刑罚，以厚甲兵。”于是死罪不杀，刑罪不罚，使以甲兵赎。死罪以犀甲一戟[⑥]，刑罚以胁盾一戟，过罚以金军，无所计而讼者，成以束矢。公曰：“甲兵既足矣，吾欲诛大国之不道者，可乎？”对曰：“爱四封之内，而后可以恶竟外之不善者[⑦]；安卿大夫之家，而后可以危救敌之国；赐小国地，而后可以诛大国之不道者；举贤良，而后可以废慢法鄙贱之民。是故先王必有置也，而后必有废也；必有利也，而后必有害也。”桓公曰：“昔三王者，既弑其君，今言仁义，则必以三王为法度，不识其故何也？”对曰：“昔者禹平治天下，及桀而乱之，汤放桀，以定禹功也。汤平治天下，及纣而乱之，武王伐纣，以定汤功也。且善之伐不善也，自古至今，未有改之。君何疑焉？”公又问曰：“古之亡国其何失？”对曰：“计得地与宝，而不计失诸侯；计得财委，而不计失百姓；计见亲，而不计见弃。三者之属一，足以削；遍而有者，亡矣。古之隳国家[⑧]，陨社稷者，非故且为之也[⑨]，必少有乐焉，不知其陷于恶也。”

【注释】

①会：读为“会计”的会，意为总计。

②国：指国内。

③复：报告。

④说：通“悦”，喜悦。

⑤财安可有：谓财无足轻重。

⑥犀甲一戟：犀牛皮的盔甲又加一戟。戟：枪头上有小叉的兵器。

⑦竟：通“境”。

⑧隳（huī）：毁坏。

⑨非故且为：并非专门这样做。

【译文】

管仲计算国家的开支，发现三分之二的钱财用于国外宾客，用于国内的仅占三分之一。管仲惶恐地把这个情况报告给桓公。桓公说：“您还至于这样吗？四方邻国的宾客，进入齐国就高兴，出离齐国就称赞，就能使齐国的好名声传遍天下；如果进入齐国不高兴，出离齐国不称赞，就会使齐国的坏名声传遍天下。有土地可以生产粮食，有木材可以制造商品。粮食用尽可以再生产，商品卖完可以再买进。对于治理国家的国君来说，名声最为贵重，何必计较钱财呢？”管仲说：“这实在是您的圣明。”桓公说：“百姓已致力于军事了，我想要去诛伐无道的大国，可以吗？”管仲回答说：“您不能这样做。因为盔甲兵器还不够用。请用减刑的办法来增加盔甲兵器。”于是，规定死罪的人就不杀了，犯刑罚的人就不坐牢了，使犯人用盔甲兵器来赎罪。死罪用犀牛皮盔甲加上一支戟来赎罪，刑罪可用护胁的盾牌加上一支戟来赎，有过失的罚以金属一钧，没有什么冤屈而诬告的，罚一束箭抵罪。桓公说：“盔甲兵器已经够用了，我想要诛伐无道的大国，可以了吗？”管仲回答说：“首先要施爱于国内，然后才能排斥国外的不善者；先安定卿大夫的家，然后才能危害仇敌之国；先赐予小国土地，然后才能诛伐无道的大国；先举用贤良的人才，然后才能废弃慢法鄙贱的人们。因此：先王必先有立而后有废，必先有所利而后才有所害。”桓公说：“从前夏禹、商汤、周武王，既然杀了他们的国君，现在谈仁义的，却一定要以三王为典范，不知是什么缘故？”管仲回答说：“从前夏禹平定天下，到夏桀却使天下混乱了，商汤放夏桀，是安定了夏禹的功业；商汤平定天下，到商纣就天下混乱了，周武王伐纣，是安定了商汤的功业，并且善的征伐不善的，自古及今，这种情况从无改变，您何必有所怀疑呢？”桓公又问：“古代亡国的人，都有什么过失？”管仲回答说：

“只考虑取获得土地与财宝而不考虑失去了诸侯，只考虑财物的积累而不考虑失去了百姓，只考虑受亲附而不考虑被抛弃。所以以上三条犯有一条，就足以削弱国家；如果全都具有，就要亡国了。古代败坏国家伤害社稷的国君，都不是专门故意这样去做的，必定是从少有的淫乐开始，而不知不觉陷入了罪恶的深渊。”

【原典】

桓公谓管仲曰：“请致仲父[1]。”公与管仲父而将饮之，掘新井而柴焉[2]。十日斋戒，召管仲。管仲至，公执爵[3]，夫人执尊[4]，觞三行[5]，管仲趋出。公怒曰：“寡人斋戒十日而饮仲父，寡人自以为修矣。仲父不告寡人而出，其故何也?”鲍叔、隰朋趋而出，及管仲于途，曰：“公怒。”管仲反[6]，入，倍屏而立[7]，公不与言。少进中庭，公不与言。少进傅堂，公曰：“寡人斋戒十日而饮仲父，自以为脱于罪矣。仲父不告寡人而出，未知其故也。”对曰：“臣闻之，沉于乐者洽于忧[8]，厚于味者薄于行，慢于朝者缓于政，害于国家者危于社稷，臣是以敢出也。”公遽下堂曰：“寡人非敢自为修也，仲父年长，虽寡人亦衰矣，吾愿一朝安仲父也。”对曰：“臣闻壮者无怠，老者无偷，顺天之道，必以善终者也。三王失之也，非一朝之萃，君奈何其偷乎?”管仲走出，君以宾客之礼再拜送之。明日，管仲朝，公曰：“寡人愿闻国君之信。”对曰：“民爱之，邻国亲之，天下信之，此国君之信。”公曰：“善。请问信安始而可?”对曰：“始于为身，中于为国，成于为天下。”公曰：“请问为身。”对曰：“道血气，以求长年、长心、长德。此为身也。”公曰：“请问为国。”对曰：“远举贤人，慈爱百姓，外存亡国，继绝世，起诸孤；薄税敛，轻刑罚，此为国之大礼也。”公曰：“请问为天下。”对曰：“法行而不苛，刑廉而不赦，有司宽而不凌⑨；菀浊困滞皆，法度不亡⑩，往行不来，而民游世矣，此为天下也。”

【注释】

①仲父：齐桓公对管仲的尊称。

②柴：为使井水清洁，用柴盖井。

③爵：古代酒器，可以用来盛酒或温酒。

④尊：古代酒器，可用来盛酒。

⑤觞：也是酒器。按古代礼节，臣子侍宴，酒不得过三觞，超过即是失礼。

⑥反：通“返”，返回。

⑦倍：同“背”，背对着。

⑧沉：沉溺。洽：浸润。

⑨凌：凌迟，有拖延、拖拉之意。

⑩亡：同“忘”。

【译文】

桓公对管仲说：“请仲父来饮酒作乐。”桓公将设馆宴请管仲，挖了一口新井，用柴草覆盖着，斋戒十天，召见管仲。管仲到了以后，桓公拿着爵，夫人拿着尊敬酒，酒过三觞，管仲就快步地走出去了。桓公发怒说：“我斋戒十天来宴请仲父，自以为很讲究礼了。但仲父却不向我告辞就出去，那是什么原因?”鲍叔与隰朋快步赶出来，在路上追上了管仲说：“桓公发怒了。”管仲返回来，进院中，背靠着屏风站着，桓公不同他讲话；再往前进到了中庭，桓公还不同他讲话；再往前走，接近了堂屋，桓公说：“我斋戒十天而宴请仲父，自以为是

不失礼了。您不向我告辞而走了，不知是什么原因?”管仲回答说：“我听说，沉溺于饮酒作乐的人就一定会沾染忧患，重视口味的人就一定会薄于德行，怠慢于听朝的国君就一定会缓于政事，有害于国家的人一定危于社稷，我就是因为这些才敢于走出的。”桓公急忙从堂屋上走下来说：“我非敢自为苟安，因为仲父年长，我也衰老了，我希望安慰一下您。”管仲回答说：“我听说壮年人不懈怠，老年人不苟安，顺天道办事，就一定会有好结果。夏桀、商纣、周幽三王失掉天下，并不是一朝之间猝然而倒的，您为什么有所苟安呢?”管仲走出时，这回桓公是以宾客之礼再拜而送出的。第二天，管仲上朝，桓公说；“我想听一听关于国君威信问题的见解。”管仲回答说：“百姓爱戴，邻国亲睦，天下信任，这就是国君的威信。”桓公说：“好。请问怎样才能做到威信?”管仲回答说：“从治身开始，接着在于治国，最终在于治理天下。”桓公说：“请问治身的事。”管仲回答说：“使血气畅通，以求得寿命长、谋虑远和施德广、这就是治身的事。”桓公说：“请问治国的事。”管仲回答说：“充分举用与自己疏远的贤人并慈爱百姓，对外保全已经灭亡了的国家，接续断绝了的世家，起用死于王事的人的子孙，薄收税敛，减轻刑罚，这就是治国的大准则。”桓公说：“请问治理天下的事。”管仲回答说：“法令能够推行而不苛刻，减少刑罚而不赦免，官吏宽厚而不迟慢拖拉，屈辱困窘的人们而不忘法度，往者来者都无所约束，百姓和乐，这就是治理天下的事。”

匡君小匡

【题解】

本篇记述管仲辅佐桓公完成霸业的事迹和一系列政见。此篇可以分为两个部分。第一部分以桓公设问、管仲回答的形式记载了管仲对成就霸业的长篇言论，第二部分追加记载了管仲告诫桓公不要称王，匡正天下诸侯，论定百官等史实。本篇内容与《国语·齐语》中记载管仲之处有共通之处。本篇为选译。

【原典】

初，桓公郊迎管子而问焉。管仲辞让，然后对以参国伍鄙，立五乡以崇化，建五属以厉武[①]，寄兵于政，因刑罚，备器械，加兵无道诸侯，以事周室。桓公大说。于是斋戒十日，将相管仲。管仲曰："臣斧钺之人也，幸以获生，以属其腰领[②]，臣之禄也。若知国政，非臣之任也。"公曰："子大夫受政，寡人胜任。子大夫不受政，寡人恐崩。"管仲许诺，再拜而受相。三日，公曰："寡人有大邪三，其犹尚可以为国乎?"对曰："臣未得闻。"公曰："寡人不幸而好田[③]，晦夜而至禽侧[④]，田莫不见禽而后反。诸侯使者无所致，百官有司无所复。"对曰："恶则恶矣[⑤]，然非其急者也。"公曰："寡人不幸而好酒，日夜相继，诸侯使者无所致，百官有司无所复。"对曰："恶则恶矣，然非其急者也。"公曰："寡人有污行，不幸而好色，而姑姊有不嫁者。"对曰："恶则恶矣，然非其急者也。"公作色曰："此三者且可，则恶有不可者矣?"对曰："人君唯优与不敏为不可[⑥]。优则亡众，不敏则不及事。"公曰："善。吾子就舍，异日请与吾子图之。"对曰："时可，将与夷吾，何待异日乎?"公曰："奈何?"对曰："公子举为人博闻而知礼，好学而辞逊，请使游于鲁，以结交焉。公子开方为人巧转而兑利[⑦]，请使游于卫，以结交焉。曹孙宿其为人也，小廉而苛忲[⑧]，足恭而辞给[⑨]，正荆之则也，请使往游，以结交焉。"遂立行三使者而后退。

【注释】

①厉：通“砺”，砺：磨砺。

②属：连接。

③田：通“畋”，打猎。

④晦夜：黑夜。

⑤恶：哪里。

⑥优：软弱少决断。

⑦兑：通“锐”。

⑧廉：考察，查访。苛忕（shì）：细微地查看。

⑨辞给：言辞敏捷。

【译文】

当初，桓公在京郊迎接管仲时曾向管仲请教。管仲推辞拒绝，然后提出了建立三国五鄙的谋略，建立五乡用来推崇教化，建成五属来训练军事，把军事训练隐藏在内政管理之中，利用赎罪制度，备足兵器，征伐无道的诸侯以侍奉周王朝。桓公听了非常满意。于是斋戒十天，要拜管仲为相。管仲说：“我是一个有大罪的人，幸得免死，使腰颈相连，这已是我的福气了。管理国家政事，怕不是我所能胜任的。”桓公说：“您接受国家政事，我就胜任国君；您不接受国家的政事，我恐怕就要崩溃了。”管仲最后才答应，再拜而接受宰相的职务。过了三天，桓公对管仲说：“我有三大缺点，还能把国家管理好吗？”管仲回答说：“我还没有听到过。”桓公说：“我不幸嗜好田猎，在黑夜时还要到野兽出没的薮泽野地，直到田野里看不见野禽以后才回来，这样，诸侯使者无法向我传达他们的使命，百官的请示也无人批复。”管仲回答说：“这虽然不是件好事，但还不是最要紧的。”桓公说：“我不幸嗜好饮酒，夜以继日，诸侯使者无法向我传达他们的使命，百官的请示也无人批复。”桓公说：“我还有一件丑事，就是不幸而好女色，连表姐都舍不得让她们嫁出去。”管仲说：“这也不是好事，但还不是要紧的。”桓公变色说：“这三件事情尚且可以允许，

难道还有什么不可以允许的事情吗?”管仲回答说:“国君唯有优柔寡断和不敏于事是不可以允许的。优柔寡断则无人拥护,做事反应不敏捷则不能成事。”桓公说:“好。您请先回去,改日再来同您讨论国事。”管仲回答说:“此时就可以谈,何必改日呢?”桓公说:“要谈什么呢?”管仲说:“公子举为人见闻广博而知礼,好学而语言谦逊,请派他出使鲁国,以便同鲁国结交。公子开方为人机变而锐利,请派他出使卫国,以便同卫国结交。曹孙宿为人,小事能细察,态度十分谦恭而又善于辞令,正合乎荆楚的风格,请派他去到那里,以便同荆人结交。”这样,立刻派出了三位使者,而后管仲才告退。

【原典】

相三月,请论百官。公曰;“诺。”管仲曰:“升降揖让[①],进退闲习[②],辨辞之刚柔,臣不如隰朋,请立为大行[③]。垦草入邑,辟土聚粟多众,尽地之利,臣不如宁戚,请立为大司田[④]。平原广牧,车不结辙,士不旋踵,鼓之而三军之士视死如归,臣不如王子城父,请立为大司马。决狱折中,不杀不辜,不诬无罪,臣不如宾胥无,请立为大司理。犯君颜色,进谏必忠,不辟死亡[⑤],不挠富贵,臣不如东郭牙,请立以为大谏之官。此五子者,夷吾一不如[⑥];然而以易夷吾,夷吾不为也。君若欲治国强兵,则五子者存矣;若欲霸王,夷吾在此。”桓公曰:“善。”

【注释】

①揖让:古代宾主相见的礼节。

②闲:通“娴”,熟习。

③大行:外交官的首领。

④大司田:田官之长。

⑤辟:通“避”,躲避。

⑥一:都。

【译文】

管仲拜相三个月后,请求与桓公共同评论百官。桓公说:“好。”管仲说:“升降遵守礼节,进退熟悉礼节,言语刚柔有度,我不如隰朋,请封他为外交

大官。开发荒地使之成为城邑，开辟土地使之增产粮食，增加人口，发挥土地的效益，我不如宁戚，请封他为田官之长。在平原广郊之上，战车不混乱，战士不后退，鼓声一起而三军战士视死如归，我不如王子城父，请封他为大司马。审判案件，调节纷争，不妄杀无辜的人，不妄诬无罪的人，我不如宾胥无，请封他为大司理。敢于不看君主脸色行事，进谏必定忠心，不怕杀头，不贪图富贵，我不如东郭牙，请立他为大谏之官。这五个人，我一个都比不上；但是用来交换我，我是不干的。国君您想要治国强兵，那么有这五个人就够了；如果想要建立霸王之业，那么有我在此。”桓公说：“好。”

霸形

【题解】

本篇《霸形》之题应于下篇《霸言》对换。所谓霸言，指称霸天下的言论。本篇主要内容是管仲与桓公关于如何成就霸业的对话，记述了齐国图霸的理论和实践，共分为三节。第一节管子阐述了要成就霸王之业应以百姓为根本，并提出了轻税敛、缓刑政和举事以时三条原则。第二节记述桓公沉溺于享乐，管子谏请桓公封亡国之君，并以重礼结交诸侯各国，使齐国号令“始行于天下”。第三节记述了出国攻打宋、郑，干扰齐国，管子劝谏桓公发兵保护宋、郑两国，并进而攻伐各国，九合诸侯。这些记载表现了管仲的政治才能。

【原典】

桓公在位，管仲、隰朋见。立有间，有贰鸿飞而过之。桓公叹曰：“仲父，今彼鸿鹄有时而南，有时而北，有时而往，有时而来，四方无远，所欲至而至焉，非唯有羽翼之故，是以能通其意于天下乎？”管仲、隰朋不对。桓公曰："二子何故不对？"管子对曰："君有霸王之心，而夷吾非霸王之臣也，是以不敢对。"桓公曰："仲父胡为然？盍不当言[①]，寡人其有乡乎[②]？寡人之有仲父也，犹飞鸿之有羽翼也，若济大水有舟楫也。仲父不一言教寡人，寡人之有耳，将安闻道而得度哉[③]。"管子对曰："君若将欲霸王举大事乎？则必从其本事矣。"桓公变躬迁席，拱手而问曰："敢问何谓其本？"管子对曰："齐国百姓，公之本也。人甚忧饥，而税敛重；人甚惧死，而刑政险；人甚伤劳，而上举事不时。公轻其税敛，则人不忧饥；缓其刑政，则人不惧死；举事以时，则人不伤劳。"桓公曰："寡人闻仲父之言此三者，闻命矣，不敢擅也，将荐之先君。"于是令百官有司，削方墨笔。明日，皆朝于太庙之门朝，定令于百吏。使税者百一钟[④]，孤幼不刑，泽梁时纵[⑤]，关讥而不征[⑥]，市书而不赋；近者示之以忠信，远者示之以礼义。行此数年，而民归之如流水。

【注释】

①盍：同"何"。

②乡：同"向"，方向。

③度：方法。

④百一：指税率百分之一。

⑤泽梁：沼池中拦水捕鱼的工具。纵：开放。

⑥讥：稽查，查问。

【译文】

桓公坐在位置上，管仲、隰朋进见。站了一会儿，有两只鸿雁从窗外飞过。桓公叹息说："仲父，那些鸿雁时而南飞，时而北飞，时而飞去，时而飞来，不论四方多远，想飞到哪里就飞到哪里，是因为它们有两只羽翼的缘故，所以才能把自己的意向通达于天下的吧？"管仲和隰朋都没有回答。桓公说："你们两位为什么都不回答？"管仲回答说："君上您有成就霸王之业的心愿，而我则不是成就霸王之业的大臣，所以不敢回答。"桓公说："仲父为什么这样说，为什么不对我直言，使我有个方向呢？我有仲父，就像飞鸿有羽翼，过河有船只一样，如果仲父不发一言来教导我，我虽然有两只耳朵，又从哪里听到治国之道和学得治国的方法呢？"管仲回答说："您想要成就霸王之业

兴举大事么？这就必须从它的根本事情做起。”桓公起身离席，拱手而发问说：“请问什么是它的根本？”管仲回答说：“齐国百姓就是它的根本。百姓很怕饥饿，而如今收税很重；百姓很怕死罪，而如今刑罚严酷；百姓很怕劳顿，而如今国家举事竟没有时间限定。您如果能轻征赋税，百姓就不愁饥饿；宽缓刑政，百姓就不愁死罪；举事有时间限定，百姓就不愁劳顿了。”桓公说：“我听到仲父说的这三点，算是听懂了。我不敢专擅施行，要举荐给先君才行。”于是命令百官有司，削好木板并备好笔墨。第二天，在太庙的门前会集百官庭朝见，为百官颁布了法令：使纳税者只出百分之一，对孤儿幼女不准处刑，沼池中的捕鱼器具按时开放，关卡只查问而不征税，市场只记录而不征赋，对近臣显示出忠信，对远者显示出礼义。这样实行了几年后，百姓归附桓公就好像流水一样。

【原典】

此其后，宋伐杞，狄伐邢、卫。桓公不救，裸体纫胸称疾[①]。召管仲曰：“寡人有千岁之食，而无百岁之寿，今有疾病，姑乐乎！”管子曰：“诺。”于是令之县钟磬之榱[②]，陈歌舞竽瑟之乐，日杀数十牛者数旬。群臣进谏曰："宋伐杞，狄伐邢、卫，君不可不救。"桓公曰："寡人有千岁之食，而无百岁之寿，今又疾病，姑乐乎！且彼非伐寡人之国也，伐邻国也，子无事焉。"宋已取杞，狄已拔邢、卫矣。桓公起，行笋虡之间[③]，管子从。至大钟之西，桓公南面而立，管仲北乡对之，大钟鸣。桓公视管仲曰："乐夫，仲父?"管子对曰："此臣之所谓哀，非乐也。臣闻之，古者之言乐于钟磬之间者不如此。言脱于口，而令行乎天下；游钟磬之间，而无四面兵革之忧。今君之事，言脱于口，令不得行于天下；在钟磬之间，而有四面兵革之忧。此臣之所谓哀，非乐也。"桓公曰："善。"于是伐钟磬之县，并歌舞之乐，宫中虚无人。桓公曰："寡人以伐钟磬之县，并歌舞之乐矣[④]，请问所始于国，将为何行?"管子对曰："宋伐杞，狄伐邢、卫，而君之不救也，臣请以庆[⑤]。臣闻之，诸侯争于强者，勿与分于强。今君何不定三君之处哉[⑥]?"于是桓公曰："诺。"因命以车百乘、卒千人，以缘陵封杞；车百乘、卒千人，以夷仪封邢；车五百乘、卒五千人，以楚丘封卫。桓公曰："寡人以定三君之居处矣，今又将何行?"管子对曰："臣闻诸侯贪于利，勿与分于利。君何不发虎豹之皮、文锦以使诸侯，令诸侯以缦帛鹿皮报[⑦]?"桓公曰："诺。"于是以虎豹皮、文锦使诸侯，诸侯以缦帛、鹿皮报。则令固始行于天下矣。

【注释】

①纫胸：即胸部缠绕上东西。纫：缝，佩戴。

②县：同"悬"，悬挂。榱：悬挂钟磬的器具。

③笋虡（jù）：古代悬挂钟或磬的架子两旁的柱子。

④并：通"屏"，撤去，屏除。

⑤以：通"已"，已经。

⑥三君之处：据下文"之"下当补"居"字。

⑦缦帛：即素帛，无文彩的帛。

【译文】

这以后，宋国攻伐杞国，狄人攻伐邢国和卫国，桓公都没有出兵援救，却光着身子缠着胸部称病。桓公召见管仲说："我有一千年吃不完的粮食，却

没有一百年的寿命，现在又有疾病，姑且及时行乐吧！”管仲说：“好。”于是下命令悬起钟磬类击打乐器，陈设歌舞吹竽鼓瑟的音乐，每天杀牛数十头，连续了几十天。群臣都来进谏说：“宋国攻伐杞国，狄人攻伐邢国和卫国，您不可不出兵援救。”桓公说：“我拥有一千年吃不完的粮食，而没有一百年的寿命，现在又有疾病，姑且让我及时行乐吧！况且，他们并没有进攻我们的国家，只是我们的邻国，你们就不必多事了。”不久，宋国已经攻取了杞国，狄国已经攻下了邢国、卫国。桓公还盘桓在钟磬的行列里。管仲跟着他来到大钟的西侧，这时桓公面南而立，管仲面北对站着，大钟敲响了。桓公看着管仲说：“仲父感觉快乐吗？”管仲回答说：“我认为这是悲哀，而不是快乐。我听说古代君王取乐于钟磬之间的，不是这种情况。他们话说出口，命令就行于天下；游乐于钟磬之间，而没有四方战争的忧虑。现在您的情况却是：话说出口，命令并不能行于天下；身在钟磬之间，而存在四方战争的忧虑。这就是我所说的悲哀，而不是快乐啊。”桓公说：“好。”于是砍掉钟磬的悬带，撤除歌舞音乐，宫中空虚无人了。桓公说：“我已经砍掉钟磬的悬带，撤除歌舞音乐了，请问开始处理国事要做些什么？”管仲回答：“宋国攻伐杞国，狄国攻伐邢、卫两国，您没有出兵援救，我为您庆幸。据我所知，诸侯争强的时候就不必与之分强。现在，您为什么不去安排三国国君的居所呢？”桓公说：“好。”于是命令以车百乘，士卒千人，把缘陵封给杞国；以车百乘，士卒千人，把夷仪封给邢国；又以车五百乘，士卒五千人，把楚丘封给卫国。桓公说：“我已经安排了三国国君的居处了，现在还要做些什么呢？”管仲回答说：“据我所知，诸侯贪利的时候，就不必与之分利。您为什么不派使者送出虎皮、豹皮和五彩锦给各诸侯国，而只要各诸侯国用素帛、鹿皮回报呢？”桓公说：“好。”于是就派使者送虎皮、豹皮和五彩锦给各诸侯国，各诸侯国也只用素帛和鹿皮回报。这样，齐国的号令便开始通行天下各国了。

【原典】

此其后，楚人攻宋、郑。烧焫熯焚郑地[①]，使城坏者不得复筑也，屋之烧者不得复葺也；令其人有丧雌雄[②]，居室如鸟鼠处穴。要宋田[③]，夹塞两川，使水不得东流，东山之西，水深灭垝[4]，四百里而后可田也。楚欲吞宋、郑而畏齐，曰思人众兵强能害己者，必齐也。于是乎楚王号令于国中曰："寡人之所明于人君者，莫如桓公；所贤于人臣者，莫如管仲。明其君而贤其臣，寡人愿事之。谁能为我交齐者，寡人不爱封侯之君焉[5]。"于是楚国之贤士皆抱其重宝币帛以事齐。桓公之左右，无不受重宝币帛者。于是桓公召管仲曰："寡人闻之，善人者人亦善之。今楚王之善寡人一甚矣，寡人不善，将拂于道[6]。仲父何不遂交楚哉？"管子对曰："不可。楚人攻宋、郑，烧焫熯焚郑地，使城坏者不得复筑也，屋之烧者不得复葺也，令人有丧雌雄，居室如鸟鼠处穴。要宋田，夹塞两川，使水不得东流，东山之西，水深灭垝，四百里而后可田也。楚欲吞宋、郑，思人众兵强而能害己者，必齐也。是欲以文克齐，而以武取宋、郑也。楚取宋、郑而不知禁，是失宋、郑也；禁之，则是又不信于楚也。知失于内，兵困于外，非善举也。"桓公曰："善。然则若何？"管子对曰："请兴兵而南存宋、郑，而令曰：'无攻楚，言与楚王遇。'至于遇上[7]，而以郑城与宋水为请。楚若许，则是我以文令也；楚若不许，则遂以武令焉。"桓公曰："善。"于是遂兴兵而南存宋、郑，与楚王遇于召陵之上，而令于遇上曰："毋贮粟，毋曲堤，无擅废嫡子，无置妾以为妻。"因以郑城与宋水为请于楚，楚人不许。遂退七十里而舍。使军人城郑南之地，立百代城焉。曰：自此而北至于河者，郑自城之，而楚不敢隳也。东发宋田，夹两川，使水复东流，而楚不敢塞也。遂南伐，及逾方城，济于汝水，望汶山，南致吴越之君[8]。而西伐秦，北伐狄，东存晋公于南，北伐孤竹，还存燕公。兵车之会六，乘车之会三，九合诸侯，反位已霸。修钟磬而复乐。管子曰："此臣之所谓乐也！"

【注释】

①烧焫（ruò）熯（hàn）焚：都是焚烧的意思。

②有：通"又"。

③要：拦截，限制。

④垝：损坏的墙。

⑤封侯之君：身为一方诸侯的国君，这里指封赏土地。

⑥拂：违背，悖逆。

⑦遇：会见，会盟。

⑧吴越：据《小匡》篇当为“楚越”。

【译文】

这以后，楚国攻伐宋国和郑国。他们火烧郑地，使郑国城墙坏得不堪重建，屋毁不可复修；又使民众妻离子散，屋室如鸟巢鼠洞一样。楚国又拦截宋国农田的水源，从两侧堵塞两条河水，使河水不能东流，而在东山的西面却水深没墙，四百里以外才能种地。楚国想吞并宋、郑两国而又害怕齐国，他考虑人众兵强有实力威胁自己的只有齐国。于是楚王在国内发布命令说：“在诸侯国君中我认为没有比齐桓公更圣明的；在人臣中没有比管仲更贤能的。我称道齐国国君的圣明及其人臣的贤能，所以愿意侍奉他们。谁能够替我交好齐国，我不吝惜给予封侯之赏。”于是，楚国的贤士都带着贵重的宝物和布帛来侍奉齐国。桓公身边的人，没有不接受其贵重宝物和布帛的。于是桓公召见管仲说：“我听说，对人好的人人也对他好。现在楚王对我太友善了，我表示不友善就不合情理了。仲父何不就同楚国交好呢？”管仲回答说：“不能这样。楚人攻伐宋国和郑国，火烧郑地，使城池毁坏不堪重建，房屋烧毁不可复修，民众妻离子散，居室如鸟巢鼠洞一样。楚国又拦截宋国农田的水源，从两旁堵塞两道河流，使水不得东流，结果东山的西面却水深没墙，四百里以外才能种地。楚国要吞并宋国和郑国，但考虑到人众兵强有实力威胁自己的只有齐国。所以要用‘文’的办法战胜齐国，而用武的办法吞并宋、郑两国。楚国攻取宋、郑，而我们不予阻拦，就等于失去了宋国和郑国；予以阻拦，则又失信于楚国。如果计谋失误于国内，军队就会被困于

国外。因而与楚交好不是一个好办法。”桓公说：“好，那应该怎么办?”管仲回答说：“请发兵南下保全宋、郑，同时下令说：‘不要反攻楚国，我将与楚王会谈。’到会谈的地方，就提出解决郑城和宋水的问题。楚国如果答应，就等于我们用‘文’的方式命令他；楚国如果不答应，就用武力手段好了。”桓公说：“好。”于是便发兵南下保全宋国和郑国，与楚王在召陵相会，并在相会的地方下令说：“不准囤积粮食，不准到处修筑堤坝，不准擅自废除嫡子，不准立妾为妻。”同时又提出解决郑城与宋水的问题，问于楚国，楚国没有同意。于是就后退七十里屯驻军队。命令军队在郑国的南边筑城，建立了可传百代的城池。说：从此处往北到黄河地带，郑国自己建立城郭，而楚国不敢拆毁。东面开放了宋国的田地，从两面处理两道河流，使水再向东流，而楚国也不敢堵塞。于是南伐楚国，越过方城，渡过汝水，遥望汶山，南下召见吴越的国君。而且西伐秦国，北伐狄国，东面保全晋文公于南部；北伐孤竹，回程保全燕召公。以武力会集诸侯有六次，和平的乘车会集诸侯有三次，共九次会集诸侯，在桓公终于确立霸业之后，又修治钟磬乐器并重新宴乐起来了。管仲说：“这才是我所说的快乐啊!”

霸言

【题解】

此篇疑当为《霸形》，前篇曰《霸言》。所谓霸形，指霸王之业的形势，亦即欲称霸称王之国在天下的地位态势。本篇论述了在诸侯林立的列国环境中，如何利用各国力量的消长巧妙处理与他国的关系，进而取得霸业。文章气势磅礴，规模宏大，重视对天下轻重强弱形势的分析和有关谋略的探讨，可以视为一篇称霸称王的策略论。

【原典】

霸王之形；象天则地[①]，化人易代，创制天下，等列诸侯，宾属四海，时匡天下；大国小之，曲国正之[②]，强国弱之，重国轻之；乱国并之，暴工残之[③]：僇其罪，卑其列，维其民，然后王之。夫丰国之谓霸，兼正之国之谓王。夫王者有所独明，德共者不取也，道同者不王也。夫争天下者，以威易危暴，王之常也。君人者有道，霸王者有时。国修而邻国无道，霸王之资也[④]。夫国之存也，邻国有焉；国之亡也，邻国有焉。邻国有事，邻国得焉；邻国有事，邻国亡焉。天下有事，则圣王利也。国危，则圣人知矣[⑤]。夫先王所以王者，资邻国之举不当也[⑥]。举而不当，此邻敌之所以得意也。

【注释】

①象天则地：取法天地。

②曲：弯曲，不正。这里指不合道义之国。

③暴王：指暴虐的君王。

④资：凭借，依靠。

⑤知：同“智”。

⑥资：借助，利用。

【译文】

霸业和王业的规模形势是这样的：取法上天，效法大地，教化民众，改换朝代，创立天下法制，分列诸侯等次，使四海宾服归属，并适时匡正天下；缩小大国的版图，纠正邪恶的国家，削弱强国的实力，降低权重之国的地位，兼并乱国，摧翻暴虐的国君；惩罚其罪恶，降低其地位，保护其民众，然后统治其国家。本国富强叫作“霸”，匡正诸侯国叫作“王”。所谓王者，总有其独见之明，德义相同的国家，他不去攻取；道义一致的国家，他不去统治。历来争夺天下的时候，王者常常是以武力推翻危乱的暴君。统治民众必须有道，称王称霸必须合于时机。国政修明而邻国无道，是成就霸王之业的有利条件。因为国家的存在与邻国密切相关，国家的败亡也与邻国密切相关。邻国有事，邻国可以有所得；邻国有事，邻国也可以有所失。天下一旦起事端，总是对圣王有利；国家一旦危殆，才显出圣人的明智。先代圣王之所以成其王业，往往是利用邻国的举措不当。举措不当，是邻国敌人之所以得意的原因。

【原典】

夫欲用天下之权者，必先布德诸侯。是故先王有所取，有所与，有所诎[①]，有所信[②]，然后能用天下之权。夫兵幸于权[③]，权幸于地。故诸侯之得地利者，权从之；失地利者，权去之，夫争天下者，必先争人。明大数者得人，审小计者失人。得天下之众者王，得其半者霸。是故圣王卑礼以下天下之贤而任之，均分以钓天下之众而臣之。故贵为天子，富有天下，而世不谓贪者，其大计存也。以天下之财，利天下之人；以明威之振[④]，合天下之权；以遂德之行，结诸侯之亲；以奸佞之罪，刑天下之心[⑤]；因天下之威，以广明王之伐[⑥]；攻逆乱之国，赏有功之劳；封贤圣之德，明一人之行，而百姓定矣。夫先王取天下也，术术乎大德哉[⑦]！物利之谓也。夫使国常无患，而名利并至者，神圣也；国在危亡，而能寿者，明圣也。是故先王之所师者，神圣也；其所赏者[⑧]，明圣也。夫一言而寿国，不听而国亡，若此者，大圣之言也。夫明王之所轻者马与玉，其所重者政与军。若失主不然，轻予人政，而重予人马；轻予人军，而重予人玉；重宫门之营，而轻四境之守，所以削也。

【注释】

①诎：同“屈”。

②信：通“伸”。

③幸：取决于。

④明威：盛威，强大的权威。

⑤刑：通“型”，规范。

⑥伐：功伐，功绩。

⑦术术乎：形容丰盛的样子。术，事物兴作的样子。

⑧赏：通“尚”，赞赏。

【译文】

想要掌握天下的权力，首先必须施德于诸侯。因此，先王总是有取有予，能屈能伸，然后才能掌握天下的大权。作战能胜在于掌握权力，获得权力在于占有地利。所以，诸侯占有地利的，权力也就随之而来；失去地利的，权力也就随之丧失了。想要争夺天下，必须先争取人心。洞悉天下大事的人得人心，斤斤计较的人失人心。得天下大多数人拥护的，能成就王业；得半数人拥护的人，能成就霸业。所以圣明君主总是谦恭卑礼来对待天下贤士而加以任用，均分禄食来吸引天下民众而使为臣属。所以，虽然贵为天子，富有天下，而世人不认为贪婪，就是因为他顺乎天下大势的原因。用天下的财物，来谋利于天下人；用巨大威力的震慑，来集中天下的权力；用施行德政的行动，来取得诸侯的亲附；用惩治奸佞的罪行，来规范天下人的思想；借助天下的兵威，来扩大明王的功绩；攻取逆乱的国家，来赏赐有功劳的大臣；树立圣贤的德望，来宣扬君主的道行，这样，百姓就安定了。先王之所以获取天下的，那真是丰盛的大德啊！也就是所谓的以物利人的意思。使国家经常没有忧

患而名利兼得的，可称神圣；国家在危亡之中而能使之保全的，可称明圣。所以，先王所师法的，是神圣；所尊崇的，是明圣。一句话而能保全国家，不听的话就会亡国，这是大圣人的话。一个英明君主总是看轻骏马与宝玉，而看重政权与军队。至于亡天下的君主就不这样了，他不重视予人政权，却重视予人骏马；轻视予人军队，却重视予人宝玉；重视宫门的营治，却轻视边境的防守，所以国家就削弱了。

【原典】

夫权者，神圣之所资也；独明者，天下之利器也；独断者，微密之营垒也[①]。此三者，圣人之所则也，圣人畏微，而愚人畏明；圣人之憎恶也内，愚人之憎恶也外；圣人将动必知，愚人至危易辞[②]。圣人能辅时，不能违时。知者善谋，不如当时。精时者，日少而功多。夫谋无主则困，事无备则废。是以圣王务具其备。而慎守其时。以备待时，以时兴事，时至而举兵。绝坚而攻国，破大而制地，大本而小标[③]，埊近而攻远[④]。以大牵小，以强使弱，以众致寡，德利百姓，威振天下；令行诸侯而不拂，近无不服，远无不听。夫明王为天下正，理也。按强助弱，圉暴止贪，存亡定危，继绝世[⑤]，此天下之所载也，诸侯之所与也，百姓之所利也，是故天下王之。知盖天下，继最一世，材振四海[⑥]，王之佐也。

【注释】

①微：细微的萌芽。

②易：古本作“勿”。

③标：末也。

④埊：当作“全”。

⑤继：当作“断”。

⑥材：指才华。

【译文】

权力，是神圣的君主所依赖的。独到的明智，好比天下的利器；独到的判断，好比精密的营垒。这二者是圣人所要效法的。圣人总能注意到事物细

小的萌芽，而愚人只看到事物暴露以后的表象；圣人憎恶内心的邪恶，愚人憎恶外表的丑陋；圣人一有行动就知其后果，愚人危难临头也不肯更改。圣人能捕捉时机，但不能违背时机。智者善于谋事，但不如抓好时机。精于时机，总是费力少而成果大。谋事无主见则陷于困境，做事无准备则归于失败。所以，圣明的君主总是努力做好准备而谨慎守住时机。以充分准备来等待时机，以适当时机兴举大事，时机一到就开始兴兵。断绝坚固的防守而攻陷敌国，击破高大的城池而控制敌地，根基雄厚而目标很小，保全近国而攻伐远敌，用大国牵制小国，用强国役使弱国，用人多吸引人少，德行有利百姓，威势震慑天下；这样向诸侯发令而不遭反抗，近的无不服从，远的也无不听命了。英明的君主为天下匡正时势，是合理的。抑制强国，扶助弱国，抵御暴国并制止贪欲，保全亡国而安定危局，继承绝世，这都是天下拥戴、诸侯亲附、百姓得利的好事，所以天下乐于由这样的君主成就王业。至于智谋超越天下，决断称绝当世，才能震撼四海的人，这便是王业的佐臣了。

【原典】

千乘之国得其守，诸侯可得而臣，天下可得而有也。万乘之国失其守，国非其国也。天下皆理己独乱，国非其国也；诸侯皆令己独孤，国非其国也；邻国皆险己独易，国非其国也。此三者，亡国之徵也[①]。夫国大而政小者，国从其政；国小而政大者，国益大。大而不为者，复小；强而不理者，复弱；众而不理者，复寡；贵而无礼者，复贱；重而凌节者[②]，复轻；富而骄肆者，复贫。故观国者观君，观军者观将，观备者观野。其君如明而非明也，其将如贤而非贤也，其人如耕者而非耕也，三守既失[③]，国非其国也。地大而不为，命曰土满；人众而不理，命曰人满；兵威而不止，命曰武满。三满而不止，国非其国也。地大而不耕，非其地也；卿贵而不臣[④]，非其卿也；人众而不亲，非其人也。

【注释】

①徵：征兆。

②凌节：不讲礼节。

③三守：三项要求。

④卿：卿相。

【译文】

千乘之国只要具备应守的条件，也可以臣服诸侯，据有天下。万乘之国，如果失其应守的条件，也可能丧失国家。天下都已经治理而自己独乱，将会丧失国家；诸侯都能合好而自己孤立，将会丧失国家；邻国都有险可守而自己毫无准备，将会丧失国家。这三种情况，都是亡国的征象。国大而政绩小，国家地位也会跟着政绩一样小；国小而政绩大，国家也跟着强大。国家扩大而无所作为，会重新变为小国；国家强盛而不加治理，会重新变为弱国；百姓人多而不加治理，会重新变为少；地位高贵而不讲礼节，会重新变为贱；官职重要而超越范围，会重新变为不重要；家境富有而骄奢放肆，会重新变为贫穷。所以看一个国家，要看国君如何；看一个军队，要看将领如何；看一国战备，要看农田如何。如果国君看似英明而实际昏庸，将领看似贤能而实际愚蠢，百姓看似耕者而不耕种土地，失掉这三个应守的条件，国家就不能保有了。土地广大而不耕，叫作土地满盈；百姓众多而不治理，叫作人口满盈；军队威严而作风不正，叫作武备满盈。这三种满盈没有得到制止，国家也就不能保住了。土地广大而不耕种，就等于失去了土地；卿相尊贵而不行臣道，就等于失去了卿相；百姓众多而不亲附，就等于失去了百姓。

【原典】

夫无土而欲富者忧，无德而欲王者危，施薄而求厚者孤。夫上夹而下苴、国小而都大者弑。主尊臣卑，上威下敬，令行人服，理之至也。使天下两天子，天下不可理也：一国而两君，一国不可理也；一家而两父，一家不可理也。夫令，不高不行，不抟不听①。尧舜之人，非生而理也；桀纣之人，非生而乱也。故理乱在上也。夫霸王之所始也，以人为本。本理则国固，本乱则国危。故上明则下敬，政平则人安，士教和则兵胜敌，使能则百事理，亲仁则上不危，任贤则诸侯服。

【注释】

①抟：同“专”，指命令专出于君。

【译文】

没有土地而企图富有会忧伤；没有德行而妄想称王会危险；施予微薄而所求丰厚会孤立。上面权小而下面权重，国土小而都城大，就将有被弑之祸。做到主尊臣卑，上威下敬，政令推行就人人服从的，才是治国的最高境界。如果天下有两个天子，天下就不能治理；一国有两个君主，国家就不能治理；一家有两个父亲，家庭就不能治理。法令，不出自高层就不能推行，不集中权力，就无人听从。尧舜时的百姓，不是生来就是好百姓；桀纣时的百姓，不是生来就要作乱的。所以治理还是动乱都取决于君主。霸王之业的开始，就要以百姓为根本。百姓治理则国家巩固，百姓动乱则国家危亡。所以，君主英明则臣下敬服，政事平易则人心安定，战士训练好则战争取胜，使用能臣则百事都能得到治理，亲近仁人则君主不危，任用贤相则诸侯就信服了。

【原典】

霸王之形，德义胜之[①]，智谋胜之，兵战胜之，地形胜之，动作胜之，故王之。夫善用国者，因其大国之重，以其势小之；因强国之权，以其势弱之；因重国之形[②]，以其势轻之[③]。强国众，合强以攻弱，以图霸。强国少，合小以攻大，以图王。强国众，而言王势者，愚人之智也；强国少，而施霸道者，败事之谋也。夫神圣，视天下之形，知动静之时；视先后之称，知祸福之门。强国众，先举者危，后举者利；强国少，先举者王，后举者亡。战国众，后举可以霸；战国少，先举可以王。

【注释】

①德义胜之：指在德义方面处于优胜。

②形：地位。

③势：形势。

【译文】

霸业和王业的形势是这样的，在实行德义方面处于优势，在运用智谋方

面处于优势，在兴兵作战方面处于优势，在利用地形方面处于优势，在行动时机方面处于优势，所以能统治天下。善于治国的君主，利用大国的力量，依势而缩小别国；利用强国的权威，依势而削弱别国；利用重国的地位，依势而压低别国。天下强国多，就联合强国来攻击弱国以实现霸业；天下强国少，就联合小国来攻击大国以实现王业。强国多，而谈论统一的王业，是愚人的想法；强国少，而行联合称霸的办法，是败坏事业的谋略。神圣的君主，观察天下的形势，了解动静时机；观察先后的事，了解祸福的门径。强国多，先举事者危险，后举事者得利；强国少，先举事者成王，后举事者失败。参战国多，后举事者可以称霸；参战国少，先举事者就可以称王。

【原典】

夫王者之心，方而不最①，列不让贤②，贤不齿第择众③，是贪大物也。是以王之形大也。夫先王之争天下也以方心，其立之也以整齐，其理之也以平易。立政出令用人道，施爵禄用地道，举大事用天道。是故先王之伐也，伐逆不伐顺，伐险不伐易，伐过不伐及。四封之内，以正使之；诸侯之会，以权致之。近而不服者，以地患之；远而不听者，以刑危之。一而伐之，武也；服而舍之，文也；文武具满，德也。

【注释】

①方：方正。最：极端。

②列：指排列位次。让：同“攘”，排斥。

③贤：指选贤。齿第：年龄地位。

【译文】

成就王业者的心，方正而不走极端。列爵不排斥贤人，选贤不只看年龄地位，这是贪图更大的利益。所以王业的形势是伟大的。先王在争夺天下的时候，坚持方正的原则；在建立天下的时候，实行整齐划一的号令；在治理天下的时候，则实行平和简易的政策。发布政令要符合民心，赏施爵禄要公平无私，兴举大事要顺应天时。因此，先王从事征伐，都是伐叛逆而不伐顺从，伐险恶而不伐平易，伐太过头的而不伐落后的。本国的百姓，通过政令来驾驭；国外会集诸侯，运用权威来召集。对就近而不服从的国家，用侵削土地使它担忧；对离远而不听命的国家，用强大形势威胁它使其危亡。背叛了就征伐它，这是武的方式；服从了就赦免它，这是文的方式。文武兼备，这才是德的表现。

【原典】

夫轻重强弱之形，诸侯合则强，孤则弱。骥之材，而百马伐之，骥必罢矣。强最一伐，而天下共之，国必弱矣。强国得之也以收小，其失之也以恃强。小国得之也以制节，其失之也以离强。夫国小大有谋，强弱有形。服近而强远，王国之形也；合小以攻大，敌国之形也；以负海攻负海[1]，中国之形也；折节事强以避罪，小国之形也。

【注释】

①负海：指蛮夷之地。

【译文】

关于国家地位轻重、力量强弱的形势大致是：各诸侯国联合起来则强大，孤立则衰弱。即使千里马的良材，用百匹马轮流与它竞逐，它也一定会疲惫；即使是冠绝一代的强国，天下各国都去攻打它，它也一定会弱下来。强国因容纳小国而得利，因自恃强大而失误；小国因折节事强而得利，因摆脱强国而失误。国家无论大小，都有自己的谋算；无论强弱，都有自己的形势。征服近国而威胁远国，是保持王业之国的形势；联合小国以攻击大国，是保持势均力敌国家的形势；以蛮夷之国攻伐蛮夷之国，是保持中原国家的形势；折节事奉强国以躲避大国的惩罚，是保持小国的形势。

【原典】

自古以至今，未尝有先能作难，违时易形，以立功名者；无有常先作难，违时易形，无不败者也。夫欲臣伐君，正四海者，不可以兵独攻而取也。必先定谋虑，便地形，利权称，亲与国，视时而动，王者之术也。夫先王之伐也，举之必义，用之必暴，相形而知可，量力而知攻，攻得而知时。是故先王之伐也，必先战而后攻，先攻而后取地。故善攻者料众以攻众，料食以攻食，料备以攻备。以众攻众，众存不攻；以食攻食，食存不攻；以备攻备，备存不攻。释实而攻虚，释坚而攻膬①，释难而攻易。

【注释】

①膬（cuì）：同“脆”字。

【译文】

从古到今，从没有首先发难，违背时机，变更形势，而能建立功业的；也没有经常首先发难，违背时机，变更形势，而不失败的。要想臣服诸侯、征服四海，不可只依靠举兵进攻而取胜，必须要首先定好规划，占据有利地形，权衡得失，密切与盟国的关系，然后再待机而动，这才是成就王业的策略。先王进行征伐，举兵必合于正义，用兵必定迅猛，观察形势而断定可否举兵，衡量兵力而断定能否进攻，考虑得失而断定行动时机。因此，先王从事征伐，必须先战斗而后进攻，先进攻而后取胜。所以善于进攻的将帅，都要算计好我军人数以针对敌军人数，算计好我军粮草以针对敌军粮草，算计好我军装备以针对敌军装备。以兵力对兵力，如敌军兵众有余，则不可以进攻；以粮食对粮食，如敌军存粮有余，则不可以进攻；以装备对装备，如敌军装备有余，则不可以进攻。应该避开实力而攻其空虚，避开坚固而攻其脆弱，避开难攻之地而攻其易被摧毁的地方。

【原典】

夫抟国不在敦古①，理世不在善攻②，霸王不在成曲③。夫举失而国危，刑过而权倒，谋易而祸反④，计得而强信⑤，功得而名从，权重而令行，固其数也。夫争强之国，必先争谋，争刑，争权。令人主一喜一怒者，谋也；令国一轻一重者，刑也；令兵一进一退者，权也。故精于谋，则人主之愿可得，而令可行也；精干刑，则大国之地可夺，强国之兵可圉也；精于权，则天下之兵可齐，诸侯之君可朝也。夫神圣视天下之刑，知世之所谋，知兵之所攻，知地之所归，知令之所加矣。夫兵攻所憎而利之，此邻国之所不亲也。权动所恶，而实寡归者强。擅破一国，强在后世者王。擅破一国，强在邻国者亡。

【注释】

①抟：同“专”，集中，统一。

②善攻：精通旧制。攻，古本作“故”。

③成曲：拘守礼法。

④谋易：指谋事轻率。

⑤信：同“伸”，伸展，发挥。

【译文】

统治国家不在于敦敬古道，治理当世不在于精通旧制，霸王之业不在于拘守礼法。举措失当国家就会危险，错过形势权力就会倾倒，谋事轻率灾祸就会临身，计划得宜强力就会发挥，功业成就名誉随之而来，权力加重则命令容易推行，这些本来就都是治国的规律。凡是争强的国家，必先竞争谋略，竞争形势，竞争权力。能使君主有喜有怒，在谋略；能使国家有轻有重，在形势；能使军队有进有退，在权力。所以，精于谋略则君主的愿望可以实现，号令可以推行；精于形势则大国的土地可以夺取，强国的军队可以抵御；精于权力则天下的战争可以制止，诸侯国的君主可以召见了。神圣的君主，都是根据天下的形势，掌握当世的谋算，掌握军队的攻向，掌握土地的归属，掌握政令所加的对象。凡是攻伐所憎之国而将利益独归自己的，邻国就不会亲近。以权势攻伐所恶之国而利益少归自己的，可以成为强国。专破一国，造成后世强盛的，可以成就王业。专破一国，造成邻国强盛的，那它的国家就要败亡了。

问

【题解】

问，就是询问、查问、调查的意思。执政治国首先需要调查研究，本篇是从建立国家法令，从推行霸王之术的角度出发，提出一个详细的施政调查问卷。本篇由设问构成，由65个问题组成，所问内容涉及民生、公共事务、社会保障、经济、政治、军事等各个方面，为执政治国提供了重要的参考依据。此外，文章末段还强调了效法地德、轻徭薄赋、管理市场、守护边关、明确法度等措施。全篇纲目具体，角度多变，设计细密，是了解古代社会的一份珍贵资料。

【原典】

凡立朝廷①，问有本纪②。爵授有德，则大臣兴义；禄予有功，则士轻死节③。上帅士以人之所戴，则上下和；授事以能，则人上功④。审刑当罪，则人不易讼；无乱社稷宗庙，则人有所宗⑤。毋遗老忘亲⑥，则大臣不怨；举知人急⑦，则众不乱。行此道也，国有常经，人知终始⑧，此霸王之术也。

【注释】

①立：同“莅”。

②问：即征询，掌握情况。本纪：根本原则。

③轻死节：把死看得很轻，勇于为国牺牲。

④上：通“尚”，崇尚，追求。

⑤宗：奉养祖宗。

⑥遗老忘亲：遗忘老臣或近臣。

⑦举：即尽，充分。急：困难。

⑧终始：事情的开头和结尾，指整个过程。

【译文】

凡主持朝廷政事，进行调查要遵守一定的原则。爵位授给有德的人，大臣们才会提倡行义；禄赏赐予有功的人，战士就不怕牺牲。君主任用兵士所爱戴的将领治兵，军中上下就团结和睦；按才能大小安排工作，民众就讲求功效。判处刑罚恰当其罪，民众就不轻易诉讼；社稷宗庙不被渎乱，民众就有所信奉。不遗忘老臣和宗亲，大臣就不会抱怨；充分了解民众的疾苦，民众就不会轻易诉讼。执行这些准则，国家便有常规常法，民众也知道行动的规范，这是实现霸王之业的方法。

【原典】

然后问事：事先大功①，政自小始②。问死事之孤③，其未有田宅者有乎？问少壮而未胜甲兵者几何人④？问死事之寡，其饩廪何如⑤？问国之有功大者，何官之吏也⑥？问州之大夫也，何里之士也？今吏亦何以明之矣⑦？问刑论有常以行⑧，不可改也，今其事之久留也何若⑨？问五官有制度，官都其有常断[10]。今事之稽也何待[11]？问独夫、寡妇、孤寡、疾病者几何人也？问国之弃人[12]，何族之子弟也？问乡之良家[13]，其所牧养者几何人矣[14]？问邑之贫人，债而食者几何家？问理园圃而食者几何家？人之开田而耕者几何家？士之身耕者几何家？问乡之贫人，何族之别也？问宗子之收昆弟者，以贫从昆弟者几何家？余子仕而有田邑[15]，今入者几何人？子弟以孝闻于乡里者几何人？余子父母存，不养而出离者几何人[16]？士之有田而不使者几何人[17]？吏恶何事？士之有田而不耕者几何人？身何事？君臣有位而未有田者几何人？外人之来从而未有田宅者几何家[18]？国子弟之游于外者几何人？贫士之受责于大夫者几何人[19]？官贱行书[20]，身士以家臣自代者几何人？官丞吏之无田饩而徒理事者几何人[21]？群臣有位事官大夫者几何人？外人来游在大夫之家者几何人？乡子弟力田为人率者几何人？国子弟之无上事，衣食不节，率子弟不田弋猎者几何人？男女不整齐，乱乡子弟者有乎？问人之贷粟米有别券者几何家[22]？

【注释】

①事先大功：调查情况先从大事入手。

②政自小始：治理起来先从小事做起。

③死事：为王事而死难的人。

④胜：赋役，承担。

⑤饩（xì）廪：指国家供应的粮食。

⑥官：指五官，本书指大行、大司田、大司马、大司理、大谏，与后文“五官有度制”的“五官”同。

⑦明：显明，奖赏。

⑧刑论：按罪判决。以行：按照执行。

⑨久留：拖延不决。

⑩官都：统领五官的人。

⑪稽：拖延。

⑫弃人：有重罪而遭流放的人。

⑬良家：善于挣钱的富人之家。

⑭其所牧养者：富人家所奴役和收养的人。

⑮余子：与“昆弟”略同，嫡长子以外的子弟。

⑯出离：出走依附别家。

⑰不使：指不任事为官，没有受任用。

⑱外人：指其他诸侯国的人。

⑲责：同“债”。

⑳官：收养之义。官贱，即收养贱者。书，当为“贾”。

㉑丞吏：指低级官吏。

㉒别券：指贷放粮食于人所握有的契券。

【译文】

然后就调查各项事务，调查应先从大事开始，治理则要由小处入手。调查死于国事者的遗孤，有没有未得到田宅的？调查青壮年中未服兵役的有多少？调查死于国事者的遗寡，应领的口粮领到了没有？调查国内建立大功的人们，都是哪些部门的官吏？调查各州的大夫，都是什么地方的人？现任官吏是凭什么条件提拔的？调查判案有常法可循，不能改变，现在案件却长期积压，为什么？调查五官各有制度，其长官断事有常法，现在却拖延事情不办，还等待什么？调查鳏夫、寡妇、孤儿、病人各有多少？调查国中因犯罪而被放逐的，都是哪个家族的子弟？调查乡中富户所奴役和收养的人有多少？调查邑内穷人，依靠借债度日的有多少家？调查依靠经营园圃为生的有多少家？民众中开荒种田的有多少家？士人亲自耕田的多少家？调查乡中的贫人，都是哪个家族的？调查嫡长子收养兄弟者，或因贫而寄食于兄弟之家者，各多少？其他子弟做官而有封地后，现今仍在缴税的，有多少人？以孝行闻名于乡里的子弟，有多少人？父母健在，但无力赡养父母而出赘为婿的非嫡长的子弟，有多少人？有田禄而不任事为官的士人，有多少人？官吏厌恶什么事情？有田产而不耕作的士人，有多少人？他们从事什么工作？群臣之中，有爵位而无田禄的，有多少人？从其他诸侯国前来投奔而尚无田宅的人，有多少家？本国子弟出游别国的，有多少人？向大夫借债的贫困人士，有多少人？收养贱者经商，自身出外，职务由家臣代理的，有多少人？低级官吏之中，没有田禄而白白干事的，多少人？群臣之中，有其职位且在大夫家做事的，有多少人？外人来游本国，住在官大夫家里的，有多少人？乡中子弟，力田耕作可以为人表率的，有多少人？城市子弟中，身无常业，衣食奢侈，带着青年弃农打猎取乐的，有多少人？男女不守规矩，影响乡中子弟胡作非为的，有没有？调查贷出粮食，握有借券的，有多少家？

戒

【题解】

戒，即进言以告诫。本篇记述了管子等对桓公的多次劝诫之语言，故名。全篇共分为四节：第一节记述桓公出游前，管子进行谏止，教桓公保养心性、进修德行；第二节记述桓公游猎中管子劝谏他要使民以时、薄赋敛、宽刑法、近有德而远有色；第三节记述桓公外舍时中妇诸子劝诫他要处理好各诸侯国的关系；第四节记述管子临终嘱托、托人于桓公，然而桓公并无照办，最终落了个可悲下场的史实。

【原典】

桓公将东游，问于管仲曰："我游犹轴转斛[①]，南至琅邪。司马曰：'亦先王之游已。'何谓也？"管仲对曰："先王之游也，春出，原农事之不本者，谓之游。秋出，补人之不足者，谓之夕。夫师行而粮食其民者[②]，谓之亡。从乐而不反者[③]，谓之荒。先王有游夕之业于人，无亡荒之行于身。"桓公退，再拜命曰："宝法也。"管仲复于桓公曰："无翼而飞者，声也；无根而固者，情也；无方而富者，生也。公亦固情谨声[④]，以严尊生。此谓道之荣。"桓公退，再拜："请若此言。"管仲复于桓公曰："任之重者莫如身，涂之畏者莫如口，期而远者莫如年。以重任行畏，涂至远期，唯君子乃能矣。"桓公退，再

拜之曰："夫子数以此言者教寡人。"管仲对曰："滋味动静[⑤]，生之养也。好恶喜怒哀乐，生之变也。聪明当物，生之德也。是故圣人齐滋味而时动静，御正六气之变。禁止声色之淫。邪行亡乎体，违言不存口。静无定生，圣也。仁从中出，义从外作。仁故不以天下为利，义故不以天下为名。仁故不代王，义故七十而致政。是故圣人上德而下功，尊道而贱物。道德当身故不以物惑。是故，身在草茅之中，而无慑意，南面听天下，而无骄色。如此，而后可以为天下王。所以谓德者。不动而疾，不相告而知，不为而成，不召而至，是德也。故天不动，四时云下，而万物化；君不动，政令陈下，而万功成；心不动，使四肢耳目，而万物情[⑥]。寡交多亲，谓之知人。寡事成功，谓之知用。闻一言以贯万物，谓之知道。多言而不当，不如其寡也。博学而不自反，必有邪。孝弟者[⑦]，仁之祖也。忠信者，交之庆也。内不考孝弟，外不正忠信，泽其四经而诵学者，是亡其身者也。"

【注释】

①犹轴转斛：指到芝罘观海潮。

②师行：人马出行。粮食其民：耗费百姓粮食。

③从：同"纵"。反：同"返"。

④固情谨声：巩固感情，谨慎言语。

⑤滋味动静：指饮食作息。

⑥万物情：万事万物都感知其意图。

⑦孝弟：孝悌。

【译文】

桓公准备东游，问管仲说："我这次出游打算到东到芝罘观海潮，南至琅邪。司马却说：'也要像先王出游一样。'这是什么意思呢？"管仲回答说："先王的出游，春天外出，是为了调查农事上经营有困难的，叫作'游'；秋天外出，是为了补助居民中生活有不足的，叫作'夕'。那种人马出行，前呼后拥，耗费百姓粮食的，则叫作'亡'；尽情游乐而不肯回来的，则叫作'荒'。先王对百姓，常有'游''夕'的功德，自己却从没有'荒''亡'的行为。"桓公退后，拜谢说："这是宝贵的经验啊。"管仲又对桓公说："没

有羽翼而能飞的是声音，没有根底而能巩固的是感情，没有地位而能尊贵的是心性。您也应巩固感情，谨慎言语，严格地尊养心性。这就叫作道的荣耀。”桓公退而表示感谢说：“愿意按照你的话去做。”管仲又对桓公说：“负担再重也比不上身体，路途再险也比不上口舌，时间再长也比不上年代。负担重任，行走险路，长期坚持，唯君子才能做到。”桓公退后再拜说：“请夫子快把这方面的道理教给我。”管仲回答说：“饮食作息，是心性的保养；好恶、喜怒、哀乐，是心性的变化；明理尊礼，是心性的德能。因此，圣人总是调节饮食而安排作息，控制六气的变化，禁止声色的侵蚀，身上没有邪僻的行为，口中没有背理的言论，静静地安定着心性，这就是圣人。仁是从心里发出的，义是从外表表现出的。做到仁所以不利用天下谋私利；做到义所以不利用天下猎私名。做到仁所以以道辅佐君主而不取代为王；做到义所以年过七十摆弄还政于君。因此，圣人总是以德为上而功业在下，以道为尊，

而以物利为贱。道德在身，所以不被物利所诱惑。因此，即使身在茅舍之中，也毫无惧色；坐南面而治理天下，也没有骄傲的神色。做到这样才可以称王天下。所以叫作有道德，就是不必发动，百姓也知道有所努力；不用言语，百姓也能够理解；无所作为，事情也能够成功；无所召唤，百姓也能够聚集。这就是道德的力量。所以，天不用动，经过四时的运行，下面就万物化育；君主不用动，经过政令的发布，下面就万事成功；心性不用动，经过四肢耳目发挥作用，万事万物都感知其意图。交游少而亲附者多的，叫作知人。办事少而成效好的，叫作会办事。听到一句话就能够贯通万物的，叫作懂规律。说话多而不得当，不如少说；学问多而不会反省，一定产生邪恶。孝悌是仁爱的根本，忠信是交友的凭借。内心不用孝悌来反省，外行不用忠信来自正，舍弃这四项原则而空谈学问，是会自亡其身的。"

【原典】

桓公明日弋在廪[①]，管仲、隰朋朝，公望二子，弛弓脱釬[②]而迎之曰："今夫鸿鹄春北而秋南，而不失其时，夫唯有羽翼以通其意于天下乎？今孤之不得意于天下，非皆二子之忧也。"桓公再言，二子不对，桓公曰："孤既言矣，二子何不对乎？"管仲对曰："今夫人患劳，而上使不时，人患饥，而上重敛焉。人患死，而上急刑焉，如此，而又近有色，而远有德。虽鸿鹄之有翼，济大水之有舟楫也，其将若君何？"桓公蹙然逡遁[③]。管仲曰："昔先王之理人也，盖人患劳，而上使之以时，则人不患劳也。人患饥，而上薄敛焉，则人不患饥矣。人患死，而上宽刑焉，则人不患死矣。如此，而近有德而远有色，则四封之内，视君其犹父母邪，四方之外，归君其犹流水乎。公辍射援绥而乘，自御，管仲为左，隰朋参乘，朔月三日，进二子于里官。再拜顿首曰："孤之闻二子之言也，耳加聪而视加明，于孤不敢独听之，荐之先祖。"管仲、隰朋再拜顿首曰："如君之王也，此非臣之言也，君之教也。"于是管仲与桓公盟誓为令曰："老弱勿刑。参宥而后弊，关箭而不正市正而不布。山林梁泽，以时禁发，而不正也。"草封泽盐者之归之也譬若市人。三年教人，四年选贤以为长，五年始兴车践乘，遂南伐楚，门傅施城。北伐山戎，出冬葱与戎叔，布之天下，果三匡天子而九合诸侯④。

【注释】

①弋：打猎。

②弛弓脱釬（hàn）：收回弓箭，脱下臂铠。

③蹵然：恭敬的样子。逡遁：迟疑徘徊。

④三匡：三次辅佐天子。

【译文】

第二天，桓公在粮仓附近射猎，管仲、隰朋同来朝见。桓公看到两人后，收弓脱铠而迎上前去说："你们看那些鸿鹄，春天北飞秋天南去而不误时令，还不是因为两只翅膀的帮助才能在天下自由飞翔的吗？现在我不得意于天下，不就是因为你们两位不能成为我的双翼而忧虑吗？"桓公又说了一遍，两人都没有回答。桓公说："我既说了我的意思，两位为什么不回答呢？"管仲回答说："现在百姓忧虑劳苦，而国君却不断地使役他们；百姓忧虑饥饿，而国君却加重他们的赋税；百姓忧虑死亡，而国君却加紧用刑。不但这样，君主还亲近女色，疏远有德之士，即使像鸿鹄一样有双翼，过河有舟楫，对君主又能有什么作用呢？"桓公谦恭地听着，低头徘徊。管仲说："从前先王治理天下，看百姓忧虑劳苦，国君就限定时间使役，百姓就不忧虑劳苦了；见百姓忧虑饥饿，国君就轻收赋税，百姓就不忧虑饥饿了；见百姓忧虑死，国君就宽缓用刑，百姓就不忧虑死了。做到这些，再加上亲近有德行的人而疏远女色，因而四境之内的百姓对待君主就像父母一样；四境之外的百姓归附君主就像流水一般啊！"桓公立刻终止打猎，拉着车绳上车了。他亲自驾车，请管仲坐在左边，隰朋在右边陪乘。他回宫斋戒三天以后，将两人接进供奉祖先的庙堂里，顿首拜谢说："我听了两位的话，觉得耳更加聪，目更加明了，我不敢自己独听这些话，要同时推荐给先祖也听到。"管仲、隰朋顿首拜谢说："有像您这样的国君，将来一定成就王业。这些话您接受了，就是您的教导了。"于是，管仲与桓公宣誓并下令说："年老体弱的不处刑，犯罪者经过三次宽赦以后再治罪。关卡只稽查而不征税，市场只设官而不收钱，山林水泽按时封禁和开放也不征收赋税。"令下之后，垦草而封、就泽而盐的百姓都来

归附，就像集市一样。桓公用三年教化百姓，四年选拔贤能以配备官吏，五年开始出动兵车。于是南伐楚国，靠近方城。又北伐山戎，取得了冬葱与胡豆等物，播于天下。终于成就了三次辅佐天子而九次召集诸侯的霸业。

【原典】

桓公外舍，而不鼎馈[①]。中妇诸子谓宫人："盍不出从乎[②]？君将有行。"宫人皆出从。公怒曰："庸谓我有行者？"宫人曰："贱妾闻之中妇诸子。"公召中妇诸子曰："女焉闻吾有行也[③]？"对曰："妾人闻之，君外舍而不鼎馈，非有内忧，必有外患。今君外舍而不鼎馈，君非有内忧也，妾是以知君之将有行也。"公曰："善！此非吾所与女及也。而言乃至焉，吾是以语女。吾欲致诸侯而不至，为之奈何？"中妇诸子曰："自妾之身之不为人持接也，未尝得人之布织也。意者更容不审耶[④]？"明日，管仲朝，公告之，管仲曰："此圣人之言也，君必行也。"

【注释】

①鼎馈：列鼎进食。

②中妇诸子：宫中内官的称号。

③女：同"汝"。

④更容不审耶：谓还能不明白吗？

【译文】

桓公曾在外面留宿而没有列鼎进食，内官中妇诸子对宫女们说："你们还不出来侍从吗？君王将要出行了。"宫女们都纷纷出来侍从桓公。桓公发怒说："谁说我要外出的？"宫女们说："我们是听中妇诸子说的。"桓公把中妇诸子召来问道："你怎么知道我要外出呢？"中妇诸子回答说："我听说，您凡留宿外舍而不列鼎进食，不是有内忧，就是有外患。现在您留宿外舍而不列鼎进食，既然没有什么内忧，所以我知道您一定将要外出解除外患了。"桓公说："好，这本来不是我要同你商量的事，但你的话既然已经说到这里了，我就告诉你吧。我打算召集各国诸侯，而他们却不来，该怎么办呢？"中妇诸子回答说："自从我不去做服侍别人的事，别人也就不会给我送布帛。照这个道理推想起来，还能不明白吗？”第二天管仲上朝，桓公把这件事告诉了他。管仲说：“这真是圣人的话啊，您一定要照着办。”

【原典】

管仲寝疾，桓公往问之曰：“仲父之疾甚矣，若不可讳也不幸而不起此疾，彼政我将安移之？”管仲未对。桓公曰：“鲍叔之为人何如？”管子对曰：“鲍叔君子也，千乘之国，不以其道，予之，不受也。虽然，不可以为政，其为人也，好善而恶恶已甚，见一恶终身不忘。”桓公曰：“然则庸可？”管仲对曰：“隰朋可，朋之为人，好上识而下问，臣闻之，以德予人者，谓之仁；以财予人者，谓之良；以善胜人者，未有能服人者也。以善养人者，未有不服人者也。于国有所不知政，于家有所不知事，则必朋乎。且朋之为人也，居其家不忘公门，居公门不忘其家，事君不二其心，亦不忘其身，举齐国之币。握路家五十室[①]，其人不知也，大仁也哉，其朋乎！”公又问曰：“不幸而失仲父也，二三大夫者，其犹能以国宁乎？”管仲对曰：“君请矍已乎，鲍叔牙之为人也好直，宾胥无之为人也好善，宁戚之为人也能事，孙在之为人也善言。”公曰：“此四子者，其庸能一人之上也？寡人并而臣之，则其不以国宁，何也。”对曰：“鲍叔之为人也好直，而不能以国诎[②]，宾胥无之为人也好善，而不能以国诎。宁戚之为人也能事，而不能以足息。孙在之为人也善言，而不能以信默。臣闻之，消息盈虚[③]，与百姓诎信[④]，然后能以国宁，勿已者[⑤]，朋其可乎！朋之为人也，动必量力，举必量技。”言终，喟然而叹曰：“天之生朋，以为夷吾舌也，其身死，舌焉得生哉？”管仲曰：“夫江黄之国近于楚，为臣死乎，君必归之楚而寄之。君不归，楚必私之，私之而不救也，则不可，救之，则乱自此始矣。”桓公曰：“诺。”管仲又言曰：“东郭有狗啀啀[⑥]，旦暮欲啮我，猳而不使也，今夫易牙，子之不能爱，将安能爱君？君必去之。”公曰：“诺。”管子又言曰：“北郭有狗啀啀，旦暮欲啮我，猳而不使也，今夫竖刁，其身之不爱，焉能爱君，君必去之。”公曰：“诺。”管子又言曰：“西郭有狗啀啀，旦暮欲啮我，猳而不使也，今夫卫公子开方，去其千乘之太子，而臣事君，是所愿也得于君者，将欲过其千乘也，君必去之。”桓公曰：

"诺。"管子遂卒。卒十月，隰朋亦卒。桓公去易牙竖刁卫公子开方。五味不至，于是乎复反易牙。宫中乱，复反竖刁。利言卑辞不在侧，复反卫公子开方。桓公内不量力，外不量交，而力伐四邻。公薨，六子皆求立，易牙与卫公子，内与竖刁，因共杀群吏而立公子无亏，故公死七日不敛，九月不葬，孝公奔宋，宋襄公率诸侯以伐齐，战于甗[7]，大败齐师，杀公子无亏，立孝公而还。襄公立十三年，桓公立四十二年。

【注释】

①握路家：指贫困之家。握：通"渥"。

②诎：同"屈"。

③消息：即消长。

④诎信：同"屈伸"。

⑤勿已：没有终结。

⑥啀啀：狗欲咬人时发出的声音。

⑦甗（yǎn）：古地名，在今山东省济南市附近。

【译文】

管仲卧病不起，桓公前去慰问，说："仲父的病很重了，这是无须讳言的。您不幸而此病不愈，国家的政事我将转托给谁呢?”管仲没有回答。桓公说:“鲍叔的为人怎么样?”管仲回答说:“鲍叔是个君子。即使是千辆兵车的大国,不按照他做人的准则送给他,他都不会接受的。虽然这样,但他不可托以国家大政。因为他为人好善,但憎恶恶人太过分,见到一件坏事就终身不忘。”桓公说:“那么谁可以执政呢?”管仲回答说:“隰朋可以。隰朋的为人,有远大眼光而又虚心下问。我听说,给人恩德叫作仁,给人财物叫作良。用做好事来压服人,不能使人心服;用做好事来感化人,人们没有不心服的。治国有些政务不一定要管,治家有些家事不一定要问,这只有隰朋才能做到吧。而且,隰朋的为人,在家不忘公事,在公也不忘私事;侍奉君主没有二心,也不忘自身利益。他曾用齐国的钱,救济过路难民五十多户,而受惠者不知道他是谁。能做到这样的大仁德的,只有隰朋啊!”桓公又问道:“假如我不幸而失去仲父,齐国的各位大夫还能使国家安宁吗?”管仲回答说:“请您自己衡量一下吧!鲍叔牙为人刚直,宾胥无为人善良,宁戚为人能干,曹孙宿为人能说。”桓公说:“这四位大夫,他们都是上等人才。现在我全都使用,还不能使国家安宁,那是什么缘故呢?”管仲回答说:“鲍叔牙为人刚直,但有时不能受屈;宾胥无为人善良,但有时不能受屈;宁戚为人能干,但有时不能受屈;曹孙宿为人能说,但有时不能受屈。我听说,按照消长盈亏的规律,与百姓共屈伸,然后能使国家安宁长久的,还要数到隰朋吧!隰朋为人,行动一定估计力量,举事一定考虑能力。”管仲讲完话,深叹一口气说:“上天生下隰朋,本是作为我的喉舌的,现在我将死了,喉舌还能活着吗?”管仲又说:“江、黄两个国家,离楚很近,如我死了,您一定要把它们归还给楚国。您如不归还,楚国一定会吞并。楚国吞并而齐国不救,那不对;要去救,祸乱就从此开始了。”桓公说:“好。”管仲又说道:“东城有一只狗,动唇露齿,一天到晚准备咬人,我用木枷枷住而没有使它得逞。现在的易牙,自己的儿子都不爱,怎么能爱君?您一定要除去他。”桓公说:“好。”管仲又说道:“北城有一只狗,动唇露齿,一天到晚准备咬人,我用木枷枷住而没有使它得逞。现在的竖刁,自己的身体都不爱,怎能爱君主呢?您一定要除去他。”桓公说:“好。”管仲又说道:“西城有一只狗,动唇露齿,一天到晚准备咬人,我用木枷枷住而没

有使它得逞。现在的卫公子开方，丢弃他千乘之国的太子地位来臣事于您。是因为他想从您身上得到的，将远超过一个千乘的国家。您一定要除去他。”桓公说：“好。”管仲死了。死后十月，隰朋也死了。桓公将易牙、竖刁和卫公子开方赶出朝廷。不久，由于吃东西五味不佳，于是召回了易牙；由于宫中混乱，又召回竖刁；由于没有甜言蜜语在身边，又召回卫公子开方。桓公对内不估量国力，对外不考虑外交，而拼命征伐四邻。桓公死后，六个儿子都求立为君。易牙和卫公子开方勾结竖刁，杀戮百官，拥立公子无亏为君主。所以，桓公死后六十七天才入殓，九个月后才安葬。齐孝公跑到宋国，宋襄公率诸侯伐齐，战于甗地，大败齐军，杀掉公子无亏，拥立齐孝公回国主政。齐襄公共立十三年，齐桓公立四十二年。

参患

【题解】

参患，即参透祸患产生的原因以求避免。本篇基本上也是一篇军事论文，讨论君主如何才能够避免杀身之祸。本篇分为四节：第一节论人主“猛毅则伐，懦弱则杀”，所论与《法法》篇末略同，而与本篇后文无关联；第二节论述军队“外以诛暴，内以禁邪”的重要作用；第三节论述军事先精心筹划的重要性；第四节论述考评用兵的主要内容是兵器、士兵、将领和君主四个方面的状况。

【原典】

凡人主者，猛毅则伐[①]，懦弱则杀[②]。猛毅者何也？轻诛杀人之谓猛毅[③]。懦弱者何也？重诛杀人之谓懦弱。此皆有失彼此。凡轻诛者杀不辜，而重诛者失有辜[④]。故上杀不辜，则道正者不安；上失有罪，则行邪者不变。道正者不安，则才能之人去亡；行邪者不变，则群臣朋党。才能之人去亡，则宜有外难；群臣朋党，则宜有内乱。故曰，猛毅者伐，懦弱者杀也。

【注释】

①伐：被杀伐。

②杀：遭杀害。

③轻：轻易，随便。

④辠：同“罪”。

【译文】

大凡君主为人猛毅的就为人所伐，为人懦弱的就被人所杀。什么叫作猛毅呢？杀人不以为意的，叫作猛毅。什么是懦弱呢？不忍杀人的，叫作懦弱。这二者各有所失。凡不以杀人为意的，会伤害无辜的人；凡不忍杀人的，会姑息真正的罪犯。国君杀害无罪的人，正人君子就心怀不安；姑息真正的罪犯，干坏事的就不肯改正。正人君子不安心，有才能的人就会外流；做坏事的人不改正，群臣就会结党营私。人才外流，势必带来外患；群臣结党，势必带来内乱。所以说，君主猛毅就会为人所伐，君主懦弱将被人所杀。

【原典】

君之所以卑尊，国之所以安危者，莫要于兵。故诛暴国必以兵，禁辟民必以刑[①]。然则兵者外以诛暴，内以禁邪。故兵者尊主安国之经也，不可废也。若夫世主则不然。外不以兵，而欲诛暴，则地必亏矣；内不以刑，而欲禁邪，则国必乱矣。故凡用兵之计，三惊当一至[②]，三至当一军[③]，三军当一战。故一期之师，十年之蓄积殚[④]；一战之费，累代之功尽。今交刃接兵而后利之，则战之自胜者也。攻城围邑，主人易子而食之，析骸而爨之[⑤]，则攻之自拔者也。是以圣人小征而大匡[⑥]，不失天时，不空地利，用日维梦，其数不出于计。故计必先定而兵出于竟。计未定而兵出于竟，则战之自败，攻之自毁者也。

【注释】

①辟民：指坏人。辟：同“僻”。

②惊：同“警”，戒备。

③军：指围击。

④积殚：积蓄耗尽。

⑤析骸：拆散尸骨。爨（cuàn）：烧火。

⑥匡：畏惧，警惕。

【译文】

决定君主尊卑、国家安危的因素中，没有比军队更重要的了。征伐残暴的国家必用军队；镇压坏人必用刑罚。所以军队对外用于征伐残暴之国，对内用于震慑坏人。因此，军队是尊君安国的根本，不可废置。如今君主则不是这样，对外不用军队而想征伐暴国，结果必然要丧失国土；对内不用刑杀而想镇压坏人，国家就必然混乱。所以计算用兵的消耗，三次警备等于一次敌军来袭，三次来犯等于一次围敌，三次围敌等于一次交战。所以，军队一年的军费，要准备消耗十年的积蓄；一场战争的费用，要准备用光几代的积累。如今如果等到两国交兵以后，才创造有利于备战的条件，那样的作战一定失败。如果等到攻城围邑以后，才知道守城者易子而食，烧骨为炊的顽强抵抗，那样的进攻一定会失败。所以圣人总是对小的征战有高度警惕，争取不失天时，不失地利，白天作战夜间就计划好，其各项措施都在计划之内，所以，计划必须要筹划得当之后再兴兵出境，没有筹划好而兴兵出境，那是战起来自己就失败，攻起来自己就毁灭的。

【原典】

得众而不得其心，则与独行者同实；兵不完利，与无操者同实[①]；甲不坚密，与俴者同实[②]。弩不可以及远，与短兵同实；射而不能中，与无矢者同实；中而不能入，与无镞者同实；将徒人，与残者同实；短兵待远矢，与坐而待死者同实。故凡兵有大论[③]，必先论其器、论其士、论其将、论其主，故曰，器滥恶不利者，以其士予人也；士不可用者，以其将予人也；将不知兵者，以其主予人也；主不积务于兵者，以其国予人也。故一器成，往夫具，而天下无战心；二器成，惊夫具，而天下无守城；三器成，游夫具，而天下无聚众。所谓无战心者，知战必不胜，故曰无战心；所谓无守城者，知城必拔，故曰无守城；所谓无聚众者，知众必散，故曰无聚众。

【注释】

①无操：比喻徒手。

②僟（jiàn）者：指不穿铠甲的人。

③论：即评定，考评。

【译文】

拥有众多军队而不得军心，那就和单人行动一样；兵器既不齐全又不锋利，那就和没有兵器一样；盔甲既不坚固又不严密，那就和没有穿盔甲一样；弓弯射不远，那就和短兵器一样；射箭而不能射中，那就和没有射箭一样；箭射中而不穿透铠甲，那就和没有箭头一样；率领未经训练的人作战，那就和自我残杀一样；用短兵器抵御远射的弓箭，那就和坐以待毙一样。所以，凡是用兵，都有很多要考虑的地方，首先必须考虑的是兵器，还要考虑士兵、考虑将领、考虑君主。所以说，武器粗恶不良，等于把士兵奉送给敌人；士兵不可用，等于把主将送给敌人；主将不懂用兵，等于把君主送给敌人；君主不能坚持不懈地重视军事，就等于把国家送给别人。所以有一种最精良的兵器，再有敢于出征的战士，则天下无人敢攻打；有两种最精良的武器，再有智勇惊人的战士，则天下无城不破；有三种最精良的武器，再拥有游说的谋士，则天下都不敢聚集兵众迎战了。所谓无人敢打，就是因为知道了战争一定无法取胜，所以不敢有战心；所谓无城不破，是因为守城人知道了城堡一定会被攻破，所以

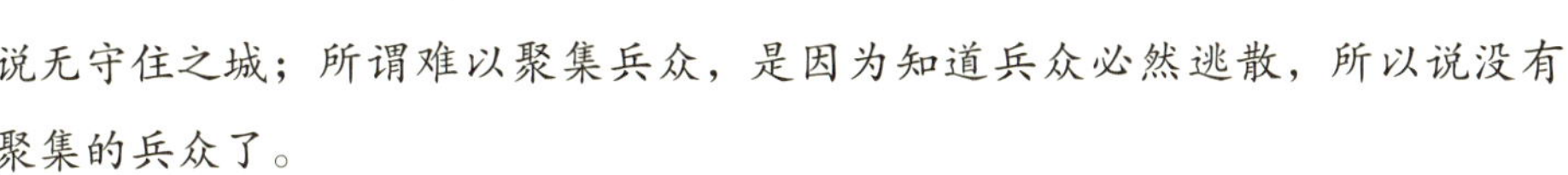

说无守住之城；所谓难以聚集兵众，是因为知道兵众必然逃散，所以说没有聚集的兵众了。

制分

【题解】

制分，即控制天下的分寸和方法。本篇论述的是关于治国用兵的一些原则，共分三节。第一节论述用兵的先决条件是修行善政。第二节论述善用兵要重视情报，要坚持“舍坚攻瑕”的原则。第三节阐述治国、富国、强国、胜国、制天下的条件。

【原典】

凡兵之所以先争：圣人贤士，不为爱尊爵[1]；道术知能，不为爱官职；巧伎勇力[2]，不为爱重禄；聪耳明目[3]，不为爱金财。故伯夷、叔齐非于死之日而后有名也，其前行多修矣；武王非于甲子之朝而后胜也[4]，其前政多善矣。故小征，千里遍知之。筑堵之墙，十人之聚，日五间之[5]。大征，遍知天下。日一间之，散金财用聪明也。故善用兵者，无沟垒而有耳目。兵不呼儆[6]，不苟聚，不妄行，不强进。呼儆则敌人戒，苟聚则众不用，妄行则群卒困，强进则锐士挫。故凡用兵者，攻坚则轫[7]，乘瑕则神[8]。攻坚则瑕者坚，乘瑕则坚者瑕。故坚其坚者，瑕其瑕者。屠牛坦朝解九牛[9]，而刀可以莫铁，则刃游间也。故天道不行，屈不足从[10]；人事荒乱，以十破百；器备不行，以半击倍。故军争者不行于完城池，有道者不行于无君。故莫知其将至也，至而不可圉[11]；莫知其将去也，去而不可止。敌人虽众，不能止待[12]。治者所道富也[13]，治而未必富也，必知富之事，然后能富。富者所道强也，而富未必强也，必知强之数，然后能强。强者所道胜也，而强未必胜也，必知胜之理，然后能胜。胜者所道制也，而胜未必制也，必知制之分，然后能制。是故治国有器，富国有事，强国有数，胜国有理，制天下有分。

【注释】

①爱：吝啬，爱惜。

②巧伎：武艺高明。伎：通“技”，技艺。

③聪耳明目：指刺探情报的人。

④武王非于甲子之朝而后胜也

⑤间：间候、侦察之意。

⑥呼儆：高声呼警。儆：同“警”，警戒，警备。

⑦轫：阻碍车轮之物为轫，这里引申为阻止，挫折。

⑧瑕：瑕疵，这里引申为薄弱环节。

⑨屠牛坦：人名，善分解牛。

⑩屈：困穷。

⑪圉：同“御”，抵御，防御。

⑫止待：阻拦和防御。

⑬道：同“导”，导向。

【译文】

大凡用兵先要争取具备的条件是：对圣人贤士不要吝惜尊高的爵位；对有道术能力的人不要吝惜国家的官职；对有武艺勇力的人不要吝惜优厚的俸禄；对到敌方侦查的人员不要吝惜金钱和财货。伯夷、叔齐不是饿死以后才名扬天下的，而是生前就很注重修养德行；周武王不是在甲子那天取胜的，而是以前就多行善政。所以，小规模的征战就要了解千里地的情况。即使一墙之隔，只聚集有十个人，也要每天侦查五次。至于大规模的征战，那就要了解天下的情况了。每天频繁地侦查五次，要花钱收买情报。所以，善用兵者，即使没有沟垒工事，也要有从事侦察的耳目。兵士不能高声呼警，不能草率集合，不能徒劳行军，不能勉强进攻。高声呼警，敌人就知道警惕；草率集合出动，兵众就难以发挥效用；徒劳行军，则士卒困乏；勉强进攻，精兵就会受挫。所以，大凡用兵，攻坚则容易受挫，攻弱则收得神效。攻坚，

其薄弱环节也会变得坚固；攻弱，其坚固部分也会变得薄弱。所以要稳住其坚固环节，削弱其薄弱环节。屠牛坦一天割解九只牛而屠刀还能削铁，就是因为刀刃总是在空隙间活动的缘故。所以，在天道不顺的时候，即使敌人穷困，也不宜追逐；敌国人事荒乱，就可以以十破百；敌国兵器不备，就可以以一击二。所以，军事争夺不打坚固的城池，有道义的人不打无君的国家。要使敌方不知我方将要来到，我方到了就无法防御；要使敌方不知我方将要离去，我方走了敌方便不能阻止。如果这样，敌人再多也是不能阻拦和防御的。安定是国家富裕的条件，但国家安定未必就能富裕，还必须懂得致富的道理，然后才能富国。富裕是国家强大的条件，但富裕了未必就能使国家强大，还必须懂得强国的道理，然后才能强国。强大是胜利的条件，但强大未必就能取胜，还必须懂得制胜的道理，然后才能取胜。战胜是控制天下的条件，但战胜敌人未必就能控制别人，必须懂得控制天下的道理，然后才能控制天下。所以，治理国家要有军备，使国致富要有生产，使国强大要有措施，使国取胜要有道理，控制天下则要有纲领。

君臣（上）

【题解】

本篇题为“君臣”，中心内容是论述君道和臣道，即如何为君、如何为臣的法则。《君臣》分上、下两篇，上篇围绕“上下之分不同任”这一中心展开，认为君臣之间不应当互相干涉，而应分工治事，尽好自己的职责。文中主张，君主不应干预臣职，臣下不应侵夺君权，君主事必躬亲，反而不能照顾全局，造成不公。因此提出君依法而出令，有四奉命而行事，百姓顺上而成俗，以实现君明、相信、五官肃、士廉、农愚、商工愿的局面。文章还反复强调“道”的重要作用，要求君主掌握“道”以治国。本篇为选译。

【原典】

为人君者，修官上之道①，而不言其中②；为人臣者，比官中之事，而不言其外③。君道不明，则受令者疑；权度不一，则修义者惑。民有疑惑贰豫之心而上不能匡④，则百姓之与间⑤，犹揭表而令之止也⑥。是故能象其道于国家⑦，加之于百姓，而足以饰官化下者⑧，明君也。能上尽言于主，下致力于民，而足以修义从令者，忠臣也。上惠其道⑨，下敦其业，上下相希，若望参表⑩，则邪者可知也。

【注释】

①官上：处于百官之上，即领导和管理官吏。

②其中：指百官的具体职责。

③其外：指超越百官职务范围之外的事。

④贰豫：犹豫，有二心。

⑤与间：即与之产生隔阂。

⑥揭表：高标，崇尚。

⑦象：意即树立法度。

⑧饰：通“饬”，管理，治理。

⑨惠：顺从，实行。

⑩参表：树立参验曲直的标尺。

【译文】

做人君的，统属众官要讲究方法，而不要干预官员职责以内的事务；做人臣的，要处理职责以内的事，而不要干预职责以外的事。君道不明，接受命令的人就有疑虑；权责法度不划一，遵守道义的人就会感到

迷惑。如果民众心中有疑惑犹豫的心理，国君不能将其消除的话，那么百姓与国君之间就产生隔阂了，就像君主用高标某种事情的办法来阻止它一样不能奏效。所以，能为国家树立为君之道，并施行于百姓，而能够领导官员教化民众的，那就是明君。对上能对君主言无不尽，对下能为民众出力办事，因而能够奉公守法服从命令的，那就是忠臣。君上顺从君道，臣下谨守职责，上下相互呼应，就像观察测验日影的标杆一样，有谁不正，就可以明了了。

【原典】

吏啬夫任事，民啬夫任教。教在百姓，论在不挠①，赏在信诚②，体之以君臣，其诚也以守战。如此，则人啬夫之事究矣。吏啬夫尽有訾程事律③，论法辟、衡权、斗斛、文劾，不以私论，而以事为正。如此，则吏啬夫之事究矣。人啬夫成教、吏啬夫成律之后，则虽有敦悫忠信者不得善也，而戏豫怠傲者不得败也。如此，则人君之事究矣。是故为人君者因其业，乘其事，而稽之以度。有善者④，赏之以列爵之尊、田地之厚，而民不慕也。有过者，罚之以废亡之辱、僇死之刑，而民不疾也。杀生不违，而民莫遗其亲者，此唯上有明法，而下有常事也。

【注释】

①不挠：指不枉法。挠，枉曲。

②诚：通“成”，指成效，成就。

③訾（zī）程：计量的规章。事律：指办事的法律。

④善：同“缮”。

【译文】

“吏啬夫”担任督察职事，“民啬夫”担任教化百姓的职事。教化应当面向百姓，论罪应当不枉法徇私，行赏应当信诚，体现出君臣之道，做得好的足以防守征战。这样的话，民啬夫的职责就完成了。吏啬夫充分掌握着计量的规章和办事的法律，审议刑法、权衡、斗斛、文告与劾奏，都不以私意论断，而是据事实为准。这样的话，吏啬夫的职责就完成了。民啬夫完成教化和吏啬夫制成律令以后，那么纵使敦厚忠信的人也不许增补，玩忽怠惰的人更不许破坏。这样的话，君主的职责就完成了。所以，身为人君的要根据吏啬夫和民啬夫的职务和职责，按照法度来考核他们。表现好的，就用尊贵的爵位和丰厚的田产来奖赏，民众也不会对此有攀比羡慕的心理。有过失的，就用撤职的耻辱和诛死的重刑来处罚，民众也不敢有疾恨抱怨的情绪。生与杀都不违背法度，民众也就没有抛弃父母的。要做到这些，只有依靠君上有明确的法制、臣下有固定的职责才行。

【原典】

天有常象，地有常形，人有常礼，一设而不更，此谓三常。兼而一之，人君之道也；分而职之，人臣之事也。君失其道，无以有其国；臣失其事，无以有其位。然则上之畜下不妄，而下之事上不虚矣。上之畜下不妄①，则所出法制度者明也；下之事上不虚②，则循义从令者审也。上明下审，上下同德，代相序也③。君不失其威，下不旷其产，而莫相德也。是以上之人务德，而下之人守节④。义礼成形于上⑤，而善下通于民，则百姓上归亲于主，而下尽力于农矣。故曰：君明、相信、五官肃、士廉、农愚、商工愿、则上下体而外内别也，民性因而三族制也⑥。

【注释】

①畜：畜养。

②事：指侍奉君主。虚：不实在。

③代相序：更相为序，即形成良好风气。代：更替。

④节：指职责。

⑤成形：形成典范、典型。

⑥性：通“生”。因：因依，有所依靠。

【译文】

天有一定的气象，地有一定的形体，人有一定的礼制，一经设立就不更改，这是所谓的三常。统一规划全局，是君主的职责；分管各项职责的，是人臣的事。君主违背了君道，就不能够保有他的国家；人臣旷废了职责，就不能够保持他的官位。这样君上对待臣下能够真诚，臣下服务君上也就老实。

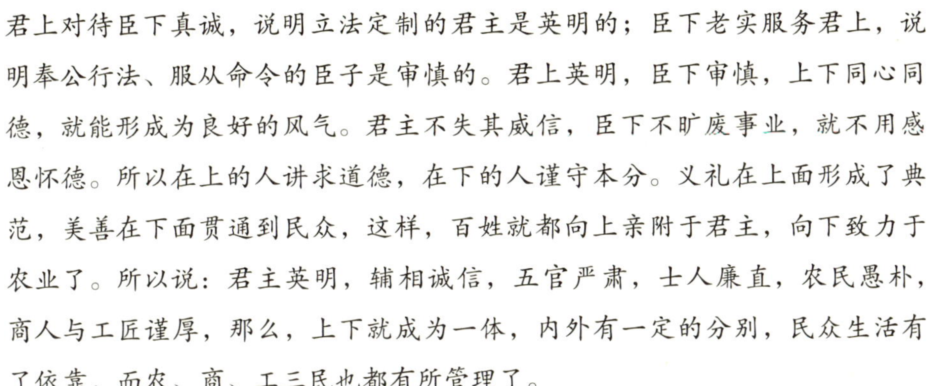
君上对待臣下真诚，说明立法定制的君主是英明的；臣下老实服务君上，说明奉公行法、服从命令的臣子是审慎的。君上英明，臣下审慎，上下同心同德，就能形成为良好的风气。君主不失其威信，臣下不旷废事业，就不用感恩怀德。所以在上的人讲求道德，在下的人谨守本分。义礼在上面形成了典范，美善在下面贯通到民众，这样，百姓就都向上亲附于君主，向下致力于农业了。所以说：君主英明，辅相诚信，五官严肃，士人廉直，农民愚朴，商人与工匠谨厚，那么，上下就成为一体，内外有一定的分别，民众生活有了依靠，而农、商、工三民也都有所管理了。

【原典】

夫为人君者，荫德于人者也；为人臣者，仰生于上者也。为人上者，量功而食之以足；为人臣者，受任而处之以教。布政有均，民足于产，则国家丰矣。以劳受禄①，则民不幸生；刑罚不颇，则下无怨心；名正分明，则民不惑于道。道也者，上之所以导民也。是故道德出于君，制令传于相，事业程于官②，百姓之力也，胥令而动者也③。是故君人也者，无贵如其言④；人臣也者，无爱如其力。言下力上，而臣主之道毕矣。是故主画之，相守之；相画之，官守之；官画之，民役之；则又有符节、印玺、典法、策籍以相揆也⑤。此明公道而灭奸伪之术也。

【注释】

①受：同“授”。

②程：呈上，上报。

③胥：等待。

④贵：指贵重。

⑤相揆：考验管理。

【译文】

身为人君，就是要用德泽来庇护臣下；作为人臣，就是要依赖君主生存。身为君主的，要考核功绩而给予足够的俸禄；作为人臣，接受任务要严肃认真地执行。行政注意保持公平，民众的产业能够自足，国家也就富裕了。按劳绩授予俸禄，民众就不会侥幸偷生；刑罚不出偏差，臣下就不会抱怨；名义严正，职责明确，民众对于治国之道就不会有疑惑了。所谓“道”，就是君主用来引导人民的方式。所以，道与德出自君主，法制和命令由辅相传布，各种事务由官吏裁定，百姓是等待命令而行动的。所以，身为君主，再没有比言语更贵重的了；作为人臣，再没有比才力更令人珍爱的了。君主的言语下达于臣民，臣民的才力上达于君主，君臣之道就算完备了。所以，君主出谋划策，宰相遵守执行；宰相出谋划策，官吏遵守执行；官吏出谋划策，民众就要去出力服役；然后又有符节、印玺、典章、法律、文书和册籍，加以考核管理。这都是用来辨明公道、消除奸伪的办法。

君臣（下）

【题解】

本篇是论述君道和臣道专篇的下篇，其中围绕君臣关系这一中心，广泛论述了一系列有关问题。文中从叙述君臣关系的形成过程入手，阐述了君主实行赏罚的原则和设相选贤的原则，分析了国家发生祸乱乃至灭亡的原因和君臣可能犯的错误，强调君主要加强自身德行的修养，树立典范，认真研究治国之道。同时文章还提出了防止近臣擅权、宫中内乱的一系列措施。本篇为选译。

【原典】

古者未有君臣上下之别，未有夫妇妃匹之合[①]，兽处群居，以力相征。于是智者诈愚，强者凌弱，老幼孤独不得其所。故智者假众力以禁强虐，而暴人止。为民兴利除害，正民之德，而民师之。是故道术德行，出于贤人。其从义理兆形于民心[②]，则民反道矣[③]。名物处，违是非之分，则赏罚行矣。上下设，民生体④，而国都立矣。是故国之所以为国者，民体以为国；君之所以为君者，赏罚以为君。

【注释】

①妃匹：配匹，配偶。

②兆：开始。

③反：同“返”。

④民生体：人民有了贵贱等级的体统。

【译文】

古时候没有君臣上下的分别，也没有夫妻配偶的婚姻，人们就像野兽一样共处而群居，凭借自己的力气互相争夺，于是智者诈骗愚者，强者欺凌弱者，老、幼、孤、独的没有安定的居住场所。因此，智者就依靠众人力量来控制强暴残虐，强暴残虐的人们就这样被制止了。由于替人民兴利除害，并规正人民的德行，人民便把智者当作自己的导师。所以道术和德行是从贤人那里产生的。道术和德行所遵从的义理开始在人民心中形成，人民就都返回正道了。辨别名物，分清是非，赏罚便开始实行。上下关系确立，人民有了贵贱等级的

体统，国家的都城也便建立起来。所以，国家之所以成为国家，是由于人民有贵贱等级的体统；君主之所以成为君主，是由于掌握了赏罚的根本。

【原典】

为人上者，制群臣百姓通，中央之人和，是以中央之人，臣主之参[①]。制令之布于民也，必由中央之人。中央之人，以缓为急，急可以取威，以急为缓，缓可以惠民。威惠迁于下，则为人上者危矣。贤不肖之知于上，必由中央之人。财力之贡于上，必由中央之人。能易贤不肖而可成党于下，有能以民之财力上啖其主[②]，而可以为劳于下。兼上下以环其私[③]，爵制而不可加，则为人上者危矣。先其君以善者，侵其赏而夺之惠者也。先其君以恶者，侵其刑而夺之威者也。讹言于外者，胁其君者也。郁令而不出者[④]，幽其君者也[⑤]。四者一作而上不知也，则国之危，可坐而待也。

【注释】

①参：参事，共议政事的人。

②啖：以利诱人。

③环：经营。

④郁：指堵塞。

⑤幽：封锁，紧闭。

【译文】

作为君主，统治群臣百姓，是通过左右大臣来实现的。所以左右大臣是群臣与君主之间的参政者。制度法令向民众颁布，必须经过左右的大臣。左右大臣把可以缓办的命令改为急办，就可以因为急办对民众猎取权威；又把应当急办的命令改为缓办，就可以因为缓办对民众表示恩惠。君主的权威与恩惠如果这样转移到左右大臣的手里，做君主的就危险了。君主要了解官吏的贤能或不肖，必定经过左右的大臣；各地方的民财、民力都贡献给君主，也必定经过左右的大臣。左右大臣能把贤能说成不肖，把不肖说成贤能，可以在下面结成私党，又能借用民财与民力去诱惑君主，在上面邀功请赏。他们在君主和臣民中间两头谋求私利，致使官爵和法令对他们都不起作用，这

样做君主的就危险了。先于君主实施奖赏，这是侵夺君主的行赏和施惠的权力。先于君主实施刑罚，这是侵夺君主的罚罪和施威的权力。在外面制造谣言，这是威胁君主。阻滞命令不公布，这是封锁君主。这四种情况一旦发生，而君主还不知道，那么国家的危险就可以坐等着到来了。

【原典】

明君在上，忠臣佐之，则齐民以政刑①，牵于衣食之利②，故愿而易使③，愚而易塞。君子食于道④，小人食于力，分也。威无势也无所立，事无为也无所生。若此，则国平而奸省矣。君子食于道，则义审而礼明。义审而礼明，则伦等不逾，虽有偏卒之大夫⑤，不敢有幸心，则上无危矣。齐民食于力则作本，作本者众，农以听命。是以明君立世，民之制于上，犹草木之制于时也。故民迂则流之，民流通则迂之。决之则行，塞之则止。虽有明君，能决之，又能塞之。决之则君子行于礼，塞之则小人笃于农。君子行于礼，则上尊而民顺。小民笃于农，则财厚而备足。上尊而民顺，财厚而备足，四者备体，顷时而王不难矣。

【注释】

①齐：使整齐，这里指治理。

②牵：牵系。

③愿：忠厚老实。

④食：靠……谋生。

⑤偏卒：军队。偏：兵车的编制单位，九乘为小偏，十五乘为大偏。卒：士兵的编制单位，百人为卒。

【译文】

明君在上位，忠臣的辅佐他，就可以用政策和刑罚来治理人民，使人民都关心衣食之利，这样，人民就会朴实而容易被驱使，愚昧而容易被控制。君子依靠治国之道来谋生，平民依靠出力劳动来谋生，他们职分不同。君子没有什么权势，就树立不起个人的威望；小人不努力劳作，就生产不出财富。按照职分去做，国家才会安定，坏人才会减少。君子依靠治国之道来谋生，义礼就可以完备明确。义礼完备明确，伦理的等级就没有人敢于超越，即使拥有兵车和士卒的大夫也不敢存在侥幸作乱的心理，这样君主就可以没有危险了。平民靠付出劳力而谋生，因而从事基本的农业生产，从事农业生产的人多了，就都听从命令。所以，明君建立政治，百姓受君主的控制，就像草木受天时的制约一样。所以百姓过分迂曲保守，就要使他们开通流动，百姓过分开通流动，就要使他们迂曲保守。对于百姓，开通就流动，堵塞就停止。只有明君是既能使他们开放又能使他们堵塞的。开通则能使君子遵守礼制，堵塞，则能使小民专心务农。君子遵守礼制就会君主尊严而百姓顺从；小民专心务农就会财物丰厚而贮备充足。君主尊严、百姓顺从、财富丰厚、储备充足，这四项全都齐备，在短时间内称王于天下就不困难了。

小称

【题解】

小称，按尹知章的注解，是“小举其过，则当权而改之”，故所谓“小称”，即指管仲稍举桓公的过错，目的在于敦促其改正。本篇分为两个部分，第一部分是论述君子的修身之道，强调“身不善之患，毋患人莫己知”，要求“有过反之于身，有善归之于民”，并倡导“恭逊敬爱之道”。第二部分是叙事，记述了管子临终嘱托桓公废黜易牙、竖刁等奸臣，桓公不听，最终不得善终。两个部分，一个道理，一个事实，二者又并非论点与论据的关系，似乎有拼凑痕迹。本篇为选译。

【原典】

管子曰：“身不善之患[1]，毋患人莫己知。丹青在山，民知而取之；美珠在渊，民知而取之。是以我有过为[2]，而民毋过命[3]。民之观也察矣，不可遁

逃以为不善。故我有善，则立誉我；我有过，则立毁我。当民之毁誉也，则莫归问于家矣，故先王畏民。操名从人，无不强也；操名去人，无不弱也。虽有天子诸侯，民皆操名而去之，则捐其地而走矣，故先王畏民。在于身者孰为利？气与目为利。圣人得利而托焉，故民重而名遂。我亦托焉，圣人托可好，我托可恶，以来美名，又可得乎？我托可恶，爱且不能为我能也。毛嫱、西施[4]，天下之美人也，盛怨气于面，不能以为可好。我且恶面而盛怨气焉，怨气见于面，恶言出于口，去恶充以求美名[5]，又可得乎？甚矣，百姓之恶人之有余忌也[6]，是以长者断之，短者续之，满者洫之，虚者实之。"

【注释】

①身不善之患：即忧患自身不完善。

②过为：即错误的行为，做错事。

③过命：错误的评价。命，即名，评价的意思。

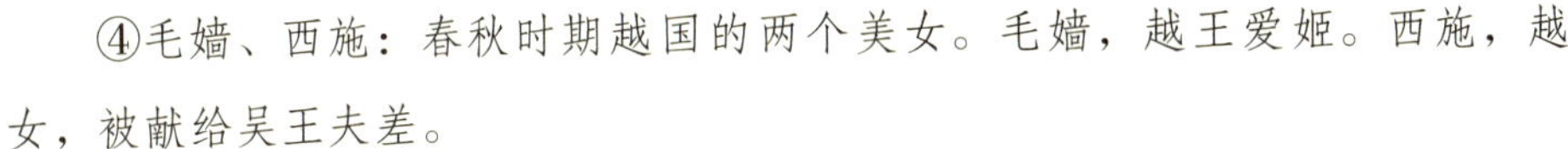

④毛嫱、西施：春秋时期越国的两个美女。毛嫱，越王爱姬。西施，越女，被献给吴王夫差。

⑤恶充：指丑恶的事实。充：即"实"。

⑥余忌：多余的猜忌。

【译文】

管子说："要忧患的是自身不善，不用担心别人不了解自己。丹青在深山，人们知道并把它取出来；美珠在深渊，人们也知道并把它取出来。所以，我自己可以有错误的行为，民众却不会有错误的评价。民众看问题是太清楚了，谁也不能瞒着他们而为非作歹。所以，我有优点，人们就表扬我，我有过错，人们就指责我。面对民众的指责与表扬，不需要再回家去询问是非，所以，先王总是敬畏民众。拥有好名声而且听从人民，没有不强大的；名声不好而且脱离民众，没有不衰弱的。即使是天子诸侯，如果民众都持其恶名而离去，也会失其领地而流亡了，所以先王是敬畏民众的。人身上什么最有利于人？耳目最有利于人。圣人得耳目之利而依靠它，所以能够得到民众的器重而名声远扬。我也要依靠它，但圣人以行善得耳目之利，我则以行恶为手段，而想求美名，怎么能行呢？我以行恶，即使爱我的人也不能帮我得到美名的。毛嫱、西施是天下有名的美人，但是如果脸上满载怨气，也不能算作美。我本身丑恶又满载怨气，怨气表现在脸上，恶言又出于口，以恶的实际而想获得美的名声，能办到么？百姓是非常憎恶有重大缺陷的人的。所以，过长的要截短，过短的要续长，过满的要疏泄，空了要加以充实。"

【原典】

管子曰："善罪身者，民不得罪也；不能罪身者，民罪之。故称身之过者，强也；洽身之节者，惠也[①]；不以不善归人者，仁也。故明王有过则反之于身，有善则归之于民。有过而反之身则身惧，有善而归之民则民喜。往喜民，来惧身[②]，此明王之所以治民也。今夫桀纣不然，有善则反之于身，有过则归之于民。归之于民则民怒，反之于身则身骄。往怒民，来骄身，此其所以失身也。故明王惧声以感耳，惧气以感目。以此二者有天下矣，可毋慎乎？匠人有以感斤欘[③]，故绳可得断也；羿有以感弓矢，故彀可得中也[④]；造父有以感辔策，故遬兽可及[⑤]，远道可致。天下者，无常乱，无常治。不善人在则乱，善人在则治，在于既善，所以感之也。"

【注释】

①惠：通“慧”，聪明。

②往喜民，来惧身：据上下文，“往”是指明王归善于民的行为，“来”是指过错降临。

③斤欘（zhú）：斧头。欘为斧柄。

④故彀（gòu）：张满弓弩。

⑤遬：同“速”。

【译文】

管子说：“善于责备自己的，百姓就不会责备他；不肯责备自己的，百姓才会责备他。所以，承认自身的过失是有力的表现；修养自身节操是明智的表现；不把不善之事归于人是仁爱的表现。所以，生命的君主有过失就归之于己，有善行就归之于民。有过归之己则自身戒惧，有善归之民则民众喜悦。一方面推善以取悦于民，另一方面反思过失以警戒自身，这是圣明君主治理民众的方式。至于梁、纣等暴君就不是这样，有善行就归之于己，有过错就归之于民。把过错归于民则民怒，把善归于己则自骄。一方面推脱过错以激怒民众，另一面个独占好事以骄纵自身，这便是失败丧命的原因。所以圣明的君主戒惧恶声影响听闻，戒惧恶气影响观看。这两者有关天下得失，怎么能不谨慎呢？工匠有技术运用斤斧，所以用绳墨能裁定木材；羿因为有技术使用弓矢，所以张弓能射中标的；造父因为有方法使用辔鞭，所以能追赶快速的野兽、行驶遥远的路程。天下不会永远混乱，也不会永远安定。坏人当政则乱，善人当政则治。当政达到尽善，因而能把握局势。”

【原典】

管子曰：“修恭逊、敬爱、辞让、除怨、无争以相逆也[①]，则不失于人矣。尝试多怨、争利，相为不逊，则不得其身。大哉！恭逊敬爱之道。吉事可以入祭，凶事可以居丧。大以理天下而不益也，小以治一人而不损也。尝试往之中国、诸夏、蛮夷之国[②]，以及禽兽昆虫，皆待此而为治乱。泽之身则荣，去之身则辱。审行之身毋怠③，虽夷貉之民④，可化而使之爱；审去之身，虽兄弟父母，可化而使之恶。故之身者，使之爱恶；名者，使之荣辱。此其变名物也，如天如地，故先王曰道。”

【注释】

①逆：迎接，对待。

②中国：这里指京师，京都。诸夏：指中原之地。

③审：确实。

④夷貉：指边境没有教养的人，为贬称。

【译文】

管子说：“修养恭逊、敬爱、谦让、除怨、无争的心态，以互相对待，就不会失去人心。尝试多怨、争利，互相不讲恭逊，则身亦难保。恭逊敬爱的道理太伟大了。遇有吉事可依此主持祭礼，遇有凶事可依此主持居丧。从大的方面看可以治理天下而不会不够，从小的方面看可以治理一人而不会多余。实行于京都、中原、蛮夷之国以及禽兽昆虫的世界，都可以靠它决定治乱。身上沾染它就有荣光，身上失掉它就会受辱。认真执行而不懈怠，即使是残戾凶暴的人也能化为相爱；确实抛弃了它，即使是兄弟父母也能变为相恶。所以，在身上可以使之或爱或恶，在名声上可以使之或荣或辱。其变化名物的作用，简直和天地一样大，所以，先王把这叫作‘道’。”

心术

【题解】

心术，唐成玄英疏：“术，能也。心之所能，谓之心术也。”古人认为心是思维的器官，是住在身体其他器官的，所以在文中把心比作君，把其他器

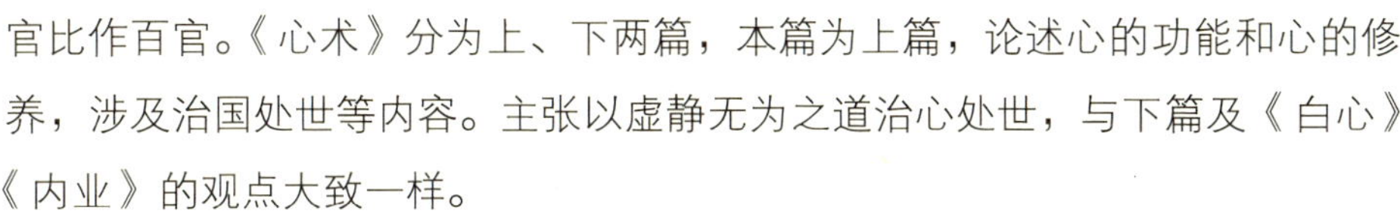
官比作百官。《心术》分为上、下两篇，本篇为上篇，论述心的功能和心的修养，涉及治国处世等内容。主张以虚静无为之道治心处世，与下篇及《白心》《内业》的观点大致一样。

【原典】

心之在体，君之位也；九窍之有职[①]，官之分也。心处其道。九窍循理；嗜欲充益[②]，目不见色，耳不闻声。故曰上离其道，下失其事。毋代马走，使尽其力；毋代鸟飞，使弊其羽翼[③]；毋先物动，以观其则[④]。动则失位，静乃自得。

【注释】

①九窍：指眼耳鼻口等器官。

②充益：当作“充盈”。

③弊：衰退，退化。这里用其反义，意为增强、强化。

④则：规则，规律。

【译文】

心在人体之中，正像国君的地位；九窍各有功能，正像百官各有职务。心的活动合于正道，九窍就能按各自的功能起作用。心里充满了嗜好和欲望，眼就看不见颜色，耳就听不到声音。所以说：君主脱离了正道，臣下就荒怠职事。不要代替马去跑，要使马能自尽其力；不要代替鸟去飞，让它充分使用自己的羽翼。不要先于物而动，以边观察事物的发展规律。动就失掉为君的地位，静才可以自有所得。

【原典】

道，不远而难极也[①]，与人并处而难得也。虚其欲，神将入舍[②]；扫除不洁，神乃留处。人皆欲智而莫索其所以智乎[③]。智乎，智乎，投之海外无自夺[④]，求之者不得处之者。夫正人无求之也，故能虚无。

【注释】

①极：穷尽。

②神：即道。

③索：求。

④无：同“毋”。

【译文】

道，离人不远却难以达到，与人共处却难以掌握。使欲念空虚，神道就将来到心里；扫除不洁的杂念，神道才能留下来安居。人人都想得到智慧，但不知道怎样才能获得智慧。智慧啊，智慧啊，应把它投之海外而不可空自强求。追求智慧不如保持心的空虚。圣人就是不追求智慧，所以能够做到虚空。

【原典】

虚无无形谓之道，化育万物谓之德，君臣父子人间之事谓之义，登降揖让、贵贱有等、亲疏之体谓之礼①，简物、小未一道。杀僇禁诛谓之法。

【注释】

①登降揖让：宾主相见的礼仪。

【译文】

虚空无形体的叫作道，能变化养育万物叫作德，使君臣父子这类人间关系各得其宜的叫作义，使宾主有别、贵贱有等以及亲疏有分的体制叫作礼，繁简、大小的事务都

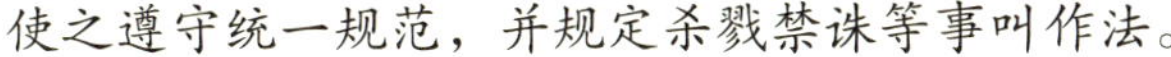

使之遵守统一规范，并规定杀戮禁诛等事叫作法。

【原典】

大道可安而不可说①。直人之言不义不颇②，不出于口，不见于色，四海之人，又孰知其则？

【注释】

①安：体会，意会。

②直人：得道之人。

【译文】

大道，可以意会而不能说得明白。真人的理论，不偏不颇，不从口里说出来，不在表情上流露，天下的人，又谁能知道它的法则呢？

【原典】

天曰虚，地曰静，乃不伐①。洁其宫，开其门，去私毋言，神明若存。纷乎其若乱，静之而自治。强不能遍立，智不能尽谋。物固有形，形固有名，名当，谓之圣人。故必知不言，无为之事，然后知道之纪②。殊形异執③，不与万物异理，故可以为天下始。

【注释】

①伐：同“忒”，差错。

②纪：头绪，纲要。

③執：同“势”。

【译文】

天是虚空的，地是宁静的，所以不会有差错。清扫房屋，开放门户，排除私欲，默默无言，神明就似乎出现了。事物总是纷杂地好像很混乱，静下心来就自然理出头绪。能力再强也不能把一切事情都包揽起来，智慧再高也不能把所有事情都谋划周到。万物本来有它一定的形体，形体本来有它一定的名称，能使名称与万物相当的人就叫作圣人。所以，必须懂得什么是不由自己去说的理论，不用亲自去做的事，然后才能懂得道的纲要。尽管万物的形态千差万别，但仍与万物同理，所以能成为治理天下的出发点。

【原典】

人之可杀，以其恶死也；其可不利，以其好利也。是以君子不休乎好[①]，不迫乎恶，恬愉无为[②]，去智与故[③]。其应也，非所设也；其动也，非所取也。过在自用，罪在变化。是故有道之君，其处也若无知，其应物也若偶之[④]。静因之道也[⑤]。

【注释】

①休：当作“怵”，诱惑。

②恬：安闲。

③故：欺诈，巧诈。

④偶之：自然而然地配合。

⑤静因之道也：虚静循理之道，按自然行事。

【译文】

人可以用杀戮来作警戒，是因为他们怕死；可以用不利之事来作惩罚，是因为他们贪图利。所以君子不被所好之利诱惑，不被厌恶之事所胁迫，安闲愉悦，无所作为，放弃了智谋和欺诈。他的处事，不是出于他自己的主观筹划；他的行动，不是出于他自己的主观追求。有过错在于自以为是，有罪过在于妄加变化。所以有道的国君，他在日常生活中，好像是毫无才智；他在应对事务时，好像是无意间相遇。这就是以虚静的态度顺应万物之理的道。

【原典】

“心之在体，君之位也；九窍之有职，官之分也。”耳目者。视听之官也，心而无与于视听之事，则官得守其分矣。夫心有欲者，物过而目不见，声至而耳不闻也。故曰：“上离其道，下失其事。”故曰：心术者，无为而制窍者也[①]。故曰“君”。“毋代马走”，“毋代鸟飞”，此言不夺能能[②]，不与下诚也。“毋先物动”者，摇者不走，趮者不静[③]，言动之不可以观也。“位”者”，谓其所立也。人主者立于阴，阴者静，故曰“动则失位”。阴则能制阳

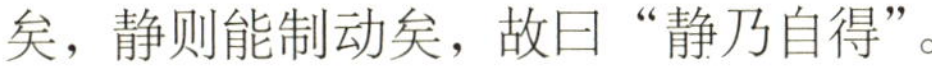

矣，静则能制动矣，故曰“静乃自得”。

【注释】

①无为：虚静无为，心无所欲。制：控制，统率。

②能能：能者的功用。

③趮：同“躁”，急躁。

【译文】

“心在人体之中，正像国君的地位；九窍各有的功能，正像百官的职务一样。”这是说耳目是管视听的器官，心不去干预视听的职守，那么视听的器官就能尽到它们的本分了。如果心里有了嗜欲杂念，那么就有东西也看不见，有声音也听不到。所以说：“君主离开了道，臣下就失去了职事。”所以说：心的功能，就是用虚静无为来统率九窍的。所以把心比作国君。“不要代替马去跑”，“不要代替鸟去飞”，这是说不要取代臣下的职能，不要干预下面的操作。“不要先于物而动”，是因为摇摆就不能安定，躁动就不能平静，是说心动就不可能好好观察事物的规律了。“位”，是指君主所处的地位。人君处在阴的地方，阴的地方虚静，所以说“动就失去了君位”。处在阴的地位可以控制阳，处在静的地位可以掌握动，所以说“静才自有所得”。

【原典】

道在天地之间也，其大无外，其小无内，故曰“不远而难极也”。虚之与人也无间，唯圣人得虚道，故曰“并处而难得”。世人之所职者精也[①]。去欲则宣[②]，宣则静矣，静则精。精则独立矣，独则明，明则神矣。神者至贵也，故馆不辟除，则贵人不舍焉。故曰“不洁则神不处”。“人皆欲知而莫索之”，其所以知，彼也；其所以知，此也。不修之此，焉能知彼？修之此，莫能虚矣。虚者，无藏也。故曰去知则奚率求矣，无藏则奚设矣。无求无设则无虑，无虑则反复虚矣。

【注释】

①职：主也。精：专一。

②宣：通达。

【译文】

道在天地之间，无限大又无限小，所以说“不远而难以达到”。虚与人之间没有间隔，但只有圣人才能做到虚，所以说“与人在一块儿却难以获得”。人们所要记住的是心意专一。清除欲念就能做到通达，做到通达就能虚静，虚静就可以心意专一，心意专一就能独立于万物之上，超世而独立则能明察万物，明察万物就到达神的境界了。神是最高贵的，所以馆舍不打扫洁净，贵人就不来居住。所以说“不清洁神就不来居住”。所谓“人人都想得到智慧，但不知道怎样才能获得智慧”，就是说，智慧是彼，使自己得到智慧的办法是此。不探索此，怎么能获得彼呢？探索此的最好办法，就是使自己处于虚的状态。虚空，就是无所保留，所以说能做到连智慧都抛掉，就没有什么可追求的了；能做到无所保留，就没有什么可筹划的了。没有追求又没有筹划就可以做到没有忧虑了，无忧无虑就回到虚空的境界了。

【原典】

天之道，虚其无形。虚则不屈，无形则无所位迕，无所位迕，故遍流万物而不变，德者，道之舍[①]，物得以生生，知得以职道之精[②]。故德者得也。得也者，其谓所得以然也。以无为之谓道，舍之之谓德。故道之与德无间，故言之者不别也。间之理者，谓其所以舍也。义者，谓各处其宜也。礼者，因人之情，缘义之理，而为之节文者也[③]，故礼者谓有理也。理也者，明分以谕义之意也。故礼出乎义，义出乎理，理因乎宜者也。法者所以同出，不得不然者也，故杀僇禁诛以一之也。故事督乎法，法出乎权，权出乎道。

【注释】

①道之舍：道的施舍。施舍，化育万物之意。

②职：通“识”。

③节文：节度，条文，泛指制度。

【译文】

天道是虚空而无形的。由于虚空，就不会穷尽；由于无形，就不会有阻挡。没有阻挡，所以天道能普遍流通于万物之中而不变。德，是道施舍的，万物依赖它得以生长，心智依赖它得以认识道的精髓。所以，“德”就是“得”，所谓得，等于说是所要得到的东西已经得到了。无为叫作道，以道施舍的就叫作德，所以道与德没有什么差别，所以说道德的人是不加区别。要把道与德分开来的话，只能说道是用来施舍的。所谓义，说的是各处于合宜的地方。所谓礼，是根据人的感情，按照义的道理，而为此规定的制度和标志。所以，礼就是有理，理是通过明确本分来表达义的，所以礼从理产生，理从义产生，义是根据行事所宜来定的。法，是为了统一世务，而不得不这样做的，所以要运用杀戮禁诛来规范人们。所以事事都要用法来督察，法要根据权衡得失来制定，而权衡得失则要根据道来进行。

【原典】

道也者，动不见其形，施不见其德，万物皆以得，然莫知其极。故曰“可以安而不可说”也。真人，言至也。不偏，言应也。应也者，非吾所设，故能无偏也。不颇，言因也。因也者，非吾所顾，故无颇也。“不出于口，不见于色”，言无形也；“四海之人，孰知其则”，言深囿也[①]。

【注释】

①囿：古代帝王养禽兽的园林。这里指幽深的意蕴。

【译文】

所谓道，运动的时候看不见它的形体，施舍的时候看不到它的恩德，万物都已经得到它的好处，但没有人知道它的究竟。所以说“道可以意会而不可说”。“真人”，是说道的水平最高的人。“不偏”，说的是“应”。所谓应，即不是由自己主观筹划，所以能做到不偏。“不颇”，说的是“因”。所谓因，即不是由自己主观追求，所以能做到不颇。“不从口里说出来，不表现在脸上”，说的是道的无形；“天下的人，谁都知道他的准则”，讲的是他的蕴藏极深。

【原典】

天之道虚，地之道静。虚则不屈，静则不变，不变则无过，故曰“不伐”。“洁其宫，阙其门”：宫者，谓心也。心也者，智之舍也，故曰“宫”。洁之者，去好过也。门者，谓耳目也。耳目者，所以闻见也。“物固有形，形固有名”，此言不得过实、实不得延名[①]。姑形以形，以形务名，督言正名，故曰“圣人”。“不言之言”，应也。应也者，以其为之人者也。执其名，务其应，所以成，之应之道也。无为之道，因也。因也者，无益无损也。以其形因为之名，此因之术也。名者，圣人之所以纪万物也。人者立于强，务于善[②]，未于能，动于故者也。圣人无之，无之则与物异矣。异则虚，虚者万物之始也，故曰“可以为天下始”。

【注释】

①延名：超越事物的名称，指不能名副其实。

②善：通“缮”，修补，修治，引申为粉饰。

【译文】

天道虚空，地道宁静。虚空就不会穷尽，宁静就没有变动，没有变动就没有失误，所以叫作“不成”。“打扫室屋，开放门户”：室屋，指的是心。心是智慧的居处，所以称作“室屋”。清扫它，是指清除好恶的杂念。门，指

的是耳目。因为耳目是听、看外部事物的。“万物本来有它一定的形体，形体本来有它一定的名称”，这是说名称不得超出实际，实际也不得超过事物的名称。从形体的实际出发说明形体，从形体的实际出发来确定名称。据此来考察理论又辨正名称，所以叫作“圣人”。“不由自己亲自去说的理论”，意思就是“应”。所谓应，是因为可说出来的理论都是人为的，根据万物本有的名称，务必使它们与形成的实际规律相适合，这就是“应”的做法。“不用自己亲自去做的事业”，意思就是“因”。所谓因，就是不增加也不减少，根据它的实际形势确定名称，这就是“因”的做法。名称不过是圣人用来标记万物的。一般人行事总是勉强立名，专务修饰，一味逞能，动用故巧。圣人则没有这种观点，没有这种观点就可以承认万物的不同规律。承认万物的不同就能达到虚空的境地，虚空的境地就是万物的原始境地，所以说：“可以作为治理天下的出发点”。

【原典】

人迫于恶，则失其所好；怵于好，则忘其所恶。非道也。故曰：“不怵乎好，不迫乎恶。”恶不失其理，欲不过其情，故曰：“君子”。“恬愉无为，去智与故”，言虚素也[①]。“其应非所设也，其动非所取也”，此言因也。因也者，舍己而以物为法者也。感而后应，非所设也；缘理而动，非所取也，“过在自用，罪在变化”：自用则不虚，不虚则仵于物矣[②]；变化则为生，为生则乱矣。故道贵因[③]。因者，因其能者，言所用也。“君子之处也若无知”，言至虚也；“其应物也若偶之”，言时适也、若影之象形，响之应声也。故物至则应，过则舍矣。舍矣者，言复所于虚也。

【注释】

①虚素：虚空纯洁。

②仵：同“忤”，抵触，违逆。

③贵因：看重事情发生的原因。

【译文】

人们往往被所厌恶的事物所迫，就失掉了他应喜好的东西；或者被所喜好的东西诱惑，就忘掉了他们厌恶的。这都是不合于道的。所以说："不为利诱，不迫于所恶。"厌恶之情要不丧失常理，喜好之心要不超越常情，所以把做到这样的人称为"君子"。"安闲愉悦，无所作用，放弃了智谋和欺诈"，说的是保持空虚纯洁。他应对事务不是出于他自己的主观筹划。他的行动不是出于他自己的主观追求。这是说"因"的道理。所谓因，就是放弃自己而以客观事物的发展为依据。感知事物而后去适应，不是由自己所筹划的；按照事物的道理采取行动，就不是自己所追求的了。有过错在于自以为是，有罪过在于妄加变化：自以为是就不能够做到虚心，不虚心，主观认识就与客观事物发生抵触了；妄加变化就会产生虚伪，产生虚伪就陷于混乱了。所以，道以"因"为贵。因，就是根据事物的功能来发挥它应有的作用。君子在日常生活中好像毫无才智，说的是最虚境界；他在应对事务的时候好像是无意间相遇，说的是他能随时适应事务，就好比影子与形体一样，回响与发声相随。所以，事物一到就能适应，事物一过去就舍开了。所谓舍开，说的是返回到虚空的境界。

白心

【题解】

白心，意即使内心纯洁，是战国时期道家学派的一个重要概念。本篇与《心术上》篇的观点一致，都是指扫除欲念，抱虚守静，修养内心，但本篇以无为为重点，主张"精身以待""无事"，不追求功名，"不以天下为忧"；坚持无为，就"可以为天下王"。最后归结到要坚持无为之道在于加强自身的修养。

【原典】

建当立有，以靖为宗①，以时为宝，以政为仪②，和则能久。非吾仪，虽利不为；非吾当，虽利不行；非吾道，虽利不取。上之随天，其次随人。人不倡不和[③]，天不始不随[④]。故其言也不废，其事也不随。

【注释】

①靖：通“静”，虚静。

②政：通“正”，正确。

③和：和谐，协调。

④随：同“堕”，失败。

【译文】

建立常规之道，应当以虚静为本，以合于时宜为贵，以正确不偏为准则，这三者协调一致才能持久不败。不符合我的准则，虽有利可图也不去做；不符合我的常规，虽有利可图也不推行；不符合我的常道，虽有利可图也不采用。首先是适应天道，其次是合乎人心。人们不提倡的事不去应和，天不曾开创的事不去听从。所以，其言论不会失效，其事业不会失败。

【原典】

原始计实[①]，本其所生。知其象则索其形，缘其理则知其情，索其端则知其名。故苞物众者[②]，莫大于天地；化物多者，莫多于日月；民之所急，莫急于水火。然而，天不为一物枉其时，明君圣人亦不为一人枉其法。天行其所行而万物被其利，圣人亦行其所行而百姓被其利。是故万物均、百姓平矣。是以圣人之治也，静身以待之，物至而名自治之。正名自治之，奇身名废。名正法备，则圣人无事。不可常居也，不可废舍也[③]。随变断事也，知时以为度。大者宽，小者局，物有所余有所不足。

【注释】

①计：探讨，查究。

②苞：通“包”，包藏。

③废舍：意即无所留止或不稳定。舍：停留。

【译文】

追索事物的来源，探讨事物的实质，追溯事物生成的根据。了解事物的现象就可以探查形体，考究道理就可以掌握实情，找到事物的始末，就知道应该怎么命名它了。包藏物类广泛的，莫大于天地；孕育物类众多的，莫多于日月；民众生活急切需要的，莫急于水火。然而，天不会因为某一种物的需要而改变它的节令，明君圣人也不因为某一个人而错行它的法度。天按照它的规律运行，万物因而都得到它的好处；圣人也按照他的法度行事，百姓也因而得到他的好处。因此，万物平衡发展，百姓也安居乐业。所以，圣人治世，虚静无为地对待一切，一遇到事物就循名责实自然地去治理它。名正自然治理得好，名不正自然会被淘汰。只要是名称正确法度完备，圣人是安然无事的。名称与法度不可永远不变，也不能没有延续性。要适应变化来裁断事物，把握时机来确定法度。范围偏大则过宽，偏小则局限，事物发展就会参差不齐。

【原典】

兵之出，出于人[①]；其人入，入于身。兵之胜，从于适[②]；德之来，从于身。故曰：祥于鬼者义于人，兵不义不可，强而骄者损其强，弱而骄者亟死亡；强而卑义信其强，弱而卑义免于罪。是故骄之余卑，卑之余骄。

【注释】

①人：百姓。

②适：团结。

【译文】

战争的出击，虽是出击他人；但他人反击进来，也会危及自身。战争的

胜利，在于内部的团结；道德的建立，在于自身的修养。所以说：凡是得福于鬼神者必行义于人，不义的战争是发动不得的。强国如果骄傲就会损害自己的强大，弱国如果骄傲就会加速死亡；强国谦卑就可以增加自己的强大，弱国谦卑就可以免于遭到祸患。因此，骄纵的结局将是由弱而卑下，谦卑的结局是由强而骄傲。

【原典】

道者，一人用之，不闻有余；天下行之，不闻不足。此谓道矣。小取焉则小得福，大取焉则大得福，尽行之而天下服，殊无取焉则民反①，其身不免于贼。左者，出者也；右者，人者也。出者而不伤人，入者自伤也。不日不月②，而事以从；不卜不筮，而谨知吉凶。是谓宽乎形，徒居而致名。出善之言，为善之事，事成而顾反无名③。能者无名，从事无事。审量出入，而观物所载。

【注释】

①殊：完全。

②不日不月：指不选择良辰吉日。

③顾：还，回来。

【译文】

所谓道的东西，一个人使用它，没有听说有余；天下人都来行道，也没有听说不足。这就叫作道。稍稍地按道行事，就能稍得其福；较多地按道行事，就能大得其福；完全按道行事，就得到天下的信服；完全不按道行事，则民众反抗，其身不免被害。左的方位是出生，右的方位是死亡，出生的方位不伤人，死亡的方位自然会有伤人之事的。不必选择什么良辰吉日，依道行事就可以从其心愿；不用求神问卜，依道行事就可以了解吉凶。这叫作身心闲适，闲居而可以得名。说了好话，做了好事，事成后还应该回到无名的状态。有才能的往往不求出名，真干事的往往显得无事。审查和考量出入的情况，观测事物的实际承担能力。

【原典】

孰能法无法乎？始无始乎？终无终乎？弱无弱乎？故曰：美哉岪岪[①]。故曰不中有中，孰能得夫中之衷乎[②]？故曰功成者隳，名成者亏。故曰，孰能弃名与功而还与众人同？孰能弃功与名而还反无成[③]？无成有贵其成也，有成贵其无成也。日极则仄，月满则亏。极之徒仄，满之徒亏，巨之徒灭。孰能亡无乎？效夫天地之纪。

【注释】

①岪：兴起的样子。

②中之衷：中正的关键。

③无成：这里指虚静无为的心态。

【译文】

谁能做到取法于无法？起始于没有开始？在没有结束的地方终结？在没有行动的情况下削弱别人？能这样是多么美好兴旺的事。所以说，不追求中正反而可保持中正，谁能领会获得中正的关键呢？所以说，功成就会有所毁坏，名成就会有所亏缺。所以说，谁能做到放弃功业与名声而回到普通人的地位呢？谁能做到放弃功业名声而回到一无所成的状态呢？无成就者固然重视成就，有成就者更应重视尚无成就的心态。太阳升到了最高点之后，便会偏斜下来；月亮到了最满之后，便走向亏缺。最高的要走向偏斜，最满的要亏缺，最大的也将消失。谁能把自己忘掉呢？学一学天地的运行法则吧。

【原典】

人言善亦勿听，人言恶亦勿听，持而待之，空然勿两之[①]，淑然自清。无以旁言为事成，察而征之，无听辩，万物归之，美恶乃自见。

【注释】

①勿两：戒止冲突。

【译文】

人说好也不轻易听信；说不好也不轻易听信，保留而加以等待，虚心地

戒止冲突，终究会寂然自明的。不要把道听途说的当成事实，进行观察与考证，不要听信任何巧辩，把万事万物归并到一起，相比之下，美恶就自然显现出来了。

【原典】

天或维之[①]，地或载之。天莫之维，则天以坠矣[②]；地莫之载，则地以沉矣。夫天不坠，地不沉，夫或维而载之也夫！又况于人？人有治之，辟之若夫雷鼓之动也。夫不能自摇者，夫或摇之。夫或者何？若然者也。视则不见，听则不闻，洒乎天下满，不见其塞。集于颜色，知于肌肤，责其往来，莫知其时。薄乎其方也，韕乎其圜也[③]，韕韕乎莫得其门。故口为声也，耳为听也，目有视也，手有指也，足有履也，事物有所比也[④]。

【注释】

①维：维系。

②以：同“已”。

③韕（kuò）：宽广的样子。

④比：庇护。

【译文】

天好像有什么东西在维系着，地好像有什么东西在擎载着。天如果没有东西维系着，就将坠下来了；地如果没有东西擎载着，就会沉下去了。天不坠，地不沉，那或许有个什么东西在维系和擎载着它们吧！又何况于人呢？人也是有某种力量在支配着他，就像八面鼓被敲击之后才有声响一样。凡是自己不能动摇的事物，就仿佛有种力量摇动着它们。这个仿佛存在的力量是什么呢？就是上面所讲的那个东西了。看又看不见，听又听不着，却洒满了天下，但又看不到充塞的现象。聚集在人的脸色上，感知在人的皮肤上，但探其往来，却不能了解它的时间。它迫近方就成方形，遇到圆就成圆形，但又混混沌沌地游转着找不到门。所以口能发声，耳能听音，眼能看，手能指，足能行走，一切事物都是有所依靠的。

【原典】

“当生者生，当死者死”，言有西有东，各死其乡[①]。置常立仪，能守贞乎？常事通道，能官人乎？故书其恶者，言其薄者。上圣之人，口无虚习也，手无虚指也，物至而命之耳。发于名声，凝于体色，此其可谕者也。不发于名声，不凝于体色[②]，此其不可谕者也。及至于至者，教存可也，教亡可也。故曰：济于舟者和于水矣，义于人者祥其神矣。

【注释】

①死：通“尸”，主持，驻守。乡：通“向”，方向。

②体色：体貌及脸色。

【译文】

“应当生存的生存，应当死亡的死亡”，这句话是说事物无论处于东处于西，都遵循它自身的方向发展。立规章，定准则，人们就能坚守它们吗？办政事，讲道理，就能成为百姓的官吏吗？所以，书是令人厌恶的，立说是令人鄙薄的。最高尚的圣人，口无虚空的讲习，手无虚空的指点，事物出现以后，给它一个名称说明就是了。有的可以从名声里发现，可以用脸色来体现，这是可以明白告诉人的；有的不能从名声里体现，不能用脸色来体现，这是不可以明白告诉人的。至于最好的处理方法，是让它自己存在下去，或让它自己消亡下去。所以说：用船摆渡的人，一定能利用水性；对人行义的人，一定会受到神的保佑。

【原典】

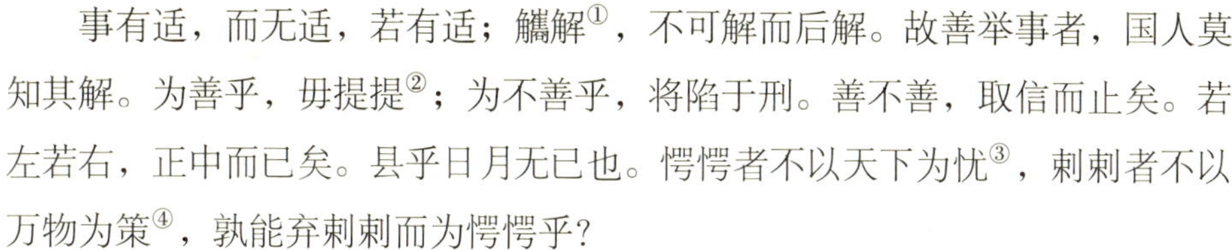

事有适，而无适，若有适；觿解①，不可解而后解。故善举事者，国人莫知其解。为善乎，毋提提②；为不善乎，将陷于刑。善不善，取信而止矣。若左若右，正中而已矣。县乎日月无已也。愕愕者不以天下为忧③，刺刺者不以万物为策④，孰能弃刺刺而为愕愕乎？

【注释】

①觿（xī）：古代解结的用具，用象牙制成，形如锥。

②提提：显著的样子，这里指因做善事而有很大的名声。

③愕愕：当作“落落”，没有牵挂的样子。

④刺刺：当作“烈烈”，忧心忡忡的样子。

【译文】

办事情有适宜的方法，却总是在办法不适宜时才有人提出来，于是才有适宜的办法，就像骨锥开解绳结，也是在绳结无法解开时，才有人用它来解开。所以，善于举事的人，国人都不知道他是怎样解决疑难的。做善事，不可张扬显示；做不善的事，还将陷于刑罚。善于不善，只要取信于国人就可以了。好像在左又好像在右，处在正中为好。正中就能像日月悬空那样永远长存。豁达开朗的人总是不以天下事务为忧虑，忧心忡忡的人总是不因万物具备而满足。但谁能做到放弃忧心忡忡而做豁达开朗的人呢？

【原典】

难言宪术，须同而出。无益言，无损言，近可以免。故曰：知何知乎？谋何谋乎？审而出者彼自来。自知曰稽①，知人曰济②。知苟适，可为天下周。内固之，一可为长久。论而用之，可以为天下王。

【注释】

①稽：失误。

②济：成功。

【译文】

制定一项政策法令是十分困难的，它必须符合百姓的心愿才能出台。不要说增加的话，也不说减少的话，只要接近百姓的心愿就可以免除差错。所以说：自作聪明哪里说得上聪明呢？自作多谋哪里说得上多谋呢？凡是查明百姓的心愿而制定出法度政策的，百姓自然会来归顺。自作聪明叫作失误，了解百姓叫作成功。了解百姓如能做到准确，就可以做天下的君主。把此事牢记在心，便可以永久不败。经过讲求、研究而运用之，就可作天下的王了。

【原典】

天之视而精，四璧而知请①，壤土而与生。能若夫风与波乎？唯其所欲适。故子而代其父，曰义也，臣而代其君，曰篡也。篡何能歌？武王是也。故曰：孰能去辩与巧，而还与众人同道？故曰：思索精者明益衰，德行修者王道狭，卧名利者写生危，知周于六合之内者，吾知生之有为阻也。持而满之，乃其殆也。名满于天下，不若其已也。名进而身退，天之道也。满盛之国，不可以仕任；满盛之家，不可以嫁子；骄倨傲暴之人，不可与交。

【注释】

①知请：看得清楚明白。

【译文】

观察天象要清楚，四方开通而看得清楚明白，包括土壤及其所生长的作物。但人们能够像大自然的风与波浪一样吗？只按照其愿望行事。做儿子的继承父亲的王位称为义，做臣子的代替他的君主就叫作篡位了。篡位怎么能歌颂呢？周武王就是这样的。所以说：谁能不用诡辩与巧诈，而与众人共同信奉一个道理呢？所以说：思索过精智力就要衰弱，越讲究德行的人王道就越难行，拥有名利的反而有生命危险的忧虑，智慧遍及天地四方的，我相信他的生命就要受到阻碍了。骄矜而自满，是非常危险的表现。名声满天下，不如早些罢手。因为激流勇退，才合于天道。全盛的国家，不可去那里当官；全盛的家族，不可同他通婚；骄傲暴躁的人，不可同他交朋友。

【原典】

道之大如天，其广如地，其重如石，其轻如羽。民之所以，知者寡。故

曰：何道之近而莫之与能服也，弃近而就远何以费力也？故曰：欲爱吾身，先知吾情，周视六合，以考内身。以此知象，乃知行情[①]。既知行情，乃知养生。左右前后，周而复所[②]。执仪服象[③]，敬迎来者。今夫来者，必道其道，无迁无衍[④]，命乃长久。和以反中[⑤]，形性相葆。一以无贰，是谓知道。将欲服之，必一其端，而固其所守。责其往来，莫知其时，索之于天，与之为期。不失其期，乃能得之。故曰：吾语若大明之极，大明之明，非爱人不予也[⑥]。同则相从，反则相距也。吾察反相距，吾以故知古从之同也。

【注释】

①行情：可行之情。

②周而复所：指按照规律运行。

③执仪：举行仪式。

④无迁无衍：不迁移不延误。

⑤反中：反归中理。

⑥爱：通“薆”，隐藏。

【译文】

道，跟天一样大，跟地一样广，跟石头一样重，跟羽毛一样轻。人们与它共处，但对它却很少了解。所以说，为什么道离人很近而不实行呢，弃近而就远，人们又何必浪费力气呢？所以说：要珍爱自身，先了解自身实际情况，普遍观察宇宙事物，来验证身体内部。以此来了解典型，才能了解是否可行。既知道可行之事，就懂得修养生命。要查访左右前后，一遍一遍地寻找。然后就遵从礼节，穿上礼服，恭敬地迎接来者。这个来者，一定按它自己的规律行事，不改变也不拖延，所以生命能长久。和谐而返于正中，使形体与精气相保，专一而无二意，这就叫懂得了“道”。人们将要行道，首先就必须专一，然后再坚定地贯彻下去。要探求道的往来，虽然不知其时，却可以索之于天，与苍天约定时间。只要不失约期，就能得到它。所以说，我所说的话就像日月升到最高处一样，像日月之明那样没有隐蔽，只是人们不肯追求而已。与道相同的就跟从，与道相反的就拒绝。我从考察反则相距的道理中，明白了同则相从的“同”。

水地

【题解】

本篇以“水地”为题，源于文中“水者，地之血气”一句。文中不但提出了地与水为“万物本原”的观点，还将水的性质、状貌与当地人民的心态、习性相联系，并指出水质对人性有巨大的影响，具体地论述了各地的水质与人性的情况。

【原典】

地者，万物之本原，诸生之根菀也[①]；美恶、贤不肖、愚俊之所生也。水者，地之血气，如筋脉之通流者也。故曰：水，具材也[②]。何以知其然也？曰：夫水淖弱以清[③]，而好洒人之恶，仁也。视之黑而白，精也[④]。量之不可使概[⑤]，至满而止，正也。唯无不流，至平而止，义也。人皆赴高，己独赴下，卑也。卑也者，道之室，王者之器也，而水以为都居[⑥]。

【注释】

①根菀：尤言“根系”。菀：或作“苑”。

②具材：具备众材。

③淖弱：尤言“绰约”，姿态柔美的样子。

④精：诚实。

⑤概：古代的一种衡准器。古人用斗斛出纳粮米时，用一个长形的器物贴着斗斛的口平抹一样，使粮米不留尖，不缺欠，达到均平。

⑥都居：聚居的地方。

【译文】

地，是万物的本原，是一切生命的根源；美与丑，贤与不肖，愚蠢无知与才华出众都是由它产生的。水，是地的血气，就像人身的筋脉一样，在大地里流通着。所以说，水是具备一切的东西。怎样知道水是这样的呢？回答说："水柔弱而且清亮，善于洗涤人的秽恶，这是它的仁。"看水的颜色，黑白分明，这是它的诚实。计量水不必使用概，满了就自动停止，这是它的正。不拘什么地方都可以流去，一直到流布平衡而止，这是它的义。人皆攀高，水独向下流，这是它的谦卑。谦卑是"道"的所在，是帝王的气度，而水就是以卑下之地作为自己聚积的地方。

【原典】

准也者[①]，五量之宗也。素也者，五色之质也。淡也者，五味之中也。是以水者，万物之准也，诸生之淡也，违非得失之质也[②]。是以无不满，无不居也。集于天地而藏于万物。产于金石，集于诸生，故曰水神。集于草木，根得其度，华得其数，实得其量。鸟兽得之，形体肥大，羽毛丰茂，文理明著。万物莫不尽其几[3]，反其常者，水之内度适也。

【注释】

①准：古代测平的仪器。

②违非：即“是非”。“违”当作“韪”。

③几：精微。

【译文】

准是五种量器的根据。素是五种颜色的基础。淡是五种味道的中和。水则是万物的“根据”，一切生命的“中心”，一切是非得失的基础。所以，水是没有什么不可以被它充满的东心，也没有什么可以让它停留的地方。它可以聚集在天空和地上，包藏在万物的内部。它产生于金石中间，又集合在一切生命的身上，所以说，水比于神。当水集合在草木上，根就能长到相当的深度，花朵就能开出相当的数目，果实就能收得相当的数量。鸟兽得到水，形体就能肥大，羽毛就能丰满，毛色花纹鲜明而显著。万物没有不充分发展它的精微，而能回到水的常态，是因为它们内部所含藏的水都有相当分量的缘故。

【原典】

夫玉之所贵者，九德出焉。夫玉温润以泽，仁也。邻以理者[1]，知也[2]。坚而不蹙，义也。廉而不刿[3]，行也。鲜而不垢，洁也。折而不挠，勇也。瑕适皆见，精也。茂华光泽，并通而不相陵，容也。叩之，其音清抟彻远[4]，纯而不杀，辞也。是以人主贵之。藏以为室，剖以为符瑞，九德出焉。

【注释】

①邻：通“粼”，清澈。

②知：同“智”。

③刿：刺伤。

④抟：专一。

【译文】

玉所以贵重，是因为它表现有九种品德。温润而有光泽，是它的仁。清

澈而有纹理，是它的智。坚硬而不屈缩，是它的义。清正而不伤人，是它的品节。鲜明而不纳垢污，是它的纯洁。受挫折而不屈挠，是它的勇。缺点与优点都可以表现在外面，是它的诚实。华美与光泽相互渗透而不互相侵犯，是它的宽容。敲击起来，它的声音清扬远闻，纯而不乱，是它的有条理。所以君主总是把玉看得很贵重，收藏它作为宝贝，制造它成为符瑞，玉的九种品德就全都表现出来了。

【原典】

人，水也。男女精气合而水流形。三月而咀[1]。咀者何？曰五味。五味者何？曰五藏[2]。酸主脾，咸主肺，辛主肾，苦主肝，甘主心。五藏已具，而后生五内。脾生隔，肺生骨，肾生脑，肝生革，心生肉。五内已具，而后发为九窍。脾发为鼻，肝发为目，肾发为耳，肺发为窍。五月而成，十月而生。生而目视，耳听，心虑。目之所以视，非特山陵之见也，察于荒忽。耳之所听，非特雷鼓之闻也，察于淑湫[3]。心之所虑，非特知于麤粗也[4]，察于微眇。

【注释】

①咀：含味。

②五藏：同“五脏”。

③淑湫：细小的声音。

④麤（cū）：与“粗”意思大致相同，指行为上的粗略，粗粗拉拉。

【译文】

人，也是水生成的。男女精气相合而由水流布成人的形体胚胎。胎儿满三个月就能够含味。什么是含味呢？含味就是含收五味。什么是五味呢？五味是生成五脏的。酸管脾脏，咸管肺脏，辣管肾脏，苦管肝脏，甜管心脏。五脏都已具备，然后才生出五种内部组织。脾生膈膜，肺生骨路，肾生脑，肝生革，心则生肉，五种内部组织都已具备，然后发生为九窍，从脾发生鼻，从肝发生目，从肾发生耳，从肺发生其他的孔窍。满五个月，形体完成，满十个月，婴孩就生出来了。孩子生出来后，目就能看，耳就能听，心就能思虑。目所能看到的，不仅是山岳丘陵，也能看到荒忽细小的东西。耳所能听到的，不仅是雷鸣鼓响，也能听到细小的声音。心所能想到的，不仅是大的事物，也能想到各种细微的情况。

【原典】

故修要之精。是以水集于玉而九德出焉。凝蹇而为人①，而九窍五虑出焉。此乃其精麤浊蹇能存而不能亡者也②。伏暗能存而能亡者，蓍龟与龙是也③。龟生于水，发之于火④，于是为万物先，为祸福正。龙生于水，被五色而游，故神。欲小则化如蚕蠋⑤，欲大则藏于天下，欲上则凌于云气，欲下则入于深泉，变化无日，上下无时，谓之神。龟与龙，伏暗能存而能亡者也。

【注释】

①凝蹇：凝结。

②蹇：滞涩。

③蓍龟：老龟。蓍，通“耆”。

④发之于火：在火上出现征兆的纹理。古代把龟甲放在火上灼烤，现出纹理后以供占卜。

⑤蚕蠋：蚕蛹。

【译文】

所以，水聚集在玉中就生出玉的九种品德。水凝聚留滞而变成人，就生出九窍和五虑。这就是水的精、粗、浊、聚，它们能存而不能亡。也有隐伏在幽暗中，既能存而又能亡的，是老龟和龙。龟生在水里，占卜时用火烤灼龟甲，便成为万物的先知、祸福的证验。龙生在水里，它能够身披五色而泛游，所以成为神。它要变小，就变得像蚕和蠋，变大，就包涵着天和地；它要向上，就升入云气之中，向下就潜入深泉之内，变化起来没有固定的日期，上下没有规定的时限，这就叫作神。龟和龙是隐伏在幽暗之处，既能存而又能亡的。

【原典】

或世见，或世不见者，生蟡与庆忌[①]。故涸泽数百岁，谷之不徙，水之不绝者，生庆忌。庆忌者，其状若人，其长四寸，衣黄衣，冠黄冠，戴黄盖，乘小马，好疾驰，以其名呼之，可使千里外一日反报。此涸泽之精也。涸川之精者，生于蟡。蟡者，一头而两身，其形若蛇，其长八尺，以其名呼之，可以取鱼鳖。此涸川水之精也。

是以水之精粗浊蹇、能存而不能亡者，生人与玉。伏暗能存而亡者，蓍龟与龙。或世见或不见者、蟡与庆忌。故人皆服之[②]，而管子则之[③]。人皆有之，而管子以之。

【注释】

①蟡（guǐ）：神话传说中的水生精怪，一首两身。长八尺。

②服：适应。

③则：习惯。

【译文】

有的在某个时代出现，有的在某个时代不出现，因而产生了蟡和庆忌。所以，水泽干枯数百年，而山谷没有移位，水源没有断绝的地方，就要产生庆忌。庆忌的形状像人，他的身长只有四寸，穿着黄衣，戴着黄帽，打着黄色的华盖，骑着小马，喜欢快跑，要是叫着它的名字，可以使它跑千里之外而一天往返。这就是干枯水泽中的精怪。至于干枯水泽中的精怪，则是从蝺产生的。蝺是一头两身，它的形状像蛇，身长八尺，要是叫着它的名字，可以使它捉取鱼鳖。这是干枯河川里面的一种水精。

所以，无论水的精粗浊滞和能存不能亡的，就会产生人和玉。隐伏在幽暗中，能存又能亡的，是老龟和龙。有的在某个时代出现，有的在某个时代不出现的，就是蝺和庆忌。所以人人都习惯了水，只有管子能了解它的法则。人人都占有了水，只有管子能够掌握利用它。

【原典】

是故具者何也？水是也。万物莫不以生，唯知其托者能为之正。具者，水是也。故曰：水者何也？万物之本原也，诸生之宗室也；美恶、贤不肖、愚俊之所产也。何以知其然也？夫齐之水道躁而复[①]，故其民贪麤而好勇。楚之水淖弱而清，故其民轻票而贼。越之水浊重而洎[②]，故其民愚疾而垢。秦之水泔最而稽[③]，淤滞而杂，故其民贪戾罔而好事齐。晋之水枯旱而运[④]，淤滞而杂，故其民谄谀葆诈，巧佞而好利。燕之水萃下而弱，沉滞而杂，故其民愚戆而好贞[⑤]，轻疾而易死。宋之水轻劲而清，故其民间易而好正[⑥]。是以圣人之化世也，其解在水。故水一则人心正，水清则民心易。一则欲不污，民心易则行无邪。是以圣人之治于世也，不人告也，不户说也，其枢在水。

【注释】

①道躁：指急躁。复：回旋深厚。

②洎（jì）：浸润，这里指侵蚀土壤。

③泔最而稽：淘米汁汇聚停留。泔，淘米水。最，聚集。

④枯旱而运：苦涩而浑浊。

⑤戆（zhuàng）：刚直，愚直。

⑥间易：简易。

【译文】

因此，什么可以叫作具备一切的呢？水就是具备一切的。万物没有不靠

水生存的，只要了解万物的寄托才能知道其中的法则。具备一切的，就是水。所以说：水是什么？水是万物的本原，是一切生命的植根之处；美和丑、贤和不肖、愚蠢无知和才华出众都是由水产生的。怎样知道水是这样的呢？齐国的水湍急而往复，而齐国人就贪婪粗暴而好勇。楚国的水柔弱而清白，楚国人就轻捷果断而敢为。越国的水浊重而浸蚀土壤，所以越国人就愚蠢、妒忌而污秽。秦国的水浓聚而迟滞，淤浊而混杂，所以秦国人就贪婪、残暴、狡猾而好杀伐。晋国的水苦涩而浑浊，淤滞而混杂，所以晋国人就谄谀而包藏伪诈，巧佞而好财利。燕国的水深聚而柔弱，沉滞而混杂，所以燕国人就愚憨而坚贞，轻急而不怕死。宋国的水轻劲而清明，所以宋国人就纯朴平易而喜欢公正。因此，圣人改造世俗的根本在于知悉水的情理。水若纯洁则人心正，水若清明则人心平易。人心正就没有污浊的欲望，人心平易就没有邪恶的行为。所以，圣人治世而不去告诫每个人，不去劝说每一户，做事的关键只在于掌握着水的性质。

四时

【题解】

四时，指春夏秋冬四季。本篇结合阴阳五行，阐述春夏秋冬四时的特质、品格，明确指出每一时节应该做的政事和应该发布的政令，强调了遵循四时规律对于治理国家的重要意义和违背此规律的危害。本篇出自战国时代阴阳家之手，是古代阴阳家以阴阳四时规范人事的理论表现。

【原典】

管子曰：令有时。无时则必视顺天之所以来。五漫漫、六惛惛[1]，孰知之哉？唯圣人知四时。不知四时，乃失国之基。不知五谷之故，国家乃路[②]。故天曰信明，地曰信圣，四时曰正。其王信明圣，其臣乃正。何以知其王之信明信圣也？曰：慎使能而善听信之。使能之谓明，听信之谓圣，信明圣者，皆受天赏。使不能为惛，惛而忘也者[③]，皆受天祸。是故上见成事而贵功，则民事接劳而不谋[④]。上见功而贱，则为人下者直，为人上者骄。是故阴阳者天地之大理也，四时者阴阳之大经也，刑德者四时之合也。刑德合于时则生福，诡则生祸[⑤]。

【注释】

①五漫漫、六惛惛：混乱昏愦的样子。

②路：通"露"，败坏。

③忘：通"妄"，狂妄。

④接：通"捷"，迅捷。谋：借为"悔"。

⑤诡：违背，不合。

【译文】

管仲说：发布政令要讲时节。不得时，就必须视察天时的由来。处在混乱昏愦的状态，谁能够有所了解呢？只有圣人才能了解四时。不了解四时，就将失掉立国的根本。不了解五谷生长的规律，国家就要败亡。所以圣人对于天道是真正聪明的，对于地道是真正圣智的，因而他所认识的四时也是正确的。只要君主是真正聪明和圣智的，臣下也就行事正确了。怎样知道一个君主的真正聪明和圣智呢？回答是：慎重使用能臣和善于听取真实的意见。能使用能臣叫作聪明，善于听取实情叫作圣智，真正聪明圣智的人君，都能得到上天的赏赐。使用无能的臣下就是昏庸，昏庸而虚妄的人君，都会受到上天的惩罚。因此，人君看到臣民有成就就赏赐他，那么臣民就承担其烦劳事务，勤而无悔。人君轻视臣民的功绩，那么臣民就将懒惰，人君也将进一步骄傲起来。因此，阴阳学说是天地的根本道理，四时运行是阴阳学说的基本规则，刑政和德政与四时配套。刑德适合四时就将生福祉，违背四时则产生祸害。

【原典】

然则春夏秋冬将何行？东方曰星，其时曰春，其气曰风，风生木与骨。其德喜嬴①，而发出节时②。其事：号令修除神位，谨祷弊梗③，宗正阳，治堤防，耕芸树艺，正津梁，修沟渎，甃屋行水④，解怨赦罪，通四方。然则柔风甘雨乃至，百姓乃寿，百虫乃蕃，此谓星德。星掌发，发为风。是故春行冬政则雕⑤，行秋政则霜，行夏政则欲⑥。是故春三月以甲乙之日发五政。一政曰：论幼孤，舍有罪。二政曰：赋爵列，授禄位。三政曰：冻解修沟渎，复亡人。四政曰：端险阻，修封疆，正千伯⑦。五政曰：无杀麑麇⑧，毋蹇华绝萼⑨。五政苟时，春雨乃来。

【注释】

①嬴：通“赢”，盈余，盈满。

②节：适，符合。

③弊梗：指以币祷祭。弊：同“币”。梗：祷祭。

④甃（zhòu）：修理，整治。

⑤雕：通“凋”，凋落。

⑥欲：通“溽”，溽湿。

⑦千伯：阡陌，田野纵横交错的道路。

⑧麇：幼鹿。

⑨蹇：拔。萼：花萼。

【译文】

那么，春夏秋冬四时都应做些什么呢？东方是星，它的时节称是春；它的气是风，风产生木和骨。它的德性是喜欢生长盈满而万物按时节出生。这个时节要办的事情是：发布命令修理和清扫神位，用币祈祷神灵。以正阳作宗主，修治堤坊，耕田植树，修整桥梁，修通沟渠，用砖瓦修治屋顶以便行水，解仇怨，赦罪人，修睦四方邻国。这样，和风甘雨便会到来，人民长寿，动物繁殖，这就叫作星德。星，掌管发生，发生属于风。所以，春天如果实行冬天的政令，则将草木凋落；如果实行秋天的政令，则将出现霜杀；如果实行夏天的政令，则会出现溽热。因此，春季三个月，选择甲、乙的日子来发布五项政令。第一项政令是：照顾幼孤，赦免罪人。第二项政令是：赋予官爵，授予禄位。第三项政令是：冰雪消化，修治沟渠，添修坟墓。第四项政令是：修平险阻难行的道路，修整田地的边界，清理田间的界限。第五项政令是：禁杀幼鹿，不准折花断萼。五项政令如果能按时节实行，春雨就会到来。

【原典】

南方曰日，其时曰夏，其气曰阳，阳生火与气。其德施舍修乐。其事：号令赏赐赋爵，受禄顺乡[①]，谨修神祀，量功赏贤，以动阳气。九暑乃至，时雨乃降，五谷百果乃登，此谓日德。中央曰土，土德实辅四时入出，以风雨节土益力。土生皮肌肤。其德和平用均，中正无私，实辅四时：春嬴育，夏养长，秋聚收，冬闭藏。大寒乃极，国家乃昌，四方乃服，此谓岁德。日掌赏，赏为暑。岁掌和，和为雨。夏行春政则风，行秋政则水，行冬政则落。是故夏三月以丙丁之日发五政。一政曰：求有功发劳力者而举之[②]。二政曰：开久坟，发故屋，辟故窌以假贷[③]。三政曰：令禁扇去笠[④]，毋扱免[⑤]，除急漏田庐[⑥]。四政曰：求有德赐布施于民者而赏之。五政曰：令禁罝设禽兽[⑦]，毋杀飞鸟。五政苟时，夏雨乃至也。

【注释】

①受：通“授”。顺：通“巡”，巡视。

②发：通“伐”，功劳，功绩。

③窌（jiào）：地窖。

④令禁扇去笠：禁止敞门不关。

⑤扱免：挽起衣襟，丢掉帽子，古人视为不敬的表现。

⑥急漏：水井和地沟。

⑦罝（jū）：捕兽网。

【译文】

南方是日，它的时令为夏，它的气是阳，阳生火和气。它的德性是施惠与修乐。这个时节要办的事情是：命令进行赏赐、授爵、授禄，巡视各乡劝农，做好祭神之事，量功赏贤，以帮助阳气发展。于是大暑就将到来，时雨就将下降，五谷百果也将丰收，这就叫作日德。中央是土，土的德性是辅佐四时运行，以使风雨适时，地力增长。土生长皮肤肌肉。它的德性表现为和平而均匀，中正而无私，实实在在辅助着四时：春天生育，夏天长养，秋天聚集收成，冬天积储闭藏。最后大寒来到，国家昌盛，四方顺从。这叫作“岁德”。日掌管赏赐，赏赐就是“暑”。岁掌管阴阳调和，阴阳调和就是雨。如夏天实行春天的政令，则起大风；实行秋天政令，则多水；实行冬天政令，则草木凋落。所以，夏季三个月用丙、丁的日子来发布五项政令。第一项政令是：调查有功和为国出力的人们，把他们提拔起来。第二项政令是：开用长期储备，打开老仓、老窖，把粮食贷给人民。第三项政令是：禁止敞门不关，不准挽起衣襟、不戴帽子，清除地沟与田舍。第四项政令是：访求曾经布德施惠于民者，对他们进行奖赏。第五项政令是：下令禁止设网捕捉禽兽，不准杀害飞鸟。这五项政令如果按时节颁行，夏雨就会到来。

【原典】

西方曰辰，其时曰秋，其气曰阴，阴生金与甲。其德忧哀、静正、严顺，居不敢淫佚。其事：号令毋使民淫暴，顺旅聚收[①]，量民资以畜聚。赏彼群干，聚彼群材，百物乃收，使民毋怠。所恶其察，所欲必得，我信则克[②]，此谓辰德。辰掌收，收为阴。秋行春政则荣，行夏政则水，行冬政则耗。是故秋三月以庚辛之日发五政。一政曰，禁博塞[③]，圉小辩，斗译诎[④]。二政曰：毋见五兵之刃。三政曰：慎旅农，趣聚收[⑤]。四政曰：补缺塞坼[⑥]。五政曰：

修墙垣，周门闾[7]。五政苟时，五谷皆入。

【注释】

①顺：通“慎”，谨慎。旅：田野中的农民。

②我：通“义”。

③博塞：赌博。

④斗译诟：因言语犯忌讳而争斗。

⑤趣：督促。

⑥坼：裂口。

⑦闾：又作“谨”，加固。

【译文】

西方是辰，它的时节称为秋，它的气是阴，阴产生金和甲。它的德性是忧虑哀伤、平静公正而严肃谨慎，居住而不做淫佚之事。这个时节要办的事情是：命令人民不准有淫暴行为，谨慎督促旅居田野的农民进行秋收，计量民财以进行征集。砍伐树木，收聚木材，百物皆收，使人民不敢怠惰。所厌恶的事情应当考察，所要求的事情必须做到，保持义信则诸事可成，这叫作辰德。辰主管收敛，收敛就是阴。秋天如实行春天当行的政令则草木反而发荣；如实行夏天当行的政令则将

多水；如实行冬天当行的政令，那么国家就有损伤。所以，秋季三个月用庚辛的日子发布五项政令。第一项政令是：禁赌博，防止小事之争，禁止因言语忌讳而生的争斗。第二项政令是：不得出师征伐。第三项政令：重视安排旅居在野的农民，督促秋收。第四项政令是：修补仓房的缺漏。第五项政令是：修理墙垣，还要加固门户。五项政令如果能按时进行，五谷就会丰收。

【原典】

北方曰月，其时曰冬，其气曰寒，寒生水与血。其德淳越、温怒、周密[①]。其事：号令修禁徙民，令静止，地乃不泄。断刑致罚，无赦有罪，以符阴气。大寒乃至，甲兵乃强，五谷乃熟，国家乃昌，四方乃备[②]，此谓月德。月掌罚，罚为寒。冬行春政则泄，行夏政则雷，行秋政则旱。是故春凋，秋荣，冬雷，夏有霜雪，此皆气之贼也。刑德易节失次，则贼气遫至[③]；贼气遫至，则国多灾殃。是故圣王务时而寄政焉，作教而寄武焉[④]，作祀而寄德焉。此三者圣王所以合于天地之行也。日掌阳，月掌阴，星掌和。阳为德，阴为刑，和为事。是故日食，则失德之国恶之；月食，则失刑之国恶之；彗星见，则失和之国恶之；风与日争明[⑤]，则失生之国恶之。是故，圣王日食则修德，月食则修刑，彗星见则修和，风与日争明则修生。此四者，圣王所以免于天地之诛也。信能行之，五谷蕃息，六畜殖而甲兵强。治积则昌，暴虐积则亡。是故冬三月以壬癸之日发五政。一政曰：论孤独，恤长老。二政曰：善顺阴，修神祀，赋爵禄，授备位。三政曰：效会计，毋发山川之藏。四政曰：摄奸遁，得盗贼者有赏。五政曰：禁迁徙，止流民，圉分异[⑥]。五政苟时，冬事不过，所求必得，所恶必伏。

【注释】

①温怒：以温和节制怒气。

②备：通“服”。

③遫：通“速”。

④武：军事。

⑤争明：争胜。

⑥圉：禁止。分异：分居。

【译文】

北方是月，它的时令称为冬，它的气是寒，寒产生水和血。它的德性是淳厚而清扬、宽恕而周密。这个时节要办的事情是：命令禁止迁居，尽量让人们安静稳定，地气才不会流泄。判刑定罚，不要宽赦罪人，以适应阴气要求。于是大寒来到，甲兵强劲，五谷成熟，国家昌盛，四方臣服，这叫作月德。月掌管刑罚，刑罚就是寒。冬天如实行春天政令，则地气流泄；如实行夏天政令，则天空有雷；如实行秋天政令，则发生干旱。所以，春日草木凋零，秋日草木发荣，冬日有雷，夏日有霜有雪，这都是天气的贼害。刑罚和德政变易了常规，失去了次序，"贼气"就迅速来到；"贼气"迅速来到，国家就多灾多祸。所以，圣王总是按照时节来推行政令，制作教令来推行武事，设置祭记来显示德行。这三项都是圣王为着配合天地的运行而采取的。日主阳，月主阴，星主和调。阳是德惠，阴是刑罚，和调是政事。所以，遇到日食，德惠失修的国家就厌恶它；遇到月食，刑罚失当的国家就厌恶它；遇到彗星出现，失和的国家就厌恶它；风与日争明，失政的国家就厌恶它。所以，圣明君主遇到日食，就注意施德；遇到月食，就改进刑罚；彗星出现，就注重和调；遇到风与日争明的现象，就整顿民生。这四者，都是圣明君主为着避免天地的诛罚而采取的。真正能够实行这些，五谷就将繁茂，六畜就将繁殖，而军备也能增强。治绩积累多了，国家就能昌盛；正如暴虐积累多了，国家就会灭亡一样。所以，冬季三个月用壬、癸的日子来发布五项政令。第一项政令是：评定孤寡，抚恤老人。第二项政令是：小心适应阴气，做好祭神之事，颁赐爵禄，授予并配备官位。第三项政令是：考核会计收支，不要开发山川的宝藏。第四项政令是：拘捕逃犯，得盗贼者有赏。第五项政令是：禁止迁移，防止流民，限制分居。五项政令若能按时而行，冬天应做的事情就没有失误，那么，所要求的一定可以得到，所厌恶的一定可以制伏。

【原典】

道生天地，德出贤人。道生德，德生正[①]，正生事。是以圣王治天下，穷则反[②]，终则始。德始于春，长于夏；刑始于秋，流于冬[③]。刑德不失，四时如一。刑德离乡[④]，时乃逆行。作事不成，必有大殃。月有三政，王事必理，以为必长。不中者死，失理者亡。国有四时，固执王事，四守有所，三政执辅。

【注释】

①正：通“政”，下同。

②穷：尽头。反：通“返”。

③流：发展形成。

④乡：通“向”，方向。

【译文】

“道”产生大地，“德”产生自贤人。道产生德，德产生政令，政令产生事功。所以，圣明君主治天下，事情走到极端就反过头来，走到终了就重新开始。施德开始在春天，增长在夏天；刑罚开始在秋天，发展在冬天。只要刑罚没有失误，四时就能始终如一地正常运行。若是刑与德偏离正确的方向，四时便要逆行，行事不成，就一定会遭遇大祸。国家每月都有三种政事，国家必须遵照它来治理，这才可以久长。不适应就会死灭，不治理就会败亡。国家有四时的不同政令，坚决执行着圣王的政事，那么，春夏秋冬四时应做的事情就要安排得各得其所，还要同时以上述“三政”作为必要的辅助。

五行

【题解】

五行，指金、木、水、火、土。我国古代思想家曾想用这五种常见物质来说明世界万物的起源和统一。本篇总结天地因五行变化而变化的规律，详细论述了人们在金、木、水、火、土每一行主宰下所应执行的政策，认为唯有如此才能合乎天道，取得成功，否则就会遭遇横祸。

【原典】

一者本也，二者器也，三者充也，治者四也，教者五也，守者六也，立者七也，前者八也[①]，终者九也，十者然后具五官于六府也[②]，五声于六律也[③]。六月日至[④]，是故人有六多，六多所以街天地也[⑤]。天道以九制，地理以八制，人道以六制。以天为父，以地为母，以开乎万物，以总一统。通乎九制、六府、三充，而为明天子。修概水上以待乎天堇，反五藏以视不亲[⑥]。治祀之下以观地位，货曋神庐[⑦]，合于精气。已合而有常，有常而有经。审合其声，修十二钟，以律人情。人情已得，万物有极，然后有德。故通乎阳气，所以事天也，经纬日月[⑧]，用之于民；通乎阴气，所以事地也，经纬星历，以视其离。通若道然后有行，然则神筮不灵[⑨]，神龟不卜，黄帝泽参[⑩]，治之至也。

【注释】

①前：通“剪”，齐。

②五官：指东、南、西、北、中。六府：指子午、丑未、寅申、卯酉、辰戌、巳亥。

③五声：指宫、商、角、徵、羽，古代的五个声调。六律：古代节制声调的单位名称，指太簇、姑洗、蕤宾、夷则、无射、黄钟。

④六月日至：夏至和冬至，相距六个月。

⑤街：通道。

⑥五藏：五谷仓廪。

⑦货：珍宝。曋（shěn）：陈列东西的位置。神庐：庙祠。

⑧经纬：常道，规律。

⑨筮：用蓍草占卜。

⑩泽参：择而参之。泽：通“择”。

【译文】

第一是农事，第二是器用，第三是人力与生产相称，治理是第四件事，教化是第五件事，守护是第六件事，建立事业为第七，进行修剪整治为第八，终止结束为第九。到十者为配备五官于六府之中，就像配五声于六律之中一样。每年经六个月为冬至、夏至，因此，人禀有纯阴纯阳之最多，这是可以通乎天地的。天道以九数为制，地道以八数为制，人道以六数为制。天子以天为父，以地为母，借此以开发万物，总于一统。能通晓九功、六府、三充的人，就可以成为明哲的天子。要修平水土，以防备凶年饥馑；发放粮食，以救济没有亲戚关系的民众。祭祀土地，以观察土地财利；陈列珠宝于祠庙，以合于精气要求。已经符合精气要求就应当保持恒常的原则，有了恒常的原则也就有了规范。要审合音声，研究十二钟的音律，使之反映人情。如果人情已经悟透，万物已经尽知，然后就可以称为有德之君了。所以，通晓阳气，是为从事于天，即掌握日月运行规律，以用于人民；通晓阴气，是为了从事于地，即掌握星历节气，以明确其运行次序。通晓这些学问然后付诸实践，那么，就是神筮不显灵，神龟不卜卦，黄帝择取于此，也是可以治理得最好的。

【原典】

昔者黄帝得蚩尤而明于天道，得大常而察于地利，得奢龙而辩于东方，得祝融而辩于南方，得大封而辩于西方，得后土而辩于北方。黄帝得六相而天地治，神明至。蚩尤明乎天道，故使为当时；大常察乎地利，故使为廪者；奢龙辩乎东方，故使为土师；祝融辩乎南方，故使为司徒；大封辩于西方，故使为司马；后土辩乎北方，故使为李。是故春者土师也，夏者司徒也，秋者司马也，冬者李也。昔黄帝以其缓急作立五声①，以政五钟②。令其五钟，一曰青钟大音，二曰赤钟重心，三曰黄钟洒光，四曰景钟昧其明，五曰黑钟隐其常。五声既调，然后作立五行以正天时，五官以正人位。人与天调，然后天地之美生。

【注释】

①作立：始立。

②政：同“正”，规正。

【译文】

从前，黄帝有蚩尤的帮助而明察天道，得大常的帮助而明察地利，得苍龙的帮助而明察东方，得祝融的帮助而明察南方，得大封的帮助而明察西方，得后土的帮助而明察北方。黄帝得六相而天地得治，可以说神明到极点了。蚩尤通晓天道，所以黄帝任命他作“当时”；大常通晓地利，所以黄帝任命他作“廪者”；苍龙明察于东方，所以黄帝任命他作“土师”；祝融明察于南方，所以黄帝任命他作“司徒”；大封明察西方，所以黄帝任命他作“司马”；后土明察北方，所以黄帝任命他作“李”。因此，春是工师，夏是司徒，秋是司马，冬天的性质则相当于理狱的官职。从前，黄帝根据缓急差别制定五声，用五声来规正五钟的音调。命定这五钟音调的名称，第一叫作青钟大音，第二叫作赤钟重心，第三叫作黄钟洒光，第四叫作景钟昧其明，第五叫作黑钟隐其常。五声调整好了，然后开始确定五行来规正天时季节，确定五官来规正人们地位。人事与天道协调了，天地的美好事物也就产生了。

【原典】

日至睹甲子木行御[①]。天子出令，命左右士师内御[②]。总别列爵，论贤不肖士吏，赋秘赐。赏于四境之内，发故粟以田数。出国衡[③]，顺山林[④]，禁民斩木，所以爱草木也。然则冰解而冻释，草木区萌。赎蛰虫，苈菱春辟勿时[⑤]，苗足本[⑥]。不疠雏彀[⑦]，不夭麑麇[⑧]，毋傅速[⑨]。亡伤襁褓。时则不调。七十二日而毕。

【注释】

①日至：指春日既至。

②内御：在王宫内值班任事。

③国衡：指国家管理林木山泽的官员。

④顺：通“巡”。

⑤苈：春天生的菜。

⑥苗足本：以土拥春苗根。

⑦疠（lì）：杀。彀（kòu）：幼鸟。

⑧麑麇（ní yǎo）：幼鹿。

⑨傅：迫近。速：鹿的足迹。

【译文】

冬至后从遇到甲子日开始，要按照木的德性应时治事，天子发出命令，命左右士师内侍治事。汇合分别各级官爵，评定贤与不肖的官吏，赐百官秘藏之物。赏赐于全国各地，按农家种田之数，把国家的陈粮发放给他们。初冬管理山泽的官员，巡视山林，禁止砍伐树木，这是为了爱护草木。如此一来，水解冻化，草木萌生。此时要消灭土中蛰虫，春天生长的菜蔬春天要多种植，不可拖延时间，春苗的根部要培土充足。不残害雏鸟，不使幼麋幼鹿夭折。也不伤害襁褓的婴儿。按时这样做则草木繁茂而不凋零。这些措施要持续七十二日才结束。

【原典】

睹丙子火行御，天子出令，命行人内御，令掘沟浍①，津旧涂②，发臧③，任君赐赏。君子修游驰以发地气。出皮币，命行人修春秋之礼于天下诸侯，通天下遇者兼和。然则天无疾风，草木发奋，郁气息，民不疾而荣华蕃。七十二日而毕。

【注释】

①浍：田间水沟。

②旧涂：指旧时的取水之地，修筑津梁。

③臧：同“藏”。

【译文】

从遇到丙子之日开始，要按照火的德性应时治事，天子发出命令，命行人内侍治事，令其挖掘田间排水的沟渠，在旧道上修筑津梁，发放国家积藏，作为国君赏赐之用。君子游乐驰马，以发泄地气。拿出皮币，命使臣奉行春秋之礼于天下诸侯，通好各国，使各个国家都能和睦。这样，天无暴风，草木生长奋发，郁蒸之气生长出来，百姓就没有疾病而富贵多子。上述这些措施要持续七十二日才能结束。

【原典】

睹戊子土行御，天子出令，命左右司徒内御。不诛不贞，农事为敬。大扬惠言，宽刑死，缓罪人。出国，司徒令命顺民之功力，以养五谷。君子之静居，而农夫修其功力极。然则天为粤宛①，草木养长，五谷蕃实秀大，六畜

牺牲具，民足财，国富，上下亲，诸侯和。七十二日而毕。

【注释】

①粤：通“越”，发散。宛：通“苑”，郁结。

【译文】

从遇到戊子之日开始，要按照土的德性应时治事，天子发出命令，命左右司徒内侍治事。这时不要诛杀不正的人，要敬慎对待农事。要弘扬仁惠的言论，宽于死刑，缓处罪人。走出城外，由司徒下令巡视农民种田用工、出力的情况，以蓄育五谷。君子宜于静居，而农民则需极力讲求农业的用工与出力。这样，天发散其郁结之气，草木发育生长。五谷蕃实秀大，用于祭祀的六畜牺牲也都齐备，百姓财用多，国家富有，君臣上下相亲，各国诸侯也都和睦。上述这些措施要持续七十二日才能结束。

【原典】

睹庚子金行御，天子出令，命祝宗选禽兽之禁[①]，五谷之先熟者，而荐之祖庙与五祀[②]，鬼神飨其气焉，君子食其味焉。然则凉风至，白露下，天子出令，命左右司马衍组甲厉兵，合什为伍，以修于四境之内，谀然告民有事[③]，所以待天地之杀敛也。然则昼炙阳，夕下露，地竞环，五谷邻熟，草木茂实，岁农丰，年大茂。七十二日而毕。

【注释】

①祝宗：祭祀时司祝祷的人。

②五祀：古代天子祭祀的五种神祇。

③谀然：形容态度谦和的样子。

【译文】

从遇到庚子之日开始，要按照金的德性应时治事，天子发出命令，要求司祝之官选择圈养中合用的禽兽，以及秋日里先熟的五谷，敬献于祖庙及五祀之神，让鬼神享用它的气，让君子宴食它的味。这时，凉风已至，白露已下，天子还要下达命令，让左右司马筹措铠甲兵器，组织军人队伍，在全国各地加强备战，告诫百姓有作战之事，并准备天地秋时所行的杀戮。这时，白天太阳甚热，夜间凉露已降，井田环绕，五谷逐次成熟，草木丰实，不仅农业增产，各业都同庆丰年。上述这些措施要持续七十二日才能结束。

【原典】

睹壬子水行御，天子出令，命左右使人内御，其气足则发而止，其气不足则发撊渎盗贼[①]。数剿竹箭[②]，伐檀柘，令民出猎，禽兽不释巨少而杀之，所以贵天地之所闭藏也。然则羽卵者不段[③]，毛胎者不𧳜[④]，孕妇不销弃[⑤]，草木根本美。七十二日而毕。

【注释】

①撊渎：在沟中窥伺他人。

②剿：同“劋”。

③段（duàn）：指卵未孵出而坏死。

④𧳜（dú）：动物胎未出生而死。

⑤销弃：指散坏。

【译文】

从遇到壬子之日开始，要按照水的德性应时治事，天子发出命令，命左右内侍治事。此时冬寒之气若足，则发奸捕盗之事可以停止；冬寒之气不足，则窥伺抓捕盗贼。还要多多砍削竹类以制造箭支，伐取檀柘之木以制弓，命令百姓出猎野生禽兽，不论任何大小一律捕杀，以适应天地闭藏的要求。这样，卵生的鸟类没有孵化不成的，胎生的兽类没有中途流产的，怀孕的妇女没有胎儿夭死的，草木的根本也都是闭藏完好的。上述这些措施要持续七十二日才能结束。

【原典】

睹甲子木行御，天子不赋不赐赏，而大斩伐伤，君危，不殺[①]，太子危，家人夫人死，不然则长子死。七十二日而毕。睹丙子火行御，天子敬行急政，旱札、苗死、民厉[②]。七十二日而毕。睹戊子土行御，天子修宫室，筑台榭，君危；外筑城郭臣死。七十二日而毕。睹庚子金行御，天子攻山击石，有兵作战而败，士死，丧执政。七十二日而毕。睹壬子水行御，天子决塞，动大水，王后夫人薨，不然则羽卵者段，毛胎者𩟗，孕妇销弃，草木根本不美。七十二日而毕也。

【注释】

①殺：衰减。

②札：瘟疫。

【译文】

从遇到甲子之日开始，须按照木的德性应时治事，如果天子不收赋，不行赏赐，而进行大斩伐伤，国君就会危险，不然，则是太子危险，或者是家人、夫人死亡，不然，则是长子死亡。这种灾祸将延长七十二日才结束。从遇到丙子之日开始，须按照火的德性应时行事，如果天子屡行急政，则有“旱札”之灾，禾苗枯死，人遭瘟疫。这种灾祸将延长七十二日才结束。从遇到戊子之日开始，须按照土的德性应时治事，如果天子修筑宫室台榭，那么国君就危险；如在外修筑城郭，那么就是大臣死亡。这种灾祸将延续七十二日才结束。从遇到庚子之日开始，须按照金的德性应时治事，不然天子如果开山动石，那么战争失败，战士死，而执政者丧亡。这

种灾祸将延续七十二日才能结束。从遇到壬子之日开始，须按照水的德性应时治事，如果天子决开或堵塞大河，动了大的治水工程，那么王后夫人就会死亡，不然，则国中卵生的鸟类孵化不成，胎生的兽类中途流产，怀孕的妇女胎儿夭死，草木的根本也不完好。这种灾祸也将延续七十二日才能结束。

任法

【题解】

任法，指依靠法制。本篇集中体现法治思想，开篇就提出依靠法制治国就能“身佚而天下治”，不依靠法制治国会导致民劳、君苦、国危的状况，文中还比较了任法之君与乱法之君的不同，探讨了君与法、臣与法、民与法的关系，详尽指出求得“法治”的途径，明确提出君臣上下贵贱都要依照法制而行。

【原典】

圣君任法而不任智，任数而不任说[①]，任公而不任私[②]，任大道而不任小物，然后身佚而天下治。失君则不然，舍法而任智，故民舍事而好誉；舍数而任说，故民舍实而好言；舍公而好私，故民离法而妄行；舍大道而任小物，故上劳烦，百姓迷惑而国家不治。圣君则不然，守道要，处佚乐，驰骋弋猎，钟鼓竽瑟，宫中之乐，无禁圉也。不思不虑，不忧不图，利身体，便形躯，养寿命，垂拱而天下治[③]。是故人主有能用其道者，不事心，不劳意，不动力，而土地自辟，囷仓自实[④]，蓄积自多，甲兵自强，群臣无诈伪，百官无奸邪，奇术技艺之人莫敢高言孟行以过其情，以遇其主矣[⑤]。

【注释】

①数：法度、政策。说：议论，说道。

②公：公法。

③垂拱：天下太平。

④囷（qūn）：圆形仓库。

⑤遇：同“愚”，愚弄，欺骗。

【译文】

圣明的君主依靠法度而不依靠智谋，依靠政策而不依靠议论，依靠公而不依靠私，依靠大道而不依靠小事，这样就会自身安闲而天下太平。失国的国君就不是这样，不靠法度而依靠智谋，所以百姓也就丢开生产而追逐虚名；不靠政策而依靠议论，所以百姓也就丢开实际而好说空话；弃公而依靠私，所以百姓就背离法度而胡作妄为；弃大道而依靠小事，所以君主劳烦忙乱，人民迷惑不清，而国家不得安定。而圣明的君主就不是这样，他只掌握国家的主要原则，过着安闲快乐的生活，跑马打猎，鸣钟击鼓，吹竽奏瑟，宫中的娱乐没有什么拘束。他不思不虑，不忧不谋，利其身体，适其形躯，保养其寿命，垂衣拱手安坐而天下太平。所以，君主能够运用这个原则的，就不操心，不劳神，不费力，而土地自然开辟了，仓廪自然充实了，积蓄自然丰富了，兵力自然强大了，群臣没有诈伪的，百官没有奸邪的，有特殊技艺的人也都不敢用浮夸的语言、粗莽的行为来夸大个人，欺骗君主了。

【原典】

昔者尧之治天下也，犹埴之在埏也[①]，唯陶之所以为，犹金之在炉，恣冶之所以铸。其民引之而来，推之而往，使之而成，禁之而止。故尧之治也，善明法禁之令而已矣。黄帝之治天下也，其民不引而来，不推而往，不使而成，不禁而止。故黄帝之治也，置法而不变，使民安其法者也。所谓仁义礼乐者，皆出于法。此先圣之所以一民者也。《周书》曰：“国法，法不一，则有国者不祥；民不道法，则不祥；国更立法以典民[②]，则不祥；群臣不用礼义教训，则不祥；百官服事者离法而治，则不祥。”故曰：法者不可不恒也，存亡治乱之所以出，圣君所以为天下大仪也。君臣上下贵贱皆发焉，故曰法古之法也，世无请谒任举之人，无间识博学辩说之士[③]，无伟服，无奇行，皆囊于法以事其主。

【注释】

①埴（zhí）：烧制陶器的黏土。埏（shān）：和。

②典：管理，教育。

③间：通“娴”。

【译文】

从前尧治理天下，像是黏土已经和好一样，任凭陶工去随意制作，又像金属在炼炉里一样，任凭冶工去随意铸造。因此人民真是招之就来，推之即去，使役他们就能够完成任务，禁戒他们就能够及时制止。尧的治理方法，不过是善于明确地发布该怎么办和不要怎么办的法令罢了。黄帝治理天下，人民不用招引就来，不用推动就去，不用役使就能够自成其事，不用禁戒就能够自行停止。黄帝的治理方法，那就是定了法就不改变，让人民习惯于依法行事。所谓仁义礼乐，都是从法里产生的。这法是先圣用来统一人民行动的。《周书》上说：“国家必须有法律，如果法不统一，国君则不祥；人民不守法，也是不祥；国家擅改已立的法度来管理人民，就是不祥；大臣们不用礼节和法制来教育百姓，就是不祥；大小百官管理国事的人脱离法度办事，就是不祥。”所以说：法律虽然不可永远坚持，但是它是存亡治乱的根源，是圣明君主用来作为天下最高标准的。无论君主或群臣、上层或下层、贵者或贱者，都必须一律遵守，所以要效法古时的法治，使社会上没有私自请托保举的人，也没有那种多识、博学和善辩的人，没有特异的服饰，没有奇怪的行动，所有的人都被规范限定到法的范围里为君主服务。

【原典】

故明王之所恒者二：一曰明法而固守之，二曰禁民私而收使之。此二者主之所恒也。夫法者，上之所以一民使下也；私者，下之所以侵法乱主也。故圣君置仪设法而固守之，然故堪材习士闻识博学之人不可乱也[①]，众强富贵私勇者不能侵也，信近亲爱者不能离也，珍怪奇物不能惑也，万物百事非在法之中者不能动也。故法者，天下之至道也，圣君之实用也。

【注释】

①堪材：指才力强，能胜事的人。下同。

【译文】

所以圣明君主必须永远坚持的有两条：一是明确宣布法度而坚定地执行它，二是禁止人民行私而管束役使他们。这两条是君主应当永远坚持的。法，是君主用来统一人民行动使用属下的；私，是属下用来侵犯法度扰乱君主的。所以，圣明君主立下法度而坚定地执行着它，这样，那么所谓能干的人、懂法的人、多识博学的人们，就不可能扰乱法度了；人多势强、富贵而有私勇的人们，就不可能侵犯法度了；君主的亲信、近臣、亲属和宠爱的人们，就不可能违背法度了；珍奇宝物就不可能惑乱君主执法之心了；对任何事物的处理，不在法度之中，也都不可能行得通了。所以，法是天下的最高准则，是圣明君主的法宝。

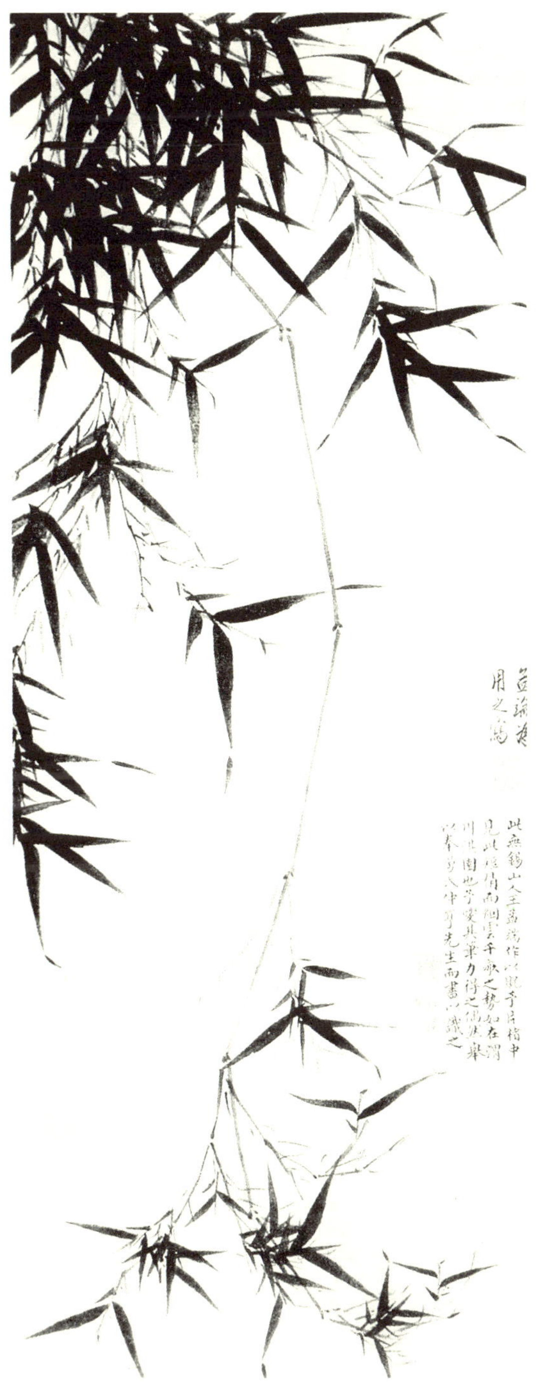

【原典】

今天下则不然，皆有善法

而不能守也。然故堪材习士闻识博学之士能以其智乱法惑上，众强富贵私勇者能以其威犯法侵陵，邻国诸侯能以其权置子立相，大臣能以其私附百姓，剪公财以禄私士。凡如是而求法之行，国之治，不可得也。圣君则不然，卿相不得剪其私，群臣不得辟其所亲爱，圣君亦明其法而固守之。群臣修通辐凑以事其主，百姓辑睦，听令道法以从其事。故曰：有生法，有守法，有法于法。夫生法者，君也，守法者，臣也，法于法者，民也。君臣上下贵贱皆从法，此谓为大治。

【译文】

现在天下的情况就不是如此，本来有完善的法制却不能坚持。因此，所谓能干的、懂法制的和多识博学的人们，就能凭借他们的智谋来扰乱法度，迷惑君主；人多势强、富贵而有徇私好勇的人们，就能凭借他们的威势来破坏法度，欺凌君主；邻国的诸侯也能凭借他们的权力来废置太子，任用国相；国内的大臣也能够凭借他们的私下恩惠来拉拢百姓，侵吞国家的财物来豢养私党。大凡这样的情况，要求法度通行，国家太平，那是不可能的。圣明的君主就不是这样，不允许国家卿相侵吞国家的财物来豢养私党，不允许群臣任用自己亲近的人为官，君主明确自己的法制并且坚定地执行它。这样，群臣协力同心，围绕着君主来为他服务；百姓也团结和睦，听令守法，来做他们应做的事情。所以说，有始订法制的，有维护法制的，有遵照法制行事的。始订法制的是君主，维护法制的是大臣官吏，遵照法制行事的是人民。君臣上下贵贱都服从法制，这就叫作大治。

【原典】

故主有三术：夫爱人不私赏也，恶人不私罚也，置仪设法以度量断者，上主也。爱人而私赏之，恶人而私罚之，倍大臣[①]，离左右，专以其心断者，中主也。臣有所爱而为私赏之，有所恶而为私罚之，倍其公法，损其正心，专听其大臣者，危主也。故为人主者，不重爱人，不重恶人。重爱曰失德，重恶曰失威。威德皆失，则主危也。

①倍：通“背”，背离。

【译文】

所以，君主有三种不同的做法：对喜爱的人不行私赏，对厌恶的人不行私罚，确立仪法制度，根据事实论断赏罚，这是上等的君主。对喜爱的人就行私赏，对厌恶的人就行私罚，既不听大臣忠言，又脱离左右属下，专凭个人之心论断赏罚的，是中等的君主。对大臣所喜爱的人，就替他进行私赏；大臣所憎恶的人，就替他进行私罚；违背国家的法制，丧失正心，只凭大臣的喜恶来论断赏罚的，是危险的君主。所以做君主的，不可擅自重赏所喜爱的人，也不可擅自重罚所厌恶人。擅自重赏所喜爱的人，叫作错用恩德，擅自重罚所厌恶人，叫作错用刑威。刑威和恩德都用错，君主就危险了。

【原典】

故明王之所操者六：生之、杀之、富之、贫之、贵之、贱之。此六柄者，主之所操也。主之所处者四：一曰文，二曰武，三曰威，四曰德。此四位者，主之所处也。藉人以其所操，命曰夺柄。藉人以其所处，命曰失位。夺柄失位，而求令之行，不可得也。法不平，令不全，是亦夺柄失位之道也。故有为枉法，有为毁令，此圣君之所以自禁也。故贵不能威，富不能禄，贱不能事，近不能亲，美不能淫也。植固而不动，奇邪乃恐，奇革而邪化，令往而民移。

【译文】

因此，圣明的君主所操纵着的权力有六项：使人活，使人死，使人富，使人贫，使人贵，使人贱，这六种权柄，是君主所操纵着的。君主所处的地位有四种：一是文治，二是武事，三是刑威，四是施德。这四种地位，是君主所要占据住的。把自己操纵着的权力交给别人，叫作“失权”，把自己所处的地位交给别人，叫作“失位”。处在失权失位的状态，还希望法令能够推行，是不可能的。法度不公平，政令不完备，也是导致“失权”、“失位”的

原因。所以，有时会做出歪曲法度的事，有时会做出毁弃政令的事，这是圣明的君主自己都禁止这样做的缘故。所以贵臣不能威胁他，富人不能贿赂他，贱者不能奉承他，近臣不能亲近他，美色不能迷惑他。执法之心坚定而不动摇，乖异邪僻的人就自然恐惧，乖异邪僻的人们都有了改变，法令一颁布下去，百姓就跟着行动了。

【原典】

故圣君矢度量[①]，置仪法，如天地之坚，如列星之固，如日月之明，如四时之信，然故令往而民从之。而失君则不然，法立而还废之，令出而后反之，枉法而从私，毁令而不全。是贵能威之，富能禄之，贱能事之，近能亲之，美能淫之也。此五者不禁于身，是以群臣百姓人挟其私而幸其主，彼幸而得之，则主日侵；彼幸而不得，则怨日产。夫日侵而产怨，此失君之所慎也[②]。

【注释】

①矢：布陈。

②慎：同“循”，遵循。

【译文】

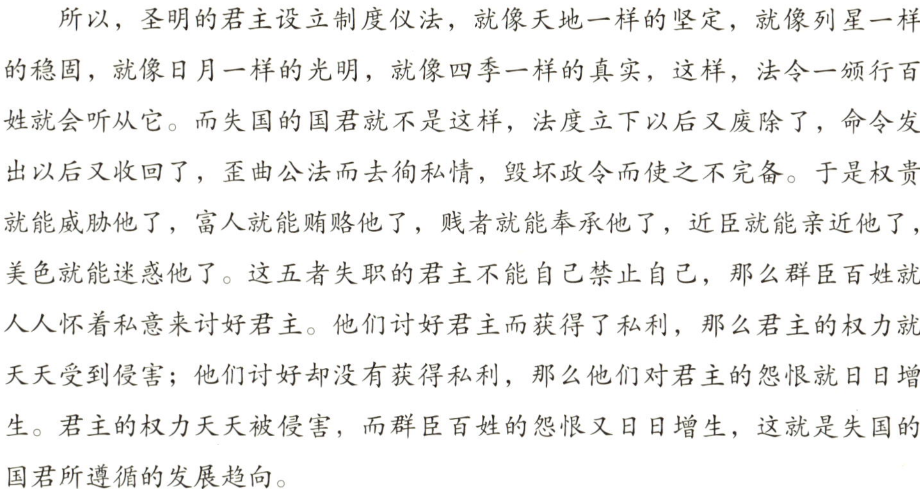

所以，圣明的君主设立制度仪法，就像天地一样的坚定，就像列星一样的稳固，就像日月一样的光明，就像四季一样的真实，这样，法令一颁行百姓就会听从它。而失国的国君就不是这样，法度立下以后又废除了，命令发出以后又收回了，歪曲公法而去徇私情，毁坏政令而使之不完备。于是权贵就能威胁他了，富人就能贿赂他了，贱者就能奉承他了，近臣就能亲近他了，美色就能迷惑他了。这五者失职的君主不能自己禁止自己，那么群臣百姓就人人怀着私意来讨好君主。他们讨好君主而获得了私利，那么君主的权力就天天受到侵害；他们讨好却没有获得私利，那么他们对君主的怨恨就日日增生。君主的权力天天被侵害，而群臣百姓的怨恨又日日增生，这就是失国的国君所遵循的发展趋向。

【原典】

凡为主而不得用其法，不能其意[①]，顾臣而行，离法而听贵臣，此所谓贵而威之也。富人用金玉事主而来焉，主离法而听之，此所谓富而禄之也。贱人以服约卑敬悲色告诉其主，主因离法而听之，所谓贱而事之也。近者以逼近亲爱有求其主，主因离法而听之，此所谓近而亲之也。美者以巧言令色请其主，主因离法而听之，此所谓美而淫之也。

【注释】

①能：任。

【译文】

凡是身为君主却不能运用法制，也不能达到自己的意愿，要看着贵臣的脸色行事，离开法度而听从贵臣摆布，这就叫作贵臣能够威胁他。富人用金珠宝玉侍奉君主而提出要求，君主就背离法度而听从他，这就叫作富人能够贿赂他。贱者作出一副驯顺屈服、卑敬、可怜的样子向君主报告诉说，君主就背离法度听从了他们的哀告，这就叫作贱者能够奉承他。近臣利用他和君主亲密的关系恳求于君主，君主就背离法度听从了他们的恳求，这就叫作近臣能够亲爱他。美人用花言巧语和媚人之态请托于君主，君主就背离法度听从了她的请托，这就叫作美色能够迷惑他。

【原典】

治世则不然，不知亲疏、远近、贵贱、美恶，以度量断之。其杀戮人者不怨也，其赏赐人者不德也。以法制行之，如天地之无私也。是以官无私论，士无私议，民无私说，皆虚其匈以听其上①。上以公正论，以法制断，故任天下而不重也。今乱君则不然，有私视也，故有不见也；有私听也，故有不闻也；有私虑也，故有不知也。夫私者，壅蔽失位之道也。上舍公法而听私说，故群臣百姓皆设私立方以教于国，群党比周以立其私，请谒任举以乱公法，人用其心以幸于上。上无度量以禁之，是以私说日益，而公法日损，国之不治，从此产矣。

【注释】

①匈：同“胸”，心胸。

【译文】

治世的情况就不是这样，不论亲疏、远近、贵贱和美丑，都以法制的标准来判断他们。他定罪杀人，人不怨恨；按功行赏，人也不必感恩戴德。凭法制办事，如同天地对万物一样没有私心。所以官吏没有私自的议论，士人没有私自的建议，百姓没有私自的评说，大家都虚心听从君主。君主凭公正原则来考论政事，凭法制来裁断是非，所以他虽担负治理天下的大任而不感到沉重。如今的昏君就不是如此，用私心来看事物，所以就有看不见的情况；用私心来听情况，所以就有听不见的地方；用私心来考虑问题，所以就有认识不到的地方。这私心正是遭受蒙蔽、造成失位的原因。君主舍弃国家的公法而去听信私自的议论，于是群臣百姓都将创立自己的一套学说和主张，在国内到处宣扬；还将勾结徒党，来建立私人的权势；还将请托保举，来扰乱国家的公法；还将用尽心机，来骗取君主的宠信。君主若没有法度来禁止这些现象，于是私人的学说一天比一天增多，而国家公法一天比一天削弱，国家的不安定，从此产生了。

【原典】

夫君臣者，天地之位也。民者，众物之象也。各立其所职以待君令，群臣百姓安得各用其心而立私乎？故遵主令而行之，虽有伤败，无罚；非主令而行之，虽有功利，罪死。然故下之事上也，如响之应声也；臣之事主也，如影之从形也。故上令而下应，主行而臣从，此治之道也。夫非主令而行，有功利，因赏之，是教妄举也；遵主令而行之，有伤败，而罚之，是使民虑利害而离法也。群臣百姓人虑利害，而以其私心举措[①]，则法制毁而令不行矣。

【注释】

①举措：行事。

【译文】

君臣的地位，就好比天和地的差别一样，老百姓好比万物并列的样子，各自按其职务听候君主的政令，群臣百姓怎么可以各自用心谋取私利呢？所以，遵照君主的政令去办事，虽遭到挫折失败，也不应处罚；不遵照君主的政令办事，即使取得功利，也要处死罪。这样下侍奉上，就像回响顺应声音一样；臣子侍奉君主，就像影子跟着形体一样。所以上面发令，下面就贯彻；君主行事，臣民就遵从，这是治国之道。如果不按照君主的政令行事，取得了功利便进行赏赐，这等于教导他妄自行事；如果按照君主的政令行事，遭到了挫折失败，就加以处罚，这等于使人们考虑利害而背离法度。群臣百姓若是人人都考虑利害关系而按其私意行事，那么法制也就归于毁灭，而政令就不能推行了。

治国

【题解】

治国，即治理国家。本篇主要论述农业生产对治理国家的重要性。文章开篇就提出“凡治国之道，必先富民”，认为富民是治国的基础，而要使民富则必须发展粮食生产，所以要鼓励百姓从事农业。为了发展农业，作者提出强本抑末，即努力增加粮食产量、禁止奢侈品生产的主张。文章最后用粮多粮少作对比来归结粮食在治国中的重要作用。

【原典】

凡治国之道，必先富民。民富则易治也，民贫则难治也。奚以知其然也？民富则安乡重家，安乡重家则敬上畏罪，敬上畏罪则易治也。民贫则危乡轻家[①]，危乡轻家则敢陵上犯禁[②]，凌上犯禁则难治也。故治国常富，而乱国必贫。是以善为国者，必先富民，然后治之。

【注释】

①危：不安心。

②陵：侵凌。

【译文】

大凡治国的道理，一定要先使百姓富裕起来，百姓富裕就容易治理，百姓贫穷就难以治理。为什么这样看呢？百姓富裕就安于乡居而不愿意离开家园，安乡爱家就恭敬君上而畏惧刑罪，敬上畏罪就容易治理了。民众贫穷就不安于乡居而轻视家园，不安于乡居而轻家就敢于对抗君上而违犯禁令，抗上犯禁就难以治理了。所以，治理得好的国家往往是富裕的，乱国必然是贫穷的。所以，善于主持国家的君主，一定要先使百姓富裕起来，然后再加以治理。

【原典】

昔者，七十九代之君[①]，法制不一，号令不同，然俱王天下者，何也？必国富而粟多也[②]。夫富国多粟生于农，故先王贵之。凡为国之急者，必先禁末作文巧。末作文巧禁则民无所游食，民无所游食则必农。民事农则田垦，田垦则粟多，粟多则国富。国富者兵强，兵强者战胜，战胜者地广。是以先王知众民、强兵、广地、富国之必生于粟也，故禁末作，止奇巧，而利农事。

【注释】

①七十九代之君：不详其从何代算起，当泛指前朝君主。

②粟：借指粮食。

【译文】

从前，历代的君主，法度不一，号令不同，然而都能统一天下，这是为什么呢？一定是国富而粮多的缘故。国富粮多来源于农业，所以先代圣王都重视农业。凡是以治国为急务的人，一定要先禁止奢侈性的工商业和奢侈品的制造，禁止了这些，人民便无法游荡求食，人民无法游荡求食，就必然从事农业。人民从事农业则土地得到开垦，土地开垦则粮食增加，粮食增加则国家富裕，国富则兵力可以强大，兵强则战争可以取胜，战胜则土地也就广阔了。因此，先代圣王懂得人口多、兵力强、国土广和国家富都一定来源于粮食，因而都禁止奢侈性的工商业和奢侈品的制作，以有利于农业的发展。

【原典】

今为末作奇巧者[①]，一日作而五日食；农夫终岁之作，不足以自食也。然则民舍本事而事末作。舍本事而事末作，则田荒而国贫矣。凡农者，月不足而岁有余者也。而上征暴急无时，则民倍贷以给上之征矣[②]。耕耨者有时，而泽不必足，则民倍贷以取庸矣[③]。秋籴以五，春粜以束，是又倍贷也。故以上之征而倍取于民者四，关市之租，府库之征，粟十一，厮舆之事，此四时亦当一倍贷矣。夫以一民养四主，故逃徙者刑而上不能止者，粟少而民无积也。

【注释】

①末作奇巧：指经营奢侈玩好物品的手工业和商业。

②倍贷：指借一还二的高利贷。

③庸：通"佣"。

【译文】

如今从事奢侈性的工商业和奢侈品制作的人们，一日的劳作就可以得到五日的食用。而农民终年劳动，却不能维持自家生活。这样，人民就放弃农业生产而从事奢侈性的工商业。舍弃农业生产而从事奢侈性的工商业，那土地也就荒芜而国家贫穷了。要是从事农业的人，按月计算则收入不足，按年算才可能有余。然而，官府征税却急如星火，又不根据时节，农民只好借加倍的高利贷来满足国家的税收。但耕田锄草都有季节限制，而雨水不一定及时够用，农民又只好借加倍的高利贷来雇人浇地。商人秋天从农民手里买粮的粮价是"五"，春天卖粮的粮价是"十"，这又是一种加倍的高利贷。所以，把上面的征税算起来，成倍索取农民的款项就达到四项，关市的租税、府库的征收、十分之一的征粮和各种劳役放在一起，又等于一项加倍的高利贷了。一个农民要养四个债主，所以即使对外逃者处刑，国君也不能制止农民外流，这都是因为粮食少而农民没有积蓄的缘故。

【原典】

常山之东[①]，河汝之间[②]，蚤生而晚杀[③]，五谷之所蕃孰也[④]。四种而五获。中年亩二石，一夫为粟二百石。今也仓廪虚而民无积，农夫以粥子者[⑤]，上无术以均之也。故先王使农、士、商、工四民交能易作，终岁之利无道相过也。是以民作一而得均⑥。民作一则田垦，奸巧不生。田垦则粟多，粟多则国富。奸巧不生则民治。富而治，此王之道也。不生粟之国亡，粟生而死者霸，粟生而不死者王。粟也者，民之所归也；粟也者，财之所归也；粟也者，地之所归也。粟多，则天下之物尽至矣。故舜一徙成邑，贰徙成都，参徙成国。舜非严刑罚重禁令，而民归之矣。去者必害，从者必利也。

【注释】

①常山：地名，在今河北中部正定一带。

②汝：水名，发源于河南伏牛山，东南流经安徽西北部入淮。

③蚤：通“早”。

④孰：通“熟”，成熟。

⑤粥：通“鬻”，出卖。

⑥作一：专务一业，即专务农业生产。

【译文】

从常山东麓到黄河、汝水之间，作物生长得早而凋落得迟，是粮食增产的好地方。一年四季都可以种植而五谷皆收。中等年成亩产两石粮食，一个劳力可以生产粮食二百石。如今国家粮仓空虚而百姓没有积存，农民卖儿卖女，原因在于君主没有办法均衡人们的收入。所以先代圣王总是注意让农、士、商、工四民轮换其行业，这样每年的收入，谁也无法互相超过。因此，农民专一务农而收入可以与其他各业均衡。农民专一务农田野就得到开垦，奸巧之事也不会发生。田野开垦粮食增多，粮食多则国家富裕。没有奸巧之事人民就安定。富裕而安定，这正是成王业的道路。农业荒废不生产粮食的国家将会灭亡，粮食生产仅够消费的国家只能靠武力维持，粮食生产充足，而又能食用不尽的国家才可以成就王业。粮食，是民生之本；粮食，是财用之本；粮食，是疆土之本。粮食一多，天下的物产就都来了。所以，舜第一次率民迁徙的时候，发展农耕而建成小邑，第二次迁徙的时候，就建成大都，到第三次迁徙的时候，就建成国家。舜没有采用严厉的刑罚、严酷的禁令，而民众都归向他。这是因为离开他必然受害，跟着他必然有利。

【原典】

先王者善为民除害兴利，故天下之民归之。所谓兴利者，利农事也；所谓除害者，禁害农事也。农事胜则入粟多，入粟多则国富，国富则安乡重家，安乡重家则虽变俗易习、欧众移民[①]，至于杀之，而民不恶也。此务粟之功也。上不利农则粟少，粟少则人贫，人贫则轻家，轻家则易去，易去则上令不能必行，上令不能必行则禁不能必止，禁不能必止则战不必胜、守不必固矣。夫令不必行，禁不必止，战不必胜，守不必固，命之曰寄生之君。此由不利农少粟之害也。粟者，王之本事也，人主之大务，有人之途[②]，治国之道也。

【注释】

①欧：通“殴”，驱赶。

②途：道路。

【译文】

先代圣王往往善于为人民除害兴利，所以天下人民都归附他。所谓兴利，就是有利于农业；所谓除害，就是禁害于农业。农业发展则粮食收入增多，粮食收入增多则国富，国富则人民安于乡居而爱惜家园，人民安乡爱家，对于移风易俗，驱使调遣，甚至有所杀戮，都不会憎恶。这都是致力于粮食生产的功效。君主不发展农业则粮食必少，粮少则人民贫困，人民贫困则轻视家园，轻视家园则容易外逃，人民轻易外逃则君令不能坚决执行，君令不能坚决执行，禁律也不能做到坚决落实，禁律不能坚决落实则战争不能做到必胜，防守也不能做到必固了。法令不能必行，禁律不能落实，出战不能必胜，防守不能必固，这叫作寄生的君主。这都是不发展农业缺少粮食的危害。增产粮食，是成王业的根本大事，是君主的首要任务，是招引民众的途径和治国的道路。

内业

【题解】

内业，即内心修养的功夫。本篇属于黄老道家的文献，认为精气是人的生命与意识的本质，精气的存在与否，决定着人的生死存亡，关系到事业的成败。要保持心中的精气，就必须丢弃喜怒哀乐，使内心处于虚静、安定与专注。此外，文章还把帝王的修身与国家之乱联系在一起，并明确提出了养生的“食之道”，论述了悲喜与养生之间的关系。

【原典】

凡物之精，此则为生。下生五谷，上为列星。流于天地之间，谓之鬼神；藏于胸中，谓之圣人。是故民气，杲乎如登于天[①]，杳乎如入于渊[②]，淖乎如在于海[3]，卒乎如在于已。是故此气也，不可止以力，而可安以德；不可呼以声，而可迎以音。敬守勿失，是谓成德。德成而智出，万物毕得。凡心之刑[4]，自充自盈，自生自成。其所以失之，必以忧乐喜怒欲利。能去忧乐喜怒欲利，心乃反济。彼心之情，利安以宁。勿烦勿乱，和乃自成。折折乎如在于侧[5]，忽忽乎如将不得，渺渺乎如穷无极。此稽不远，日用其德。

【注释】

①杲（gǎo）：明亮，高明的样子。

②杳（yǎo）：幽暗。

③淖（nào）：湿润的样子。

④刑：通“型”，规则。

⑤折折：明晰的样子。

【译文】

凡是物中的精气，结合起来就有生机。在下面就是地上生长的五谷，在上面便是天空中排列着的群星。流动在天地之间的叫作鬼神，藏在人的心里的叫作圣人。因此，这种气有时明亮得像升到天空，有时幽暗得好像藏入深渊，有时润泽得如浸在海里，有时又像聚集在自己身上。这种气，不可以用强力留住它，却可以用德性来使它安定；不可以用声音去呼唤它，却可以用心意去迎接它。谨慎地守住它而不丧失，这就叫作“成德”。德道德成就了就会产生出智慧，对万事万物全都能掌握理解了。心的形体，它本身就能自然地充满精气，自然地生成。它之所以丧失精气，必然是由于忧、乐、喜、怒、嗜欲和贪利。能排除忧、乐、喜、怒、嗜欲和贪利的侵扰，心又可以返回其本来的安定状态。心的特性，最需要安定和宁静。保持不烦不乱，心的和谐就可以自然形成。这些道理，有时清清白白好像就在身边，有时恍恍惚惚好像寻找不到，又有时渺渺茫茫追寻不到尽头，实际上考察它并不遥远，因为人们天天都在享用着它的德惠。

【原典】

夫道者，所以充形也，而人不能固。其往不复，其来不舍。谋乎莫闻其

音，卒乎乃在于心[①]；冥冥乎不见其形[②]，淫淫乎与我俱生[③]。不见其形，不闻其声，而序其成，谓之道。凡道无所，善心安爱[④]；心静气理，道乃可止。彼道不远，民得以产；彼道不离，民因以知。是故卒乎其如可与索，眇眇乎其如穷无所。彼道之情，恶音与声，修心静音，道乃可得。道也者，口之所不能言也，目之所不能视也，耳之所不能听也，所以修心而正形也。人之所失以死，所得以生也；事之所失以败，所得以成也。

【注释】

①卒：通“萃”，萃聚。

②冥冥乎：昏暗的样子。

③淫淫乎：滋润的样子。

④爱：隐。

【译文】

道，是用来充实身躯的，但人们往往不能固守。它走开就不再来，来了又不肯停留。模糊得听不到它的声音，却又高大地显现在人的心中；昏暗得看不到它的形状，却又滋滋润润地与我一块生长。看不到它的形体，听不到它的声音，却是有步骤地使万物成长着，这就是道。道没有固定的停留场所，心地良善则藏居下来；心静而气不乱，道就可以停留下来。道并不在远方，人们都靠它生长；道并不离开人们，人们都靠它而产生认识。所以道萃聚在心中，好像人人都可以寻找得到；道又是幽幽渺渺的，好像追寻不出它究竟何在。道的本性，讨厌声音语言，只有修心静意，才能得道。道这个东西，是口不能言传，目不能察看，耳朵也听不到的，它是用来修养内心和端正形貌的。人们失掉了它就会死亡，得到了它就能生长；失掉了它就将失败，得到了它就能成功。

【原典】

凡道无根无茎，无叶无荣，万物以生，万物以成，命之曰道。天主正，地主平，人主安静。春秋冬夏，天之时也；山陵川谷，地之枝也[①]；喜怒取予，人之谋也。是故圣人与时变而不化，从物而不移。能正能静，然后能定。定心在中，耳目聪明，四枝坚固，可以为精舍。精也者，气之精者也。气，道乃生，生乃思[②]，思乃知，知乃止矣。凡心之形，过知失生。一物能化谓之神[③]，一事能变谓之智。化不易气，变不易智，唯执一之君子能为此乎！执一不失，能君万物。君子使物，不为物使，得一之理。治心在于中，治言出于口，治事加于人，然则天下治矣。“一言得而天下服，一言定而天下听”，公之谓也。

【注释】

①枝：通“肢”。下文“枝”字同。

②思：思想。

③一：指抓住万物最基本、最简便的法则。

【译文】

凡是道，没有根也没有茎，没有叶子也没有花朵，但万物都因它而生，因它而成，所以把它叫作“道”。天在于正，地在于平，人在于安静。春秋冬夏是天的时节；山陵川谷是地的肢体，喜怒取予是人的谋虑。所以圣人总是随时变通而自己却不变化，顺应事物变迁而自己却不转移。能正能静，然后

才能够安定。有一个安定的心在里面，所以耳目聪明，四肢坚固，身体就可以作为“精”的留住场所。所谓“精”，就是气中最精纯的东西。气，通达开来就产生生命，有生命就有思想，有思想就有知觉，有知觉就知道准则所在了。大凡心的规则，过度地用知觉，就妨碍生机了。抓住万物最基本、最简便的法则，能顺应万物的变化，这就叫作“神”；抓住万物最基本、最简便的法则，能顺应万物的变化，这就叫作“智”。与物变化而自己的气不变，与事变化而自己的智不变，这只有掌握了最基本、最简便的“一”的君子才能做到！掌握了简易的“一”而不失去它，就能够统率万物了。君子役使万物，而不受外物支配，就是因为掌握了“一”的原则。身体内的心治理好了，口里说的就会是治理好的话，落实到民众身上的就将是治理好的事，这样，天下也就会治理好了。所谓“一言得而天下服，一言定而天下听”，说的就是这个道理。

【原典】

形不正，德不来；中不静，心不治。正形摄德，天仁地义，则淫然而自至神明之极，照乎知万物。中义守不忒[①]，不以物乱官，不以官乱心，是谓中得。有神自在身，一往一来，莫之能思。失之必乱，得之必治。敬除其舍，精将自来。精想思之，宁念治之，严容畏敬，精将至定。得之而勿舍，耳目不淫。心无他图，正心在中，万物得度[②]。道满天下，普在民所，民不能知也。一言之解，上察于天，下极于地，蟠满九州[③]。何谓解之？在于心安。我心治，官乃治；我心安，官乃安。治之者心也，安之者心也。心以藏心，心之中又有心焉。彼心之心，音以先言。音然后形[④]，形然后言。言然后使，使然后治。不治必乱，乱乃死。

【注释】

①义：适宜，这里指守住心的正、静状态。

②度：法度，标准。

③蟠：遍及。

④音：本节中皆读为“意”，指心意，即精气。

【译文】

外形不端正，是因为德没有养成；内心不虚静，是因为心没有治好。端正外形，修养内德，就如天地那样仁义，那就将渐渐到达神明的最高境界，就能明彻地察知万物。内心守静而不生差错，不让外物扰乱五官，不让五官扰乱内心，这就叫作内心有所得。本来有“神”存在心中，不过一往一来，没有人能猜想它。但心中失去了神就必定纷乱，得到了神就必定安定。谨慎地把心里的杂念打扫干净，精气就会自然到来。聚精会神去想着保养它，宁息杂念来疏理它，抱着严肃而畏敬的态度敬畏它，精气就会达到安定。得到精气而不舍弃，耳目等器官就不会迷惑了。心中别无他图，只一个平正的心在里面，对待万物就会有正确标准。道布满在天下，并且普遍地存在人们的心中，人们却不能认识它。只要对道这个字有了解，就能够上通于天，下至于地，而且满布于九州的事情都可以察知。怎样才能了解呢？在于心能平定。我的心能平定，五官就会平定；我的心能安静，五官就会安静。需要平定的是心，需要安静的也是心。心中包藏着心，心里面又有个心。那个心里面的心，先产生意识，意识再用语言表达。有了意识，然后有形态，意识有了形态，然后可以成为言论。有言论，然后布之以令，令出然后可以治理事物。不能治理，就会造成纷乱，纷乱了，就会造成灭亡。

【原典】

精存自生，其外安荣[①]。内藏以为泉原，浩然和平，以为气渊。渊之不涸，四体乃固；泉之不竭，九窍遂通。乃能穷天地，被四海。中无惑意，外无邪灾。心全于中，形全于外，不逢天灾，不遇人害，谓之圣人。人能正静，皮肤裕宽，耳目聪明，筋信而骨强[②]。乃能戴大圆而履大方[③]，鉴于大清，视干大明。敬慎无忒，日新其德，遍知天下，穷于四极。敬发其充，是谓内得。然而不反，此生之忒。

【注释】

①安荣：仪态安详。

②信：通“伸”。

③大圆：指苍天。大方：指大地。

【译文】

精存在心，人就自然生长，表现在人体外面，就仪态安闲而颜色光鲜。藏在内部的精气是生命的泉源，它浩大而和平，形成气的渊源。渊源没有枯竭，四肢才能强健；泉源不干涸，九窍才通畅。充满精气的生命能与天地为一，普察四海。心中没有迷惑不明的东西，体外就没有邪恶的灾祸。心在内部保持中平，形体在外部就能保持健全，不逢天灾，不遇人害，这样的人就叫作圣人。人能达到正和静的境界，形体上就表现为皮肤丰满，耳目聪明，筋骨舒展而强健。就能头顶上天，脚踏实地，目视如同清水，观察如同日月。严肃谨慎地保持正静而没有差失，德行与日俱新，并且遍知天下事物，远达四方极远的地域。这样恭敬地生发其内在的精气，就叫作内心有得。然而有些人不能回归到这样的境界，那是生活上的差失造成的。

【原典】

凡道，必周必密，必宽必舒，必坚必固。守善勿舍，逐淫泽薄[①]，既知其极，反于道德。全心在中，不可蔽匿，和于形容，见于肤色。善气迎人，亲于弟兄；恶气迎人，害于戎兵。不言之声，疾于雷鼓。心气之形，明于日月，察于父母。赏不足以劝善，刑不足以惩过，气意得而天下服，心意定而天下听。抟气如神[②]，万物备存。能抟乎？能一乎？能无卜筮而知吉凶乎？能止乎？能已乎？能勿求诸人而之己乎？思之思之，又重思之。思之而不通，鬼神将通之，非鬼神之力也，精气之极也。四体既正，血气既静，一意抟心，耳目不淫，虽远若近。思索生知，慢易生忧，暴傲生怨，忧郁生疾，疾困乃死。思之而不舍，内困外薄，不蚤为图[③]，生将巽舍[④]。食莫若无饱，思莫若勿致。节适之齐，彼将自至。

【注释】

①逐淫泽薄：驱逐淫邪，去掉浮薄。

②抟：专一。

③蚤：通“早”。

④巽：通“逊”，离去。

【译文】

道，一定是周密、宽舒、坚固的。能做到守善而不舍，驱逐淫邪，去掉浮薄，充分认识道的最高准则，就可以返回到道德上来了。健全的心在内部，外面是不能掩藏的，它会表现在形体容貌上面，也表现在肌肤颜色上面。以善气迎人，相亲胜于兄弟；以恶气迎人，相害胜于刀兵。这种不说出来的声音，比打雷击鼓还传得快。这心和气的形体，比太阳和月亮还光明，体察事情比父母了解子女更加明察。赏赐不一定能够劝人向善，刑罚不一定能够惩治过错。得到精气生的意，天下就可以顺服；心的意向安定，天下都会听从。能够专心一意在气上，就会像神明一样，把万物都收藏在心中。能专心么？能一意么？能做到不用占卜就预知凶吉么？能够要止就止么？能够要完就完么？能做到不外求于人而靠自己解决问题么？思考，思考，再重复思考吧。思考不通，鬼神将帮你想通，其实这不是鬼神的力量，而是精气的极大作用。四体都能端正，血气都能平静，一意专心，耳目不受外物的迷惑，这样即使是遥远的事情，也会像近旁的事情一样。思索产生智慧，懈怠疏忽产生忧患，残暴骄傲产生怨恨，忧郁产生疾病，疾病困迫就会导致死亡。一个人思虑过度而过于执着，身心就

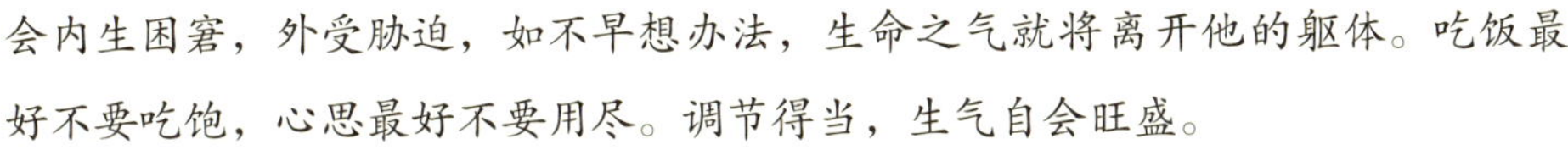
会内生困窘，外受胁迫，如不早想办法，生命之气就将离开他的躯体。吃饭最好不要吃饱，心思最好不要用尽。调节得当，生气自会旺盛。

【原典】

凡人之生也，天出其精，地出其形，合此以为人。和乃生，不和不生。察和之道，其精不见，其征不丑。平正擅匈[①]，论治在心，此以长寿。忿怒之失度，乃为之图。节其五欲[②]，去其二凶，不喜不怒，平正擅匈。凡人之生也，必以平正。所以失之，必以喜怒忧患。是故止怒莫若诗，去忧莫若乐，节乐莫若礼，守礼莫若敬，守敬莫若静。内静外敬，能反其性，性将大定。凡食之道：大充，伤而形不臧；大摄，骨枯而血沍[③]。充摄之间，此谓和成，精之所舍，而知之所生。饥饱之失度，乃为之图。饱则疾动，饥则广思[④]，老则长虑。饱不疾动，气不通于四末；饥不广思，饱而不废[⑤]；老不长虑，困乃遬竭[⑥]。大心而敢，宽气而广，其形安而不移，能守一而弃万苛。见利不诱，见害不俱，宽舒而仁，独乐其身，是谓云气，意行似天。凡人之生也，必以其欢。忧则失纪，怒则失端。忧悲喜怒，道乃无处。爱欲静之，遇乱正之，勿引勿推，福将自归。彼道自来，可藉与谋。静则得之，躁则失之。灵气在心，一来一逝，其细无内，其大无外。所以失之，以躁为害。心能执静，道将自定。得道之人，理丞而屯泄[⑦]，匈中无败。节欲之道，万物不害。

【注释】

①平正擅匈：胸中有准的意思。

②五欲：五官的欲求。

③沍（hù）：干涸凝固。

④广：通“旷”，舒缓。

⑤废：通“发”。

⑥遬：同“速”。

⑦丞：同“蒸”，蒸发排泄。

【译文】

人的生命，是由天给他精气，地给他形体，两者相结合才成为人。两者

调和就有生命，不和就没有生命。考察“和”的规律，它的精微是不可能看得见的，它表现的征兆是不能类比的。但能使平和中正占据胸怀，安心定神，就是长寿的来源。忿怒失去了节制，就加以调节。节制五官的欲求，除去喜、怒那两种凶事，不喜不怒，平和中正就可以占据胸怀了。人的生命，一定要依赖平和中正。生命之所以有失，一定是因为喜怒忧患的失当。所以说，制止忿怒什么都比不上诗歌，消除忧闷什么都比不上音乐，节制享乐什么都比不上守礼，遵守礼仪什么都比不上保持敬慎，保持敬慎什么都比不上内心虚静。内心虚静而外表敬慎，就能恢复精气，精气也将大大地得到稳定。关于饮食的道理：吃得太多，就伤胃而形体不佳；吃得太少，就骨枯而血液停滞。吃得多少适中，就是实现了舒和，于是精气有所寄托，神智能够生长。如果是饥饱失度，那就要设法解决。太饱了就要赶快活动，太饿了就要停止思考，人老了就更要珍惜动脑筋思考。吃饱而不赶快活动，血气就不能通达于四肢；饥饿而不停止思考，饱食也不赶快行动，老了而不勤用脑，都会导致困顿加速生命枯竭。心胸宽广而敞亮，意气宽舒而开阔，形体安定而德性不移，能保持心意专一而摆脱各种困扰。见利而不被引诱，见害不生畏惧，心情宽舒而仁慈，自身能独得其乐，这些就叫作“运气”的功夫，

而且意念的运行也好像升行在天空一样。人的生命，一定是源于情绪的欢乐。忧愁会使生命失常，恼怒会使生命无序。心里充满忧悲喜怒，“道”就无地可容。有了爱欲的杂念就应当平息它，有了愚乱的思想就应当改正它。不让杂念引来推去，幸福将自然地降临。道是自然到来的，人可以借助道的到来而予以谋虑。虚静就能得到道，急躁就会失掉道。灵气在人的心中，有时来有时消逝，既小得无比，又大得无限。人之所以失掉灵气，是由于急躁作怪。要是内心能够平静，道自然会安定下来。得道的人，邪气能从肌理毛孔中蒸发排泄出去，使胸中没有郁积败坏的东西。能实行节欲之道，就不受万事万物危害了。

小问

【题解】

小问，即日常的答问，不是专题的长篇大答问。本篇由一系列对话和小故事组成，共记述了管仲十多次答齐桓公的询问，内容十分广泛，涉及政治、军事、外交、用人等国家大事，也有一些是日常生活中会遇到的一些问题，都是随问随答，不全面展开。随意性的问答，有较浓的生活气息，也反映了齐桓公与管仲间的密切关系。

【原典】

桓公问管子曰：“治而不乱，明而不蔽，若何？”管子对曰：“明分任职，则治而不乱，明而不蔽矣。”

公曰：“请问富国奈何？”管子对曰：“力地而动于时，则国必富矣。”

公又问曰：“吾欲行广仁大义，以利天下，奚为而可？”管子对曰：“诛暴禁非，存亡继绝，而赦无罪，则仁广而义大矣。”

公曰："吾闻之也，夫诛暴禁非，而赦无罪者，必有战胜之器，攻取之数，而后能诛暴禁非，而赦无罪，请问战胜之器?"管子对曰："选天下之豪杰，致天下之精材，来天下之良工，则有战胜之器矣。"

公曰："攻取之数何如?"管子对曰："毁其备，散其积，夺之食，则无固城矣。"

公曰："然则取之若何?"管子对曰："假而礼之①，厚而无欺，则天下之士至矣。"

公曰："致天下之精材若何?"管子对曰："五而六之，九而十之，不可为数。"

公曰："来工若何?"管子对曰："三倍，不远千里。"

桓公曰："吾已知战胜之器、攻取之数矣。请问行军袭邑，举错而知先后②，不失地利若何?"管子对曰："用货，察图。"

公曰："野战必胜若何?"管子对曰："以奇。"

公曰："吾欲遍知天下若何?"管子对曰："小以吾不识，则天下不足识也。"

【注释】

①假：同"嘉"，嘉奖。

②举错：举措。错：同"措"。

【译文】

桓公问管仲说："怎样才能做到治而不乱，明察是非而不受蒙蔽呢?"管仲回答说："要明确责任来安排官职，就可以做到治而不乱，明察而不受蒙蔽了。"

桓公说："请问怎样才能使国家富裕起来?"管仲回答说："努力耕种土地而顺应农时，国家就一定会富裕。"

桓公又问说："我要行大仁大义，以利于天下，怎样办才好?"管仲回答说："诛讨暴国，禁止恶行，使覆亡之国复存，斩绝之嗣得续，并赦免无辜的罪人，那就是大仁大义了。"

桓公说："我听说，诛讨暴国，禁止恶行，赦免无罪的人，一定要有战胜敌人的武器，攻取敌人的策略，然后才能做到惩暴禁恶，赦免无罪。请问如何解决胜敌的武器问题?”管仲回答说：“选取天下的豪杰，广集天下的精材，招请天下的良工巧匠，就有胜敌的武器了。”

桓公说：“攻取敌人的策略是怎样的呢?”管仲回答说：“摧毁他们的设备，消散他们的积蓄，夺取他们的粮食，就没有什么坚固城池可守的了。”

桓公问：“那么如何选取豪杰之士呢?”管仲回答说：“嘉奖他而以礼招待他，用仁德而不用欺骗，那么天下的豪杰之士就来了。”

桓公说：“怎样收集天下的精材呢?”管仲回答说；“价值五的给六，价值九的给十，天下的精材就会不可计数了。”

桓公说：“怎样招请良工巧匠呢?”管仲回答说：“出三倍的工钱，他们就不远千里而来了。”

桓公说：“我已经听明白关于胜敌的武器和攻取敌人的策略了，那么请问出兵袭击城邑时，如何才能预知敌人的先后举措，不失地利呢？”管仲回答说：“要花钱收买耳目，了解对方意图。”

桓公说：“怎样才能做到野战必胜呢？”管仲回答说：“运用奇兵。”

桓公说：“我想掌握天下的情报，该怎么办呢？”管仲回答说：“小的方面如不认真了解，天下的情况就更不能了解。”

【原典】

公曰：“守战、远见、有患，夫民不必死，则不可与出乎守战之难；不必信，则不可恃而外知。夫恃不死之民而求以守战，恃不信之人而求以外知，此兵之三暗也①。使民必死必信若何？”

管子对曰：“明三本②。”

公曰：“何谓三本？”管子对曰：“三本者，一曰固，二曰尊，三曰质。”

公曰：“何谓也？”管子对曰：“故国父母坟墓之所在，固也；田宅爵禄，尊也；妻子，质也。三者备，然后大其威，厉其意，则民必死而不我欺也。”

桓公问治民于管子。管子对曰：“凡牧民者，必知其疾，而忧之以德，勿惧以罪，勿止以力。慎此四者，足以治民也。”

桓公曰：“寡人睹其善也，何为其寡也？”管仲对曰：“夫寡，非有国者之患也。昔者天子中立，地方千里，四言者该焉③，何为其寡也？夫牧民不知其疾则民疾④，不忧以德则民多怨，惧之以罪则民多诈，止之以力则往者不反，来者鸷距⑤。故圣王之牧民也，不在其多也。”

桓公曰：“善，勿已，如是又何以行之？”管仲对曰：“质信极忠，严以有礼，慎此四者，所以行之也。”

桓公曰：“请闻其说。”管仲对曰：“信也者，民信之；忠也者，民怀之；严也者，民畏之；礼也者，民美之。语曰：泽命不渝⑥，信也；非其所欲，勿施于人，仁也；坚中外正，严也；质信以让，礼也。”

【注释】

①三暗：指守暗、战暗、外暗。暗：愚昧。

②三本：指下文的固、尊、质。本：根本。

③该：通“赅”，赅括。

④民疾：百姓痛恨。

⑤蛰距：裹足不前的意思。

⑥泽：通“释”，发布。

【译文】

桓公说：“防守、出击、侦查，这三者都有值得担忧的地方，民众若没有必死的决心，就不能同他们共赴守战的危难；民众若不肯坚守信用，就不能依靠他们对外侦查。依靠不肯殉死的民众而求他们能守和能战，依靠不肯守信的民众而求其向外侦查，这是兵家三种昏暗愚昧的表现。要使民众有必死的精神和坚决守信的品质，该怎么办呢？”

管仲回答说：“要明确三个根本条件。”

桓公说：“什么是三个根本条件？”管仲回答说：“所谓三个根本，一是固，二是尊，三是质。”

桓公说：“这怎么解释？”管仲回答说：“故国、父母和祖坟的所在，是固定的根本；田地、房产和爵禄，是尊荣的根本；妻子、儿女，则是百姓的根本。这三个根本具备，然后再张大其声威，激励其意志，民众就能有必死精神而不会有所欺骗了。”

桓公问管仲如何治理百姓。管仲回答说：“凡治理百姓的人，一定要了解百姓的疾苦，用仁德之心关怀他们，而不要用刑罚恐吓他们，不要用强力禁制他们。只要注意这四点，就可以治理好百姓了。”

桓公说：“我知道这四条很好，但是只靠这四条太少了，该怎么办呢？”管仲回答说：“治国的忧患不在措施少。从前天子立在中央，地方千里，就凭上述四条通知，怎么举得不够呢？治理百姓，不知其疾苦，百姓就多灾多难；不用仁德之心关怀他们，民众就多怨多恨；只靠刑罚恐吓他们，民众就多行欺诈；单凭强力禁制他们，就会使去者不肯再回，来者裹足不前。所以，圣王治理百姓，不在乎措施的多少。”

桓公说：“好，既然如此，又该怎样具体实行呢？”管仲回答说：“诚信而极仁，严肃而有礼，认真注意这四点，就可以实行。”

桓公说：“请说得更详尽一点。”管仲问答说：“守信用，民众就相信国君；行仁政，民众就怀念仁德；为人严肃，民众就敬畏；注重礼仪，民众就会赞美。常言道，发布的命令不轻易改变，不食言，这就是信；非其所欲，不强加于人，这就是仁；内心坚定而行为端正，这就是严；诚信而谦让，这就是礼。”

【原典】

桓公曰：“善哉！牧民何先？”管子对曰：“有时先事，有时先政，有时先德，有时先恕。飘风暴雨不为人害，涸旱不为民患，百川道①，年谷熟，籴贷贱，禽兽与人聚食民食，民不疾疫。当此时也，民富且骄。牧民者厚收善岁以充仓廪，禁薮泽，此谓先之以事。随之以刑，敬之以礼乐以振其淫②，此谓先之以政。飘风暴雨为民害，涸旱为民患，年谷不熟，岁饥，籴贷贵，民疾疫。当此时也，民贫且罢③，牧民者发仓廪、山林、薮泽以共其财④，后之以事，先之以恕，以振其罢，此谓先之以德。其收之也，不夺民财；其施之也，不失有德。富上而足下，此圣王之至事也。”

桓公曰：“善。”

桓公问管仲曰：“寡人欲霸，以二三子之功，既得霸矣。今吾有欲王，其可乎？”管仲对曰：“公当召叔牙而问焉。”鲍叔至，公又问焉。鲍叔对曰：“公当召宾胥无而问焉。”宾胥无趋而进，公又问焉。宾胥无对曰：“古之王者，其君丰，其臣教。今君之臣丰。”公遵遁⑤，缪然远⑥，二三子遂徐行而进。

公曰：“昔者大王贤，王季贤，文王贤，武王贤。武王伐殷克之，七年而崩，周公旦辅成王而治天下，仅能制于四海之内矣。今寡人之子不若寡人，寡人不若二三子。以此观之，则吾不王必矣。”

【注释】

①道：通“导”。通，顺。

②振：通“整”，整治，整顿。

③罢：通“疲”。

④共：通“供”。

⑤遵遁：同“逡巡”，退却的样子。

⑥缪：通“穆”，肃穆。

【译文】

桓公说：“好啊！那么治理百姓，首先要干什么呢?”管仲问答说；“有时要先办实事，有时要先行政令，有时要先施以德，有时要先讲宽恕。在没有狂风暴雨为害的年景，在没有干旱天灾出现的时候，百河通畅，年谷丰熟，粮价低贱，禽兽与人同吃粮食，人们也没有疾病和瘟疫。这时候，民众是富有而且骄傲的。那么统治者应该大量收购丰年的粮食，以充实国家仓廪，禁止在山林水边的采伐捕获，这就是先办实事。随之以刑法约束人们，并结合礼乐来劝诫人们以消除淫邪风气，这就是先行政令。如果遇上狂风暴雨为害的年景，同时也存在干旱之灾的时候，年谷不丰熟，荒年粮价高，民众又有了疾病和瘟疫。这时，人民是穷困而且疲惫

的，统治者就应该开放仓廪、山林和薮泽，以供应人民财物，不先讲政事，先讲宽厚，以消除人民的疲困，这就叫作先施行德惠。在收粮的时候不掠夺百姓的财产；在荒年施予的时候又不失有德。既富裕了国家又满足了人民，这是圣王所行的最好的事情。”

桓公说：“好”。

桓公问管仲说：“我想成霸业，依靠大臣们的努力，已经成功了。现在我又想完成王业，还可以吗？”管仲回答说：“您可以召见鲍叔牙来问一问。”鲍叔到，桓公又问了这个问题。鲍叔回答说：“您可以召见宾胥无来问一问。”宾胥无快步走进来，桓公又问了这个问题。宾胥无回答说：“古代成就王业的，都是君主德高望重，大臣的德相对较低。而今天的情况是您的大臣反而德望高些。”桓公退了下去，慢慢思考，大臣们就慢慢走上前去。

恒公说：“从前，周的大王贤明，王季贤明，文王贤明，武王也贤明。武王伐殷取胜，七年后死了，周公旦辅成王治理天下，这才仅仅能控制四海之内。现在我的儿子不如我，我又不知诸位。由此看来，我不能成就王业是注定的了。”

【原典】

桓公曰：“我欲胜民[①]，为之奈何？”管仲对曰：“此非人君之言也。胜民为易。夫胜民之为道，非天下之大道也。君欲胜民，则使有司疏狱[②]，而谒有罪者偿，数省而严诛[③]，若此，则民胜矣。虽然，胜民之为道，非天下之大道也。使民畏公而不见亲，祸亟及于身[④]，虽能不久，则人待莫之弑也，危哉。君之国岌乎。”

桓公观于厩，问厩吏曰：“厩何事最难？”厩吏未对。管仲对曰：“夷吾尝为圉人矣，傅马栈最难[⑤]。先傅曲木，曲木又求曲木，曲木已傅，直木无所施矣。先傅直木，直木又求直木，直木已傅，曲木亦无所施矣。”

桓公谓管仲曰：“吾欲伐大国之不服者，奈何？”管仲对曰：“先爱四封之内，然后可以恶竟外之不善者。先定卿大夫之家，然后可以危邻之敌国。是故先王必有置也，然后有废也；必有利也，然后有害也。”

桓公践位，令衅社塞祷⑥。祝凫已疪献胙⑦，祝曰：“除君苛疾与若之多虚而少实。”桓公不说，瞑目而视祝凫已疪。祝凫已疪授酒而祭之曰：“又与君之若贤。”桓公怒，将诛之，而未也。以复管仲，管仲于是知桓公之可以霸也。

【注释】

①胜：克制，压服。

②疏狱：按条写好有关刑狱的规定。

③数：多次。省：察看，检查。

④亟：急。

⑤傅马栈：安装拦马的栏杆。傅，附，栽植，安装。

⑥衅社：用血来祭土地神。塞祷：祈祷。

⑦凫已疪：人名，其职是祭礼中的巫祝。

【译文】

桓公说：“我想制服人民，该怎么办？”管仲回答说：“这不是人君该说的话。制服人民是容易的。但制服人民的办法，不是统治天下的正道。您想要制服人民，只要派官吏分条写好刑律，再确定揭发有罪的人有赏，不断审查而严于诛杀，这样，人民就被制服了。尽管如此，制服人民这个办法，终不是统治天下的正道。它使人民怕您而不亲近您，灾祸很快就会涉及自身。虽然能制服人民，却不能久安，即使有人扶持，没人敢伤害您，您的国家也岌岌可危了。”

桓公去视察马厩，问管马厩的官吏说：“马厩里什么工作最难？”管马厩的官吏没有回答。管仲回答说：“我也曾当过养马的官，最困难的事就是并排立木材构筑马栏。如果首先立弯曲的木材，曲木又要与曲木相配，曲木并排立好，直木就没有用处了。如果先用直木，那么直木又要与直木相配，直木已并排立好，曲木也就没有用处了。”

桓公对管仲说：“我要征伐不服从命令的大国，该怎么办？”管仲回答说：“先要施仁爱于国内，然后才可以讨伐国外的不善者。先要安定卿大夫的邑地，然后才可以加害相邻的敌国。因此，先代明王一定要先有所建树，然后才有所废弃；一定是先做兴利的事，然后才能有害于敌。

桓公登位为君，命令血祭社神进行祈祷。祝史凫已疵献上祭肉之后，祈祷说："请除掉国君烦苛的毛病和国君多虚少实的作风。"桓公很不高兴，怒目而视祝史凫已庇。祝史凫已庇又再斟酒祭祀说："还请除掉国君似贤非贤的毛病。"桓公发怒，打算杀祝史，但却做到了容忍而没杀他。他把这件事告知管仲，管仲于是看到桓公是可以成就霸业的。

【原典】

桓公乘马，虎望见之而伏。桓公问管仲曰："今者寡人乘马，虎望见寡人而不敢行，其故何也?"管仲对曰："意者，君乘驳马而洀桓①，迎日而驰乎?"公曰："然。"管仲对曰："此驳象也。驳食虎豹，故虎疑焉。"

楚伐莒，莒君使人求救于齐。桓公将救之，管仲曰："君勿救也。"公曰，"其故何也?"管仲对曰："臣与其使者言，三辱其君，颜色不变。臣使官无满其礼三，强其使者，争之以死。莒君，小人也。君勿救。"桓公果不救而莒亡。

桓公放春②，三月观于野。桓公曰："何物可比于君子之德乎?"隰朋对曰："夫粟，内甲以处③，中有卷城④，外有兵刃，未敢自恃，自命曰粟。此其可比于君子之德乎?"管仲曰："苗，始其少也，眴眴乎何其孺子也⑤！至其壮也，庄庄乎何其士也！至其成也，由由乎兹免⑥，何其君子也！天下得之则安，不得则危，故命之曰禾。此其可比于君子之德矣。"桓公曰："善。"

【注释】

①驳马：应作"驳马"。驳，马毛色不纯，即杂色马。洀桓：通"盘桓"，徘徊。

②放春：即春游。

③甲：甲胄，喻指粟的谷皮。

④卷（juàn）城：用围墙围起来的城，喻指粟的芒。

⑤眴眴（shùn）：同"恂恂"，柔顺的样子。

⑥由由：同“油油”，光润、和悦的样子。兹：益，越发。俛：同“俯”，俯身。这里意谓粟成熟更加俯首向根，比喻君子不忘根本。

【译文】

桓公骑马，虎看见而躲藏起来。桓公问管仲说：“今天我骑马，虎看见了我却不敢上前，这是什么原因？”管仲回答说：“我猜想您是骑着杂毛色的马在路上盘旋，并且迎着太阳奔跑的吧？”桓公说：“是的。”管仲回答说：“这是驳兽的形象，驳兽是吃虎豹的，所以虎就疑心了。”

楚国伐莒国，莒国国君派人向齐桓公求救。桓公要去援救。管仲说：“您不要去救。”桓公说：“为什么？”管仲回答说：“我同莒国的使臣谈话，三次侮辱他的国君，他都不变色。我叫官员把送给他的赠礼扣减三串钱，而这使臣便以死相争。有这样使臣的莒国国君，看来也是个小人，请您不要去救他。”桓公果然没有出救，而莒国就灭亡了。

桓公春游，三月天在田野观赏。桓公说：“什么东西可以与君

子之德相比呢?”隰朋回答说:“粟粒,它身在甲胄(谷皮)之内,中间有卷城(外壳)维护,外面有尖锐的兵刃(谷芒),但它仍不敢自恃强大,谦虚地自称为粟(谨慎)。这也许可以与君子之德相比了吧!”管仲说:“禾苗,开始的时候,柔顺得像个孺子;到它壮大的时候,庄重得像一个士人;到它成熟的时候,和悦地越来越俯首向根,多么像个君子。天下有了它就安定,没有它就危险,所以叫作禾(和)。这可以同君子之德相比了。”桓公说:“好。”

【原典】

桓公北伐孤竹,未至卑耳之溪十里,阘然止[1],瞠然视[2],援弓将射,引而未敢发也。谓左右曰:“见是前人乎?”左右对曰,“不见也。”公曰:“事其不济乎?寡人大惑。今者寡人见人长尺而人物具焉[3]:冠,右祛衣,走马前疾。事其不济乎?寡人大惑。岂有人若此者乎?”管仲对曰:“臣闻登山之神有俞儿者,长尺而人物具焉。霸王之君兴,而登山神见。且走马前疾,道也;祛衣[4],示前有水也;右祛衣,示从右方涉也。”至卑耳之溪,有赞水者曰:“从左方涉,其深及冠,从右方涉,其深至膝。若右涉,其大济。”桓公立拜管仲于马前,曰:“仲父之圣至若此,寡人之抵罪也久矣。”管仲对曰:“夷吾闻之,圣人先知无形。今已有形,而后知之,臣非圣也,善承教也。”

【注释】

①阘:突然停立的样子。

②瞠:瞪大眼睛。

③人物:人的模样。

④祛:撩起。

【译文】

桓公北伐孤竹国时,在离卑耳溪十里的地方,突然停止前进,惊视前方,挽弓将射,但引而未发。他对左右从者说:“见到前面的人了吗?”左右回答说:“没有见到。”桓公说:“事情大概不会成功了吧?我太迷惑不解了。刚才我看见一个人,身高一尺而品貌齐全:戴着帽子,右手撩衣,跑在马前,很

快而过。事情大概不会成功了吧？我太迷惑不解了，怎么会有这样子的人呢？”管仲回答说：“我听说登山之神有叫俞儿的，身高一尺而人的品貌齐全。当成就霸王之业的君主兴起时，这种登山之神就出现。他跑在马前很快而过，表示前有道路；撩衣，表示前面有水；右手撩衣，表示可以从右边渡过。”到了卑耳溪，有引人渡水的向导说：“从左边渡河，其深没顶，从右边渡河，其深至膝。若从右过，完全可以成功。”桓公立刻拜管仲于马前说：“不知道仲父有这么高的圣人才智，我实在是久当有罪了。”管仲回答说：“我听说，圣人是先知事物于无形之前的。我现在是事物已经有形，然后才知道的，因为我还不算圣人，不过是善于接受圣人的教导而已。”

【原典】

桓公使管仲求宁戚。宁戚应之曰：“浩浩乎[①]。”管仲不知，至中食而虑之。婢子曰：“公何虑？”管仲曰：“非婢子之所知也。”婢子曰：“公其毋少少[②]，毋贱贱[③]。昔者吴干战，未龀不得入军门[④]。国子擿其齿[⑤]，遂入，为干国多。百里奚，秦国之饭牛者也，穆公举而相之，遂霸诸侯。由是观之，贱岂可贱，少岂可少哉。”管仲曰：“然，公使我求宁戚，宁戚应我曰：‘浩浩乎。’吾不识。”婢子曰：“《诗》有之：‘浩浩者水，育育者鱼，未有室家，而安召我居？’宁子其欲室乎？”

【注释】

①浩浩：水势盛大的样子。

②少少：不要瞧不起少者的意思。前一个“少”为动词，有一个为名词。

③贱贱：瞧不起卑贱者。

④龀（chèn）：儿童脱去乳齿，长出恒齿。旧说男童八岁、女童七岁换齿。

⑤擿（tī）：打掉，拔掉。

【译文】

桓公派管仲征求宁戚的意见。宁戚回答说：“浩浩乎。”管仲不理解，到吃午饭的时候还在思考。一个婢女说：“您有什么心事？”管仲说：“不是你所能懂得的。”婢女说：“您不要小看少年人，也不要贱视卑贱者。从前吴国同邗国打仗，邗国规定没有脱退乳齿的少年不得进军门作战。有一位国子就拔掉他的牙齿，便进入军门，为邗国立很多功。百里奚，本是秦国养牛的，秦穆公提拔他为宰相，便称霸诸侯。由此观之，贱者岂可贱视，少年岂可小看呢！”管仲说：“你说的也对。桓公派我去征求宁戚意见，宁戚答复说：‘浩浩乎’，我不理解。”婢女说：“《诗》里有这样的句子：‘浩浩荡荡的水中，游着活泼自如的白鱼，没有室家，何处招我安居？’宁戚大概是想要娶妻成家吧？”

【原典】

桓公与管仲阖门而谋伐莒[①]，未发也，而已闻于国矣。桓公怒谓管仲：“寡人与仲父阖门而谋伐莒，未发也，而已闻于国，其故何也？”管仲曰：“国必有圣人。”桓公曰：“然，夫之役者[②]，有执席食以视上者，必彼是邪？”于是乃令之复役，毋复相代。少焉，东郭邮至。桓公令傧者延而上[③]，与之分级而上。问焉，曰：“子言伐莒者乎？”东郭邮曰：“然，臣也。”桓公曰：“寡人不言伐莒而子言伐莒，其故何也？”东郭邮对曰：“臣闻之，君子善谋，而小人善意，臣意之也。”桓公曰：“子奚以意之？”东郭邮曰：“夫欣然喜乐者，钟鼓之色也；夫渊然清静者，缞绖之色也[④]；漻然丰满[⑤]，而手足拇动者[⑥]，兵甲之色也。日者，臣视二君之在台上也，口开而不阖，是言莒也；举手而指，势当莒也。且臣观小国诸侯之不服者，唯莒。于是臣故曰伐莒。”桓公曰：“善哉，以微射明[⑦]，此之谓乎？子其坐，寡人与子同之。”

【注释】

①阖：关闭。

②夫之役者：那些办事人员。夫，彼。役，古代贵族活动中料理杂事的人。

③傧者：即迎宾的人。

④缞（cuī）绖（dié）：麻制的丧服。

⑤漻（liáo）：清澈的样子。

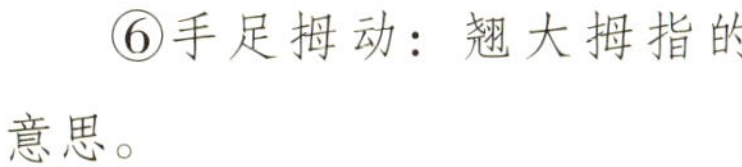

⑥手足拇动：翘大拇指的意思。

⑦射：猜测。

【译文】

桓公与管仲关着门密谋伐莒，还没有行动，就已经满城风雨了。桓公生气地对管仲说：“我同仲父关着门密谋伐莒，还没有行动，外面的人就知道了，是什么原因呢？”管仲说：“国中必有圣人。”桓公说：“是的，执勤人员有一个执席而食并同时往上看的人，一定是他了吧？”于是便让他继续执勤。不得轮换。不久，那个东郭邮来了。桓公让礼宾的官吏请他上来，同他分级而立，询问他说：“你是说出要伐莒的人吧？”东郭邮说：“是！是我。”桓公说：“我未曾说出伐莒而你说伐莒，是什么原因？”东郭邮回答说：“我听说，君子善于谋划，而小人善于推测，这是我推测出来的。”桓公说：“您是怎样推测的？”东郭邮说：“欣然喜乐，是鸣钟击鼓奏乐的颜色；深沉清静，是居丧戴孝时的颜色；形貌清澈丰满而手足拇指都有

动作，是战争将发的颜色。那天，我看你们两位在台上的情况：口开而不合，是说的“莒”字；举手指划，方向对着莒国。而且我观察小国诸侯不肯服从的，唯有莒国。由此我所以说将会伐莒。”桓公说：“好啊，从细微动作里判断大事，说的就是您这种情况吧！您请坐下来，让我来同您共同谋事。”

【原典】

客或欲见齐桓公，请仕上官，授禄千钟。公以告管仲。曰：“君予之。”客闻之，曰：“臣不仕矣。”公曰：“何故?”对曰：“臣闻取人以人者，其去人也亦用人，吾不仕矣。”

【译文】

有一个人要求见齐桓公，请求给他大官，授禄千钟。桓公将这件事告诉管仲。管仲说：“您可以给他。”这个人听说这件事后说：“我不做官了。”桓公说：“为什么?”回答说：“我听说根据他人意见用人的，也会听信他人而弃置人。所以，我不做这个官了。”

禁藏

【题解】

本篇取篇首二字为题目。禁，是禁止的意思，这里指君主的自我禁止、自我警惕。本篇认为国家的安定动乱，都是从君主这里开始的，所以君主必须“先慎己”。篇中论述君主在治国中需要特别警惕的问题归结起来有：（1）必须坚持“必诛而无赦，必赏而无迁”，严格安法行事。（2）必须俭约，克服人情的喜乐恶忧，宫室、食饭、衣服、礼仪都要适可而止。（3）要善于利导，使民自富。（4）治国治民必须要落到实处。（5）要建立霸业，必须使用离间、收买等手段对付敌国。

【原典】

禁藏于胸胁之内[①]，而祸避于万里之外。能以此制彼者，唯能以己知人者也。夫冬日之不滥[②]，非爱冰也[③]；夏日之不炀[④]，非爱火也，为不适于身便于体也。夫明王不美宫室，非喜小也[⑤]；不听钟鼓，非恶乐也。为其伤于本事，而妨于教也。故先慎于己而后彼，官亦慎内而后外，民亦务本而去末。

【注释】

①禁：禁止。

②滥：当作“鉴”，装水的大盆，古人为取凉，往盆中放置冰块。

③爱：吝惜。

④炀（yáng）：烘干，引申为烤火。

⑤小：狭小，引申为简陋。

【译文】

把禁止的谋划深记在心中，可以避祸于万里之外。能站在自己一边制伏他人的，只有那些能以自身苦乐理解别人苦乐的人。冬天不要往大盆里放冰，并不是吝惜冰；夏天不烤火，也不是舍不得火，而是因为这样做对身体不适宜。明君不建造华丽的宫殿，并不是因为他喜欢简陋的房屋；不听钟鼓之音，也不是因为他讨厌音乐，而是因为这样做会伤害农业生产，妨碍教化推行。所以，君主首先严格要求自己，然后再要求别人；官吏也应先严格要求自己，然后再治理他人；百姓也要专心于农业生产而放弃不正当的工商业。

【原典】

居民于其所乐[①]，事之于其所利，赏之于其所善，罚之于其所恶，信之于其所余财，功之于其所无诛[②]。于下无诛者，必诛者也；有诛者，不必诛者也。以有刑至无刑者，其法易而民全，以无刑至有刑者，其刑烦而奸多。夫先易者后难，先难而后易，万物尽然。明王知其然，故必诛而不赦，必赏而不迁者，非喜予而乐其杀也，所以为人致利除害也。于以养老长弱，完活万民，莫明焉。

【注释】

①居：安处。

②功：通“工”，事。

【译文】

要使百姓住在他们乐于居住的地方，使他们从事有利于自身的工作，奖励他们所赞成的事情，惩罚他们所厌恶的行为，保证百姓的余财不被侵犯，引导百姓不受刑罚。使百姓不受刑罚，必须做到有罪必罚；百姓有受刑的，才是没有坚持有罪必罚造成的。从有刑到无刑，使法律变得简易，而人民得到保全；从无刑到有刑，法律就将烦琐而恶人反会增多。所以先易者后难，先难而后易，万事都是如此。明君懂得这个道理，所以，该罚的绝不赦免，该赏的绝不拖延，这不是因为君主喜欢赏赐和乐于杀人，而是要为百姓兴利除害。对于养老扶幼，保全万民来说，没有比这更重要的了。

【原典】

夫不法法则治[①]。法者，天下之仪也[②]，所以决疑而明是非也，百姓所县命也[③]。故明王慎之，不为亲戚故贵易其法，吏不敢以长官威严危其命，民不以珠玉重宝犯其禁。故主上视法严于亲戚，吏之举令敬于师长，民之承教重于神宝[④]。故法立而不用，刑设而不行也。夫施功而不钧[⑤]，位虽高，为用者少；赦罪而不一，德虽厚，不誉者多；举事而不时[⑥]，力虽尽，其功不成；刑赏不当，断斩虽多，其暴不禁。夫公之所加，罪虽重，下无怨气；私之所加，赏虽多，士不为欢。行法不道，众民不能顺；举错不当[⑦]，众民不能成。不攻不备，当今为愚人。

【注释】

①法法：第一个“法”读“废”，废弃。

②仪：仪表，准则。

③县：通“悬”，牵挂。

④神宝：即神保，代表祖先受祭的活人，这里借指祖先。

⑤钧：通“均”，均衡，引申为衡量。

⑥不时：不合时令。

⑦错：通“措”。

【译文】

不废弃法制才能管理好国家。法，是天下的仪表，是用来解除疑难而判明是非的，是与百姓生命攸关的。所以明君对于法非常慎重，绝不为亲戚故旧和显贵而更改法律，官吏不敢利用长官权威破坏法令，百姓不敢利用珠宝贿赂触犯禁律。君主把法律看得比亲贵还重要，官吏把行令看得比师长还崇高，百姓把接受政教看得比祭祀祖先还要神圣。这样，法虽然建立起来，实际上并不需要动用；刑罚虽然确立，实际上并不需要执行。如果赏功制度不公平，赏给的官位再高，肯效力的人也会很少；赦罪尺度不一致，施予的恩德再大，不赞成的人也会很多；举事不合时令，即使把力量用尽，效果也不会好；判刑不合法度，即使人再多，暴乱也制止不住。按公法行事，刑罚即使重，下边的人也没有怨气；按私意行事，赏赐即使多，战士也不会受到鼓励。执行法令不公道，民众就不会顺从；措施不得当，民众就不会赞成。因此不研习法度，不完善法度，就应当叫作愚人。

【原典】

故圣人之制事也，能节宫室、适车舆以实藏①，则国必富、位必尊；能适衣服、去玩好以奉本，而用必赡、身必安矣。能移无益之事、无补之费，通币行礼，而党必多、交必亲矣②。夫众人者③，多营于物，而苦其力、劳其心，故困而不赡，大者以失其国，小者以危其身。凡人之情，得所欲则乐，逢所恶则忧，此贵贱之所同有也。近之不能勿欲，远之不能勿忘，人情皆然。而好恶不同，各行所欲，而安危异焉，然后贤不肖之形见也。夫物有多寡，而情不能等；事有成败，而意不能同；行有进退，而力不能两也。故立身于中，养有节；宫室足以避燥湿，食饮足以和血气，衣服足以适寒温，礼仪足以别贵贱，游虞足以发欢欣④，棺椁足以朽骨，衣衾足以朽肉，坟墓足以道记。不作无补之功，不为无益之事，故意定而不营气情。气情不营则耳目榖⑤，衣食足；耳目榖、衣食足，则侵争不生，怨怒无有；上下相亲，兵刃不用矣。故适身行义，俭约恭敬，其唯无福，祸亦不来矣；骄傲侈泰，离度绝理，其唯无祸，福亦不至矣。是故君子上观绝理者以自恐也，下观不及者以自隐也。故曰：誉不虚出，而患不独生，福不择家，祸不索人，此之谓也。能以所闻瞻察，则事必明矣。

【注释】

①适：节制。

②党：同党，同类。

③众人：指一般的君主。

④虞：通“娱”。

⑤耳目榖：耳聪目明。榖，善。

【译文】

因此，圣明的君主行事，能够俭治宫室。节省车驾，以此来充实国家储备，这样，国家必富，威望必高；能够俭省衣服、抛弃玩好之物来加强农业生产，这样，他的财用必足，地位必然巩固。能够摆脱无益的活动、无效的开支，来进行通币行礼的外交活动，那么盟国必多而关系必然亲睦。至于一般的君主，多追求物质享受，并为此费力操心，国家会为此弄得困顿不堪而

国用不足，严重的可致亡国，较轻的也危害自身。人的常情是：满足了要求就高兴，碰上厌恶之事就忧愁，这是不论地位高低的人都如此的。对接近的东西不能不追求，对远离的东西不能不遗忘，人情也莫不如此。然而每个人的好恶不同，各行所好，结局的安危则不一样，于是贤与不肖也就区别出来了。物产有多有少，而人的欲望却不能和它吻合；事情有成有败，而人的意愿却不能和它一致；行动有进有退，而人的力量却不能和它适应。所以为人行事要保持适中，生活享受要有节制：宫室足以避燥湿，饮食足以和血气，衣服足以御寒热，礼仪足以别贵贱，游乐足以发欢情，棺椁足以安朽骨，葬服足以裹尸体，坟墓足以作标记就行了。不做无补之功，不做无益之事，这样就意气安定而思想感情不受迷惑。思想感情不受迷惑则耳目聪明、衣食丰足；耳聪目明、衣食丰足，就不会彼此争夺，不会互相怨怒，上下可以相亲，就不会动用武力了。所以，克制自身，遵行仪法，再加上节约谨慎，即使不会得福，也不至于灾祸临头；骄傲奢侈，背离法度，违反常理，即使没有祸害，幸福也不会来临。因此，君子一方面要从违背常理的人身上吸取教训，警惕自己；另一方面又要从努力不足的人身上取得借鉴，而自行反省。所以说，荣誉不凭空出现，忧患不会无故发生，幸福不主动选择人家，灾祸不自动找到人的头上，就是这个意思。能用自己的亲身见闻探察反省，事理就清楚了。

【原典】

故凡治乱之情，皆道上始。故善者圉之以害[①]，牵之以利[②]。能利害者，财多而过寡矣。夫凡人之情，见利莫能勿就，见害莫能勿避。其商人通贾，倍道兼行，夜以续日，千里而不远者，利在前也。渔人之入海，海深万仞，就波逆流，乘危百里，宿夜不出者[③]，利在水也。故利之所在，虽千仞之山，无所不上；深源之下，无所不入焉。故善者势利之在[④]，而民自美安，不推而往，不引而来，不烦不扰，而民自富。如鸟之覆卵，无形无声，而唯见其成。夫为国之本，得天之时而为经，得人之心而为纪。法令为维纲，吏为网罟，什伍以为行列，赏诛为文武[⑤]。缮农具当器械，耕农当攻战，推引铫耨以当剑

戟[6]，被蓑以当铠襦[7]，菹笠以当盾橹[8]。故耕器具则战器备，农事习则功战巧矣[9]。

【注释】

①围：通“御”，阻止，防范。

②牵：牵引，引导。

③宿夜：指昼夜。

④势：同“执”。

⑤文武：指军队的鼓和金。文，指鼓，击鼓则前进。武，指金，鸣金则收军。

⑥铫（yáo）：古代一种大锄。耨（nòu）：除草的农具。

⑦被：通“披”。襦：上衣，这里指铠甲。

⑧菹笠：斗笠。菹，通“组”，编织。橹：大的盾牌。

⑨功：通“攻”。

【译文】

大凡治乱的根源，都从上面开始的。所以，善治国者要用“害”来约束人们，用“利”来引导人们，能掌握利害，就能增加财富而减少过错。凡人之常情，见到利益没有不追求的，见到危害没有不想躲避的。商人做买卖，一天赶两天的路，夜以继日，千里迢迢而不以为远，是因为利在

前面。渔人下海，海深万仞，仍在那里逆流冒险，航行百里，昼夜都不上岸，是因为利在水中。所以，利之所在，即使是千仞的高山，人们也要上；即使在深渊之下，人们也愿意进去。所以，善治国者，掌握住利的源泉所在，人民就自然顺服而甘心接受，无须推动，他们也会前进；无须引导，他们也会跟来，那样，不烦民又不扰民，而人民自会富裕。这就像鸟孵卵一样，不见其形，不闻其声，小鸟就破巢而出了。治国的根本，掌握天时叫作“经”，收得民心叫作“纪”。法令好比网罟的大纲，官吏好比网和罟，居民编制好比军队的行列，赏罚好比进退的金鼓。整治农具以当武器，利用耕作以当攻战，锄好比剑戟，披蓑好比铠甲，斗笠好比盾牌。这样，农具完备则如武器完备，农事熟习攻战也精巧了。

【原典】

当春三月，萩室熯造[①]，钻隧易火[②]，抒井易水[③]，所以去兹毒也[④]。举春祭，塞久祷[⑤]，以鱼为牲，以蘖为酒，相召[⑥]，所以属亲戚也[⑦]。毋杀畜生，毋拊卵[⑧]，毋伐木，毋夭英，毋拊竿，所以息百长也。赐鳏寡[⑨]，振孤独[⑩]，贷无种，与无赋，所以劝弱民。发五正[⑪]，赦薄罪，出拘民，解仇雠，所以建时功施生谷也。夏赏五德，满爵禄，迁官位，礼孝弟，复贤力，所以劝功也。秋行五刑，诛大罪，所以禁淫邪，止盗贼。冬收五藏，最万物，所以内作民也[⑫]。四时事备，而民功百倍矣。故春仁、夏忠、秋急、冬闭，顺天之时，约地之宜，忠人之和[⑬]，故风雨时，五谷实，草木美多，六畜蕃息，国富兵强，民材而令行，内无烦扰之政，外无强敌之患也。

【注释】

①萩（qiū）室：焚萩熏烤的房间。萩，一种蒿类植物。熯：古代的“然”字，燃烧。造：古通“灶”。

②钻隧易火：古时钻燧取火，因四季不同而改用不同的木材，即所谓“钻隧易火”。

③抒井：淘井。

④兹：其中，本身的意思。

⑤塞：旧时祭祀酬神之称。久祷：求长久的祈祷。

⑥蘖（niè）：酒曲，指酿酒用的酵母。

⑦属：集合。

⑧拊：击打。

⑨鳏（guān）寡：老而无妻为鳏，老而无夫为寡。

⑩振：同“赈”。

⑪五正：泛指各种政令。

⑫内：通“纳”，接纳、收纳。作民：耕作的人，指农民。

⑬忠：通“中”，适应、符合。

【译文】

正当春季三月，点燃灶火熏烤房间，更换钻燧取火的木料，淘井换水，为的是消除其中的毒气。举行春祭，祈祷不生疾病，用鱼做供品，用曲做成米酒，互相宴请，为的是密切亲戚关系。不屠杀幼畜，不打剥禽卵，不砍伐树木，不伤害幼苗，不损伤嫩笋，为的是保养万物生长。帮助鳏寡，赈济孤儿独子，贷放种子给无种子的农户，救助无力纳税的人家，为的是劝勉贫弱人民。颁发各种政令，赦免罪轻的人，放出拘押的人，调解纠纷，为的是及时完成农事、促进粮食生产。在夏季时节，奖赏各种有德的行为，加爵禄，提官职，礼敬孝悌卓著的人，为艰苦劳动者免除徭役，为的是鼓励人们努力工作。在秋天，行使各种刑罚，处杀罪大恶极的人，为的是禁止淫邪，根除盗贼。在冬天，做好五谷收藏，收聚各类产品，为的是收纳农民贡税。一年四季的工作安排齐备，人民的生产效益就能百倍于前。这样，春天仁慈，夏天忠厚，秋天严峻，冬天收藏，顺从天时，符合地利，再合乎人和，就可以风调雨顺，五谷丰登，草木繁茂，六畜兴旺，国富兵强，人民富裕而法令通行，国内没有烦民扰民的政治，外部也没有强敌入侵的祸患了。

【原典】

夫动静顺然后和也，不夫其时然后富，不失其法然后治。故国不虚富，民不虚治。不治而昌，不乱而亡者，自古至今未尝有也。故国多私勇者其兵

弱，吏多私智者其法乱，民多私利者其国贫。故德莫若博厚，使民死之；赏罚莫若成必[1]，使民信之。夫善牧民者，非以城郭也，辅之以什，司之以伍。伍无非其人，人无非其里，里无非其家。故奔亡者无所匿，迁徙者无所容。不求而约，不召而来，故民无流亡之意，吏无备追之忧。故主政可往于民，民心可系于主。夫法之制民也，犹陶之于埴[2]，冶之于金也。故审利害之所在，民之去就，如火之于燥湿，水之于高下。

【注释】

①成必：通“诚必”，诚实坚定。

②埴：制作陶器时和泥的容器。

【译文】

动静得宜国事才能协调，不误农时国家才能富裕，不失法度国家才能安定。所以国家没有无缘无故富起来的，人民没有无缘无故治理好的。没有治理而国家昌盛，没有动乱而国家灭亡，自古及今是不存在的。所以说，国家勇于私斗的人多，其兵力削弱；

官吏中多奸诈私巧，其法度就混乱；人民图谋私利的人多，国家就陷于贫穷。因此，施德必须广博厚重，人民才会以死报效；赏罚必须情实坚决，使人民才会诚信服从。善于治理人民的君主，不是依靠内城外郭，而是依靠什、伍的居民组织来管理。使伍中没有非本伍的人，人们没有不住在本里的，里内没有非本里的人家。这样，逃亡者就无处隐藏，迁徙者也无处容身了。不用强求人们就受到约束，不用召唤人们就自动前来，这样，人们就没有逃亡的年头，官吏无戒备、追捕的麻烦。这样，君主的政令可以贯彻于民间，民心也可以由君主掌握了。用法制来管理人民，就像粘土进入陶盆，冶金治理金属一样。只要判明利害的所在，人民的选择，就像火避湿就干，水避高就低一样简单。

【原典】

夫民之所生，衣与食也；食之所生，水与土也。所以富民有要，食民有率，率三十亩而足于卒岁。岁兼美恶，亩取一石，则人有三十石，果蓏素食当十石[①]，糠秕六畜当十石[②]，则人有五十石。布帛麻丝，旁入奇利[③]，未在其中也。故国有余藏，民有余食。夫叙钧者[④]，所以定多寡也；权衡者，所以视重轻也；户籍田结者[⑤]，所以知贫富之不訾也[⑥]。故善者必先知其田，乃知其人，田备然后民可足也。

【注释】

①果蓏（luǒ）：瓜果。

②秕（bǐ）：没有结实的谷，秕谷。

③旁入奇利：指其他的额外收入。

④叙钧：丈量土地。

⑤结：契约文书。

⑥訾：齐。

【译文】

百姓赖以生活的，是衣和食；食物赖以生产的，是水和土。所以使人民富裕是有要领的，满足民食是有标准的，大约是一个人有三十亩地就可以保

证全年生活。按好坏年景平均计算，亩产一石，则每人有三十石。瓜果蔬菜相当十石粮食，糠皮瘪谷与畜产相当十石粮食，那么每人共五十石。而布帛麻丝，其他非正常的多出收入，还没有计算在内。于是，国家有积蓄，人民有余粮。叙钧，是用来算多少的；权衡，是用来计量轻重的，户籍和田册是用来了解贫富差别的。所以，善治国者，一定要先了解田地的情况，才能了解人的生活状况，土地够用，人民生活才能富足。

【原典】

凡有天下者，以情伐者帝，以事伐者王，以政伐者霸。而谋有功者五：一曰，视其所爱，以分其威，一人两心，其内必衰也，臣不用，其国可危。二曰，视其阴所憎，厚其货赂，得情可深，身内情外，其国可知。三曰，听其淫乐，以广其心，遗以竽瑟美人[①]，以塞其内；遗以谄臣文马，以蔽其外。外内蔽塞，可以成败。四曰，必深亲之，如典之同生，阴内辩士[②]，使图其计；内勇士，使高其气；内人他国，使倍其约[③]，绝其使，拂其意，是必士斗。两国相敌，必承其弊。五曰，深察其谋，谨其忠臣，揆其所使[④]，令内不信，使有离意。离气不能令，必内自贼[⑤]。忠臣已死，故政可夺。此五者，谋功之道也。

【注释】

①遗（wèi）：赠送。

②内：通“纳”，下文同。

③倍：通“背”，违背。

④揆：违背，不合，引申为分离、离间。

⑤贼：杀害。

【译文】

凡是据有天下的君主，靠人心取天下的可以称帝，靠事业取天下的可以称王，靠征战取天下的可以称霸。至于谋攻敌国的计谋则有五种：第一，亲近敌国君主的爱臣，设法削减他在国内的权威，使他怀有二心，对君主的亲近程度必然衰退，大臣不为君主效力，国家就有危险了。第二，了解敌国君主憎恶的大臣，设法加强贿赂，这可以深刻了解敌情，有人身居国内，里通国外，其国家实况就可了解了。第三，了解敌国君主的喜爱淫乐，就设法消磨他的意志，送给他乐队美人，使他在宫内受到蒙蔽；送给谄媚的侍臣美丽的乘马，使他在宫外受到蒙蔽。内外都被蒙蔽，可以促成其国败。第四，尽量同敌国表示亲密，形同兄弟，暗中派智辩之士帮助他图谋别国，派勇力之士投奔他使之神气十足，又暗中派人到别国去，唆使别国同他背约、断交、反目，这样他们必然争斗起来。两国开战，就必能趁着他们两败俱伤的时候战胜他。第五，深入了解敌国君主的谋划，谨慎地尊重他的忠臣，离间他们的君臣关系，使他们在内部互不信任，离心离德。离心离德就不能意见相合，就一定在内部自相残杀。忠臣被杀，就可以夺取他的政权。这五者，便是谋攻敌国的计谋。

入国

【题解】

入国，尹知章注："谓始有国，入而行化。"指管仲任国相为政以后奉行的教化，是取篇首二字为题。本文的主题是所谓"九惠之教"，为管仲为齐相后四十天内为民所做的善事，即：老老、慈幼、恤孤、养疾、合独、问疾、通穷、振困、接绝。此篇重在说明九惠的内容，从中可以看到古人的一些社会政治思想。

【原典】

入国四旬，五行九惠之教[①]。一曰老老[②]，二曰慈幼，三曰恤孤，四曰养疾，五曰合独，六曰问疾，七曰通穷，八曰振困[③]，九曰接绝。

【注释】

①四旬五行：交错普遍地实行，犹言极度重视。教：教化之令，有关教化的政策。

②老老：敬老，养老。

③振：通“赈”，救济。

【译文】

出任相国才四十天，就交错普遍地实行九种惠民的政教。一是敬老，二是爱幼，三是恤孤，四是养疾，五是合独，六是问病，七是通穷，八是赈困，九是接绝。

【原典】

所谓老老者，凡国都皆有掌老[1]。年七十以上，一子无征，三月有馈肉；八十以上，二子无征，月有馈肉；九十以上，尽家无征，日有酒肉。死，上共棺椁[2]。劝子弟：精膳食，问所欲，求所嗜。此之谓老老。

【注释】

①掌老：负责养老事务的官员。

②共：通“供”，供给。椁：古时棺材外面的套棺。

【译文】

所谓敬老，就是在城邑和国

都都要设有“掌老”的官。规定年龄在七十以上的老人，一个儿子免除征役，每年三个月有官家所送的肉食；八十以上的，两个儿子免除征役，每月有肉食；九十以上的，全家免役，每天有酒、肉的供应。这些人死了，君主供给棺椁。还要劝勉他们的子弟：为老人细做饮食，询问老人的要求，了解老人的嗜好。这些就叫作敬老。

【原典】

所谓慈幼者，凡国都皆有掌幼。士民有子，子有幼弱不胜养为累者，有三幼者无妇征[①]，四幼者尽家无征，五幼又予之葆[②]，受二人之食，能事而后止。此之谓慈幼。

【注释】

①妇征：国家向妇女征收布帛。

②葆：保姆。

【译文】

所谓爱幼，就是在城邑和国都要设有“掌幼”的官。凡士民子女中有幼弱无力供养成为拖累的，要加以照顾，规定养三个幼儿即可免除“妇征”，养四个幼儿的，全家免除“妇征”；养五个幼儿的还配备保姆，官家发给两人份额的粮食，直到幼儿能生活自理为止。这就叫作爱幼。

【原典】

所谓恤孤者，凡国都皆有掌孤。士人死[①]，子孤幼，无父母所养，不能自生者，属之其乡党、知识、故人[②]。养一孤者一子无征，养二孤者二子无征，养三孤者尽家无征。掌孤数行问之，必知其食饮饥寒身之瘠胜而哀怜之[③]。此之谓恤孤。

【注释】

①士人：应为“士民”，泛指百姓。

②知识：指熟悉的人。

③瘠胜：瘦胖。

【译文】

所谓恤孤，就是在城邑和国都要设有“掌孤”的官。规定士民死后，子女孤幼，无父母抚养，不能独立生活的，就归同乡、熟人或故旧抚养。代养一个孤儿的，一个儿子免除征役；代养两个孤儿的，两个儿子免除征役；抚养三个的，全家免除征役。“掌孤”的官员要经常了解情况，一定要了解孤儿的饮食饥寒和身体瘦弱情况，并加以怜恤。这就叫作恤孤。

【原典】

所谓养疾者，凡国都皆有掌养疾。聋、盲、喑、哑、跛躄、偏枯、握递[①]，不耐自生者[②]，上收而养之疾官而衣食之[③]，殊身而后止。此之谓养疾。

【注释】

①跛躄：瘸腿。偏枯：病名，即半身不遂，或叫中风。握递：手握不能合拢。

②耐：能。

③疾官：即疾馆，似指官府设置收养残疾人的馆舍。官，通“馆”。

【译文】

所谓养疾，就是在城邑和国都要设有负责“养疾”的官。聋、盲、喑、哑、瘸腿、半身不遂、两手相拱而不能伸开的人们，不能生活自理的，官家就将他们收养在“疾馆”而供给饮食，直到身死为止。这就叫作养疾。

【原典】

所谓合独者，凡国、都皆有掌媒。丈夫无妻曰鳏，妇人无夫曰寡，取鳏寡而合和之，予田宅而家室之，三年然后事之。此之谓合独。

【译文】

所谓合独，就是在城邑和国都要设有“掌媒”的官。丈夫没有妻室叫作鳏，妇人没有丈夫叫作寡，取鳏寡而加以配合，给予田宅而使之安家，三年后才为国家提供职役。这就叫作合独。

【原典】

所谓问疾者，凡国都皆有掌病。士人有病者，掌病以上令问之，九十以上日一问；八十以上二日一问；七十以上三日一问；众庶五日一问。疾甚者，以告上，身问之。掌病行于国中，以问病为事。此之谓问病。

【译文】

所谓问病，就是在城市、国都要设有“掌病”的官。对士民中患病的，“掌病”要秉从君主的加以旨意慰问：九十岁以上的，每天问候一次；八十岁以上的，两天问候一次；七十岁以上，三天问候一次；一般病人，五天问候一次。对病重者，要向上报告，君主亲自慰问。“掌病”的官要巡行国内，以慰问病人为专职。这就叫作问病。

【原典】

所谓通穷者，凡国都皆有通穷。若有穷夫妇无居处，穷宾客绝粮食，居其乡党以闻者有赏，不以闻者有罚，此之谓通穷。

【译文】

所谓通穷，就是在城市、国都要设有“通穷”的官。贫穷夫妇没有居处，贫穷宾客没有粮食，其所在乡里及时将情况报告的，给予赏赐；不报告的，

给予惩罚。这就叫作通穷。

【原典】

所谓振困着，岁凶，庸人訾厉[1]，多死丧；弛刑罚，赦有罪，散仓粟以食之。此之谓振困。

【注释】

①訾厉：疾病。

【译文】

所谓振困，就是在灾荒年，被人雇佣者常生病，多死亡，因此要放松刑罚，赦免罪人，发放仓库粮食，供养他们。这叫作振困。

【原典】

所谓接绝者，士民死上事、死战事，使其知识、故人受资于上而祠之。此之谓接绝也。

【译文】

所谓接绝，士民中有死于国事、死于战争的，要让其熟人、故旧从国家领取一笔钱及时地祭祀他们。这叫作接绝。

桓公问

【题解】

桓公问，就是桓公问管仲，这是一篇对话体的论文。本篇论述管仲向桓公讲述君主纳谏的作用，并列举历代圣主的纳谏机构及其制度，要求桓公继承这一传统，并为此提出了纳谏机构的具体名称、管理办法以及负责此项工作的人选。

【原典】

齐桓公问管子曰："吾念有而勿失，得而勿忘[①]，为之有道乎?"对曰："勿创勿作，时至而随。毋以私好恶害公正，察民所恶，以自为戒。黄帝立明台之议者[②]，上观于贤也；尧有衢室之问者，下听于人也；舜有告善之旌[③]，而主不蔽也；禹立谏鼓于朝[④]，而备讯唉；汤有总街之庭[⑤]，以观人诽也；武王有灵台之复，而贤者进也。此古圣帝明王所以有而勿失，得而勿忘者也。"桓公曰："吾欲效而为之，其名云何?"对曰："名曰啧室之议。曰：法简而易行，刑审而不犯，事约而易从[⑥]，求寡而易足，人有非上之所过，谓之正士，内于啧室之议[⑦]。有司执事者咸以厥事奉职，而不忘为。此啧室之事也，请以东郭牙为之，此人能以正事争于君前者也[⑧]。"桓公曰："善。"

【注释】

①忘：当作"亡"。

②明台：亦作"明堂"，与下"衢室"，都是古代帝王听政、宣教、征求意见的地方。

③告善之旌：设旌旗以奖励人臣的建议。

④谏鼓：进谏时所击的鼓。

⑤总街之庭：在街巷的中心设庭，以便听取建议。

⑥约：简约，简要。

⑦内：通"纳"。

⑧正：通"政"。

【译文】

桓公问管仲说："我想据有天下而不失去，常得天下而不亡过，能办到吗?"管仲回答说："不要创新不要起头，等到条件成熟再随之行事。不要以个人好恶而损害公正原则，要调查了解人民所痛恨的事情，就要用来作为自己的警戒。黄帝建立明台的议政制度，就是为了从上面观察贤士的意见；尧实行衢室的询问制度，也是为了从下面听取百姓的意见；舜设有号召进谏的

旌旗，是为了君主不受蒙蔽；禹把谏鼓立在朝堂上，可以准备人们上告；汤设有总街的厅堂，可以搜集人们非议的情况；周武王设有灵台的报告制度，是为了让贤者都得以进用。这就是古代圣明帝王能够据有天下而不失去，常得天下而不亡国的原因。”桓公说：“我也想效法他们实行这项制度，应当叫什么名字呢?”管仲回答说：“名称可叫作啧室的议政制度。就是说，国家法度要简而易行，刑罚要审慎而无人犯罪，政事要简而易从，征税要少而容易交足。老百姓有在这些方面提出君主过失的，就称之为谏士，他的意见都纳入啧室来讨论。啧室的官吏和负责办事的人员，都要把受理此事作为本职工作，而不许有所遗忘。这项啧室的大事，请派东郭牙去主管，此人是能够为政事在君主面前尽力争议的。”桓公说：“好。”

地数

【题解】

地，指矿产资源、盐业资源、地理位置等地理条件。地数，即利用各种地理条件的谋略和方法。本篇讨论铁和盐在富国强兵中的重要地位。全篇共分五节：第一节总论土地矿山是种植粮食、制造兵器钱币的来源，是历代君王兴亡得失的基础，并强调垄断矿产资源是避免战争、统一天下的重要手段。第二节论述矿产为天财地利所在，国家控制金属的开采，可以无敌天下。第三节论述利用盐的丰厚利润，既可以免除民众的赋税，又可以有力地控制他国。第四节论述治国重要的不在“富本而丰五谷”，而要时时注意国内外粮价的涨跌变化，采取适当的贸易政策。第五节论述利用便于经商的地理位置，吸引各国游客富商，从而达到天下财富为我所用。

【原典】

桓公曰："地数可得闻乎？"

管子对曰："地之东西二万八千里，南北二万六千里，其出水者八千里[①]，受水者八千里[②]，出铜之山四百六十七山，出铁之山三千六百九山。此之所以分壤树谷也[③]，戈矛之所发，刀币之所起也。能者有余，拙者不足。封于泰山，禅于梁父、封禅之王七十二家[④]，得失之数，皆在此内。是谓国用。"

【注释】

①出水者：指山地，这里指水的发源地。

②受水者：指河流、水域。

③分壤：指区别不同的土壤。

④禅于梁父：在梁父山祭地。古代东封泰山时，要在另一座小山祭祀土地，称作"禅"，这座小山就是梁父山。

【译文】

桓公说："利用地理条件理财的方法，可以讲给我听听么？"

管仲回答说："土地的东西相距为二万八千里，南北相距二万六千里，其中山脉八千里，河流八千里，出铜的矿山为四百六十七座，出铁的矿山三千六百零九座。所有这些，是人们分别土地种植粮食的条件，也是发掘并制造兵器和钱币的最初来源。善于利用这些条件

的，财用有余；不善于利用的，则财用不足。自古以来封泰山、禅梁父的七十二代君王，他们的得失的规律都在这里面。这就是国家的财政。”

【原典】

桓公曰：“何谓得失之数皆在此？”

管子对曰：“昔者桀霸有天下而用不足，汤有七十里之薄而用有余[①]。天非独为汤雨菽粟，而地非独为汤出财物也，伊尹善通移、轻重、开阖、决塞，通于高下徐疾之策坐起之[②]。昔时也，黄帝问于伯高曰：‘吾欲陶天下而以为一家，为之有道乎？’伯高对曰：‘请刈其莞而树之[③]，吾谨逃其蚤牙[④]，则天下可陶而为一家。’黄帝曰：‘此若言可得闻乎？’伯高对曰：‘上有丹沙者，下有黄金；上有慈石者[⑤]，下有铜金[⑥]；上有陵石者，下有铅、锡、赤铜；上有赭者，下有铁。此山之见荣者也。苟山之见其荣者，君谨封而祭之。距封十里而为一坛，是则使乘者下行，行者趋。若犯令者，罪死不赦。然则与折取之远矣[⑦]。’修教十年[⑧]，而葛卢之山发而出水，金从之，蚩尤受而制之，以为剑、铠、矛、戟。是岁相兼者诸侯九。雍狐之山发而出水，金从之，蚩尤受而制之，以为雍狐之戟、芮、戈。是岁相兼者，诸侯十二。故天下之君顿戟一怒，伏尸满野。此见戈之本也。”

【注释】

①薄：薄地。

②坐起之：指占据、利用这些地理条件。

③莞：草名。树：谓树立标记作为界限。

④蚤牙：禽兽爪牙，山树木丰茂则禽兽多，爪牙即多。

⑤慈石：即磁石。

⑥铜金：黄铜矿石。

⑦折取：指开采。

⑧修教：修令，行此政令。

【译文】

桓公说：“为什么说他们得失的规律都在其中？”

管仲回答说："从前，夏桀霸有全部天下而财用不足；商汤只有方圆七十里的薄地而财用有余。并不是天只为商汤降下粮食，也不是地只为商汤长出财物，而是因为伊尹善于经营交换、善于轻重之术、善于适时开闭与决塞，及时调放与控制，他还精通物价高低和号令缓急的政策来集中操纵这些条件。从前，黄帝也曾问过伯高说：'我想把天下结合为一家，有办法做到吗?'伯高回答说：'请除掉各地矿山上的杂草而树立国有标记，我们努力铲除各地武装势力，这样天下就可以合为一家。'黄帝说：'这个道理能讲得具体些吗?'伯高回答说：'山地表面上有丹沙，下面就有金矿；表面有磁石，下面就有铜矿；表面有陵石，下面就有铅、锡、红铜；表面有赤土，下面就有铁矿。这都是山上出现矿苗的情况。如发现山有矿苗，国君就应当严密地封山而布置祭祀。离封山十里之处造一个祭坛，使乘车到此者下车而过，步行到此者快步而行。违令者死罪不赦。这样人们就远离矿区不敢随便开采了。'然而黄帝制定这一禁令第十个年头，当葛卢山山洪过后，露出金属矿石，竟被蚩尤接管而控制起来，蚩尤开发矿藏制造出剑、铠、矛、戟。同年与九个诸侯国发生兼并战争。雍狐山山洪过后，露出金属矿石，也被蚩尤接管而控制起来，蚩尤利用矿藏制造了著名的戟和戈。同年与十二个诸侯国发生兼并战争。因此，天下各国国君顿戟一怒，奋然抗击，形成伏尸遍野的局面。由此可见，开采矿藏是战争胜利的根本。"

【原典】

桓公问于管子曰："请问天财所出？地利所在?"

管子对曰："山上有赭者，其下有铁；上有铅者，其下有银。一曰：'上有铅者，其下有钍银[①]，上有丹沙者其下有钍金；上有慈石者，其下有铜金。此山之见荣者也。苟山之见荣者，谨封而为禁。有动封山者，罪死而不赦。有犯令者，左足入，左足断；右足入，右足断。然则其与犯之远矣。此天财地利之所在也。"

桓公问于管子曰："以天财地利立功成名于天下者，谁子也[②]?"

管子对曰："文、武是也[③]。"

桓公曰："此若言何谓也？"

管子对曰："夫玉起于牛氏边山，金起于汝汉之右洿，珠起于赤野之末光。此皆距周七千八百里，其途远而至难。故先王各用于其重，珠玉为上币，黄金为中币，刀布为下币。令疾则黄金重④，令徐则黄金轻。先王权度其号令之徐疾，高下其中币而制下上之用，则文、武是也。"

【注释】

①铦（zhù）银：液体状的金属，即汞。

②谁子：何人。

③文、武：指周文王、周武王。

④疾：急迫。

【译文】

桓公问管仲说："请问天然的资源从哪里来？地下的财利又在哪里？"

管仲回答说："山地表面上有赤土，下面就有铁矿，表面有铅，下面就有银矿。另一种说法是：山表面有铅，下面有铦银；表面有丹沙，下面有铦金；表面有磁石，下面有铜矿。这些都是山上出现矿苗的情况。如果发现山上有矿苗，国家就应当严密封山而禁人出入。有破坏封山的死罪不赦。有犯令的进入的，左脚踏进，砍掉左脚；右脚踏进，砍掉右脚。这样，人们就会远离禁地，不敢触犯禁令了。这就是天地财利资源之所在。"

桓公问管仲说："以利用天地财利资源

立功成名于天下的，有哪些人？”

管仲回答说：“周文王和周武王。”

桓公说：“这话是什么涵义？”

管仲回答说：“玉产在牛氏的边山，黄金产在汝河、汉水右面的洼地一带，珍珠产在赤野的末光一带。这些东西都与周朝中央相距七千八百里，路远而难得。所以先王区别它们的贵重程度而用之，规定珠玉为上等货币，黄金为中等货币，刀布为下等货币。国家号令急就会导致金价上涨，号令缓则金价下跌。先王能够做到权度号令的缓急，调节黄金价格的高低，而控制下币刀布和上币珠玉的用度的，那就是周文王和周武王了。”

【原典】

桓公问于管子曰：“吾欲守国财而毋税于天下[①]，而外因天下[②]，可乎？”

管子对曰：“可。夫水激而流渠[③]，令疾而物重。先王理其号令之徐疾，内守国财而外因天下矣。”

桓公问于管子曰：“其行事奈何？”

管子对曰：“夫昔者武王有巨桥之粟贵籴之数。”

桓公曰：“为之奈何？”

管子对曰：“武王立重泉之戍[④]，令曰：‘民自有百鼓之粟者不行[⑤]。’民举所最粟，以避重泉之戍，而国谷二什倍，巨桥之粟亦二什倍。武王以巨桥之粟二什倍而市缯帛，军五岁毋籍衣于民[⑥]。以巨桥之粟二什倍而衡黄金百万，终身无籍于民。准衡之数也[⑦]。”

【注释】

①税：指财力被别国吸取。

②因：利用。

③渠：通“遽”，急。

④重泉：可读为“重钱”，作者假托的兵役名称。古时“钱”“泉”二字通用。

⑤鼓：古代度量单位。

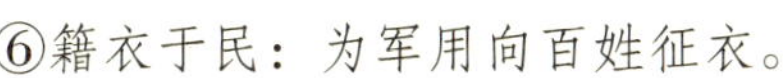

⑥籍衣于民：为军用向百姓征衣。

⑦准衡之数：指调节权衡的办法。

【译文】

桓公对管仲说："我想控制国内的资源不被天下各国捞取，并且要利用天下各国的资源，这行吗？"

管仲回答说："可以。水流激荡则流势湍急，征收的号令急则物价上升。先王就是注意掌握号令的缓急，对内控制财力资源，对外还能取之于天下的。"

桓公继续问管仲说："他们是怎么做的？"

管仲回答说："从前，周武王曾用过提高巨桥仓粮食价格的办法。"

桓公说："具体做法如何？"

管仲回答说："武王故意设立了一种名为'重泉'的兵役，下令说：'百姓自家储粮一百鼓的，可以免除此役。'百姓便尽其所有来收购粮食以逃避这个兵役，从而使国内粮价上涨二十倍，巨桥仓的粮价也随之贵了二十倍。武王用贵了二十倍的巨桥仓粮食收入来购买丝帛，这样军队就可以五年不向民间征收军服；用此项收入购买黄金百万斤，那就终身不必向百姓收税了。这就是平准调节的办法。"

【原典】

桓公问于管子曰："今亦可以行此乎？"

管子对曰："可。夫楚有汝、汉之金，齐有渠展之盐，燕有辽东之煮[①]。此三者亦可以当武王之数。十口之家，十人咶盐[②]，百口之家，百人咶盐。凡食盐之数，一月丈夫五升少半，妇人三升少半，婴儿二升少半。盐之重，升加分耗而釜五十，升加一耗而釜百，升加十耗而釜千。君伐菹薪煮沸水为盐[③]，正而积之三万钟，至阳春，请籍于时。"

桓公曰："何谓籍于时[④]？"

管子曰："阳春农事方作，令民毋得筑垣墙，毋得缮冢墓，大夫毋得治宫室，毋得立台榭，北海之众毋得聚庸而煮盐，然盐之贾必四什倍。君以四什之贾，修河、济之流，南输梁、赵、宋、卫、濮阳。恶食无盐则肿，守圉之本[5]，其用盐独重。君伐菹薪煮沸水以籍于天下，然则天下不减矣。”

【注释】

①煮：指煮盐。

②咶：同“舐”，食。

③伐菹薪：指砍柴草。沸：当作“沛”，白沫状的海水。

④籍于时：在时令上取得收益。

⑤本：“邦”的借字。

【译文】

桓公接着问：“现在也可以照此办理吗？”

管仲回答说：“可以。楚国有汝河、汉水所产的黄金，齐国有渠展所产的盐，燕国有辽东所煮的盐。运用这三者可以像武王那样做。一个十口之家就有十人吃盐，百口之家就有百人吃盐。关于吃盐的数量，每月成年男子近五升半，成年女子近三升半，小孩近二升半。将每升盐价提高半钱，每釜就增加五十钱；每升提高一钱，每釜就增加百钱；每升提高十钱，每釜就增加千钱。君上若下令砍柴煮盐，征集起来使之达三万钟，等阳春一到，就可以利用时机收钱了。”

桓公说：“什么叫作利用时机收钱？”

管仲回答说：“在阳春农事开始时，命令百姓不许筑墙垣，修坟墓，大夫不可营建宫室，不得建立台榭，同时也命令北海居民一律不准雇人煮盐，这样一来，盐价必然上涨四十倍。君上用这涨价四十倍的食盐，沿着黄河、济水流域，南运到梁国、赵国、宋国、卫国和濮阳等地出卖。由于没有盐，所食不美，人们就会浮肿，保卫自己的国家，掌握盐特别重要。君上通过砍柴煮盐以取得天下的财富，那么，天下各国就无法削弱我们了。”

【原典】

桓公问于管子曰：“吾欲富本而丰五谷，可乎？”

管子对曰：“不可。夫本富而财物众，不能守则税于天下；五谷兴丰，吾

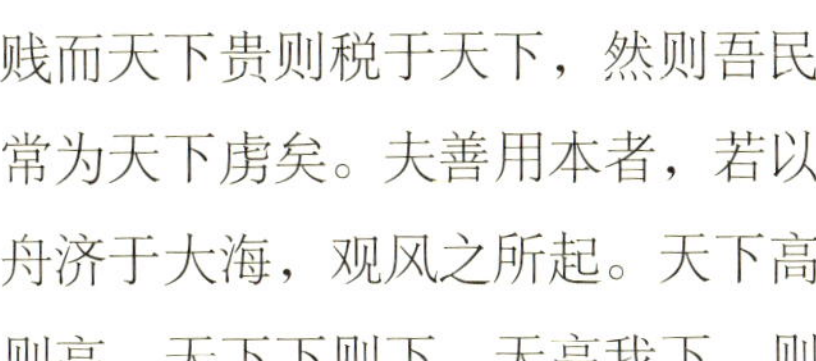

贱而天下贵则税于天下，然则吾民常为天下虏矣。夫善用本者，若以舟济于大海，观风之所起。天下高则高，天下下则下。天高我下，则财利税于天下矣。”

桓公问于管子曰：“事尽于此乎？”

管子对曰：“未也。夫齐衢处之本[①]，通达所出也，游子胜商之所道。人来本者，食吾本粟，因吾本币，骐骥黄金然后出。令有徐疾，物有轻重，然后天下之宝壹为我用。善者用非有，使非人。”

【注释】

①衢（qú）处：地处交通要道。

【译文】

桓公问管仲说：“我想富国，而只是发展农业，可以吗？”

管仲回答说：“不可以。国富而财物繁多，如果不能经营掌握，财物将被天下各国捞取；粮食丰产，如果我国价低而别国价高，粮食将被天下各国捞取，那样，我国百姓就成为天下各国掳掠的对象了。善于治国的人，就像大海行船一样，观察风势的起源。天下各国粮价高我们就高，天下各国粮价低我们就低。如果天下各国粮价高而我们独低，我们的财利就将被天下各国捞取去了。”

桓公问管仲说：“值得注意的事就是这些吗？”

管仲回答说：“不是这样的。齐国是一个地处交通要道的国家，是一个四通八达的地方，游客、富商多经过这里。外人来到我国，吃我们的粮食，用我们的钱币，然后，好马和黄金也就输入我国。只要我们掌握号令有缓有急，掌握物价有高有低，那么天下的宝物都可以为我所用。善治国的人，可以使用不是他自己所有的东西，也可以役使不是他所管辖的臣民。”

轻重甲

【题解】

《管子》一书中专论“轻重”的六篇文章以天干为序分别题名，本篇为第一篇。本篇从各个角度阐述了轻重之术的具体运用，共分为各自独立的十七节，本篇为选译。选文主要论述了运用轻重之术“来天下之财，致天下之民”，论述了夏桀失天下商汤得天下的原因，还论述了“厌宜乘势，计议因权”的原则，借祭神来征税。

【原典】

桓公曰：“轻重有数乎[①]？”

管子对曰：“轻重无数，物发而应之，闻声而乘之。故为国不能来天下之财，致天下之民，则国不可成。”

桓公曰：“何谓来天下之财？”

管子对曰：“昔者桀之时，女乐三万人，端噪晨，乐闻于三衢[②]，是无不服文绣衣裳者。伊尹以薄之游女工文绣纂组[③]，一纯得粟百钟于桀之国[④]。夫桀之国者，天子之国也。桀无天下忧，饰妇女钟鼓之乐，故伊尹得其粟而夺之流[5]。此之谓来天下之财。”

桓公曰：“何谓致天下之民？”

管子对曰：“请使州有一掌，里有积五窌[6]。民无以与正籍者予之长假[7]，死而不葬者予之长度[8]。饥者得食，寒者得衣，死者得葬，不澹者得振[9]，则天下之归我者若流水。此之谓致天下之民。故圣人善用非其有，使非其人，动言摇辞，万民可得而亲。”

桓公曰：“善。”

【注释】

①数：定数，规律。

②端噪：指桀贵为天子在端门鼓噪歌乐。端门：王都南面的大门。

③工：通“攻”，从事。纂组：丝绸织物。

④纯：相当于“匹”。

⑤流：指流通。

⑥窌（jiào）：地窖。

⑦正籍：本业，正业。假：借贷。

⑧长度：长久的葬地。度，通“宅”，古代墓地也称宅。

⑨不澹：不足。澹，同“赡”。振：同“赈”，救济。

【译文】

桓公说：“掌握轻重的方法定数吗？”

管仲回答说：“掌握轻重的办法没有定数。物资一动，措施就要跟上；听到消息，就要及时利用。所以，建设国家而不能吸引天下的财富，招引天下的人民，则国家不能成立。”

桓公说：“什么叫作吸引天下的财富？”

管仲回答说：“从前夏桀时，女乐有三万人，端门的歌声，清晨的音乐，全国大路上都能听到，她们无不穿着华丽的衣服。伊尹便叫薄地无事可做的妇女，织出各种华美的彩色丝绸，一匹织物可以从夏桀那里换来百钟粮食。桀的国家，是天子之国。但他不肯为天下大事忧劳，只追求女乐享乐，所以

伊尹便取得了他的粮食并操纵了他的市场商品流通。这就叫作吸引天下的财富。”

桓公说：“什么叫作招引天下的人民?”

管仲回答说：“请在每个州设一个主管官吏，在每个里储备五窖存粮。对那种纳不起税的穷苦人家给予长期借贷，对那种无力埋葬死者的穷苦人家给予安葬之地。如做到饥饿的人有饭吃，挨冻的人有衣穿，死者得到安葬，穷者得到救济，那么，天下人归附我们就会像流水一样。这就叫作招引天下的人民。所以。圣明君主善于利用不属于自己所有的财富，善于役使不属于自己统辖的人民，一旦发出号召，就能使万民亲近。”

桓公说：“好。”

【原典】

桓公问管子曰：“夫汤以七十里之薄，兼桀之天下，其故何也?”

管子对曰：“桀者冬不为杠[①]，夏不束柎[②]，以观冻溺。弛牝虎充市[③]，以观其惊骇。至汤而不然。夷疏而积粟[④]，饥者食之，寒者衣之，不澹者振之，天下归汤若流水。此桀之所以失其天下也。”

桓公曰："桀使汤得为是，其故何也？"

管子曰："女华者，桀之所爱也，汤事之以千金；曲逆者，桀之所善也，汤事之以千金。内则有女华之阴，外则有曲逆之阳，阴阳之议合，而得成其天子，此汤之阴谋也。"

【注释】

①杠：小桥。

②柎：同"桴"，即木筏。

③弛：放纵。

④夷疏：广泛种植果蔬。

【译文】

桓公问管仲说："商汤仅用七十里的薄地就兼并了桀的天下，原因何在呢？"

管仲回答说："桀不许百姓冬天在河上架桥，夏天在河里渡筏，以便观赏人们受冻和受淹的情况。他把雌虎放在街市上，以便观赏人们惊骇的神情。商汤则不是如此。广泛种植蔬菜和粮食，给饥饿的人饭吃，给挨冻的人衣穿，给贫困的人救济，天下百姓归附商汤如流水。这就是夏桀丧失天下的原因。"

桓公说："夏桀做了什么导致商汤达到这种目的呢？"

管仲说："女华，是桀所宠爱的妃子，汤用千金去贿赂她；曲逆，是桀所亲近的大臣，汤也用千金去贿赂他。内有女华的暗中相助，外有曲逆公开相助，内外相配合，而汤得成其为天子。这就是商汤成功的机密策略。"

【原典】

桓公曰："寡人欲藉于室屋。"

管子对曰："不可，是毁成也。"

"欲藉于万民。"

管子曰："不可，是隐情也。"

"欲藉于六畜。"

管子对曰："不可，是杀生也。"

"欲藉于树木。"

管子对曰："不可，是伐生也。"

"然则寡人安藉而可？"

管子对曰："君请藉于鬼神。"

桓公忿然作色曰："万民室屋、六畜、树木，且不可得藉，鬼神乃可得而藉夫！"

管子对曰："厌宜乘势，事之利得也；计议因权，事之囿大也[①]。王者乘势，圣人乘幼[②]，与物皆宜。"

桓公曰："行事奈何？"

管子对曰："昔尧之五吏、五官无所食[③]，君请立五厉之祭[④]，祭尧之五吏，春献兰，秋敛落[⑤]，原鱼以为脯，鲵以为殽[⑥]。若此，则泽鱼之正伯倍异日，则无屋粟邦布之藉[⑦]。此之谓设之以祈祥[⑧]，推之以礼义也。然则自足，何求于民也？"

【注释】

①囿：应读作"侑"，促进。

②乘幼（yòu）：即谋划精微。幼，幽微。

③五吏：古代有三老五吏，泛指国家奉养之人。五官：五种官职，指各种官员。无所食：指无人祭祀。

④五厉：对各种战死者的祭祀。

⑤秋敛落：指在秋天给坟墓封土，加固其藩篱。

⑥鲵：小鱼。殽：指鱼肉等荤菜。

⑦屋粟：有田不耕的罚款办法。邦布：指人口税。

⑧祈祥：同"祈羊"，即鬼神祭祀之事。

【译文】

桓公说："我想按民众造房屋的数量征收屋税。"

管仲回答说："不行，这样做等于是逼着老百姓拆毁自己盖好的房屋。"

"那我就征人口税。"

管仲回答说："不行，这样做等于逼着老百姓隐瞒户口的实情。"

“那我就按各种牲畜的数量征收牲畜税。”

管仲回答说：“不行，这样做等于是逼着老百姓宰杀幼畜。”

“那我按照树木的棵数来征收树木税。”

管仲回答说：“不行，这等于叫人们砍伐幼树。”

“那么，我该怎么来征税呢？”

管仲回答说：“请您向鬼神征税。”

桓公脸色勃然变色，说：“百姓的房屋、牲畜、树木尚且不能征税，怎么能向鬼神征税呢？”

管仲回答说：“行事合宜而乘势，这样做事就可以得到好处；谋事利用权术，这样做就可以促进事情做得很大。真正的王者，善于运用时势；真正的圣人，善于运用神秘，使万事各得其宜。”

桓公便说：“那该怎么做呢？”

管仲回答说：“从前尧的五吏、五官现在都没有人祭祀，请君上设立五人鬼魂的祭祀，让百姓都来祭祀尧的贤臣。春天敬献兰花，秋天封培他们的坟墓；用生鱼制成的鱼干和小鱼做成的菜肴作为祭品。这样，国家的鱼税收入可以比从前增加百倍，那就不必敛取罚款和征收人口税了。这就叫作既设立了鬼神祭祀，又推行了礼义教化。既然税收已经丰足，何必再向百姓索求呢？”

参考文献

[1] 李山，译注．管子[M]．北京：中华书局，2009.

[2] 谢浩范，朱迎平，译注．管子全译[M]．贵阳：贵州人民出版社，2008.

[3] 赵善轩，导读．赵善轩，李安竹，李山，译注. 管子[M]．北京：中信出版社，2014.

[4] 陈才俊．管子精粹[M]．北京：海潮出版社，2014.

[5] 耿振东，译注．管子译注[M]．上海：上海三联书店，2014.

[6] 张小木. 管子解说（全本上下）[M]．北京：华夏出版社，2010.